Le Féodalisme dans la Vallée du Saint-Laurent

COLLECTION « AMÉRIQUE FRANÇAISE »

Comité éditorial : Michel Bock (directeur), assisté de
Benoit Doyon-Gosselin, Yves Frenette,
Anne Gilbert et É.-Martin Meunier

Chad Gaffield, *Aux origines de l'identité franco-ontarienne : éducation, culture, économie*, 1993.

Peter W. Halford, *Le français des Canadiens à la veille de la Conquête : témoignage du père Pierre Philippe Potier, s. j.*, 1994.

Diane Farmer, *Artisans de la modernité : les centres culturels en Ontario français*, 1996.

Robert Toupin, *Les écrits de Pierre Potier*, 1996.

Marcel Martel, *Le deuil d'un pays imaginé : rêves, luttes et déroute du Canada français*, 1997.

Suzelle Blais, *Néologie canadienne, ou Dictionnaire des mots créés en Canada et maintenant en vogue de Jacques Viger*, 1998.

Estelle Huneault, *Au fil des ans : l'Union catholique des fermières de la province d'Ontario, de 1936 à 1945*, 2000.

Donald Dennie, *À l'ombre de l'Inco : étude de la transition d'une communauté canadienne-française de la région de Sudbury (1890-1972)*, 2001.

Jean-Pierre Wallot (dir.), *Le débat qui n'a pas eu lieu : la Commission Pepin-Robarts, quelque vingt ans après*, 2002.

Jean-Claude Dubé, *The Chevalier de Montmagny (1601–1657) : First Governor of New France*, traduit par Elizabeth Rapley, 2005.

Jean-Pierre Wallot (dir.), *La gouvernance linguistique : le Canada en perspective*, 2005.

Michel Bock (dir.), *La jeunesse au Canada français : formation, mouvements et identité*, 2007.

Marcel Bénéteau et Peter W. Halford, *Mots choisis : trois cents ans de francophonie du Détroit du lac Érié*, 2008.

Anne Gilbert, Michel Bock et Joseph Yvon Thériault (dir.), *Entre lieux et mémoire : l'inscription de la francophonie canadienne dans la durée*, 2009.

Pierrick Labbé, *« L'Union fait la force ! » : l'Union Saint-Joseph d'Ottawa/du Canada, 1863-1920*, 2012.

Joel Belliveau, *Le « moment 68 » et la réinvention de l'Acadie*, 2014.

É.-Martin Meunier (dir.), *Le Québec et ses mutations culturelles : six enjeux pour le devenir d'une société*, 2016.

François-Olivier Dorais, *Un historien dans la cité : Gaétan Gervais et l'Ontario français*, 2016.

Anne Gilbert, Linda Cardinal, Michel Bock, Lucie Hotte et François Charbonneau (dir.), *Ottawa, lieu de vie français*, 2017.

Damien-Claude Bélanger, *Thomas Chapais, historien*, 2018.

Gérard Fabre, *Les fables canadiennes de Jules Verne : discorde et concorde dans une autre Amérique*, 2018.

Philippe Volpé et Julien Massicotte, *Au temps de la « révolution acadienne » : les marxistes-léninistes en Acadie*, 2019.

Michel Bock et Yves Frenette (dir.), *Résistance, mobilisations et contestations : l'Association canadienne-française de l'Ontario (1910-2006)*, 2019.

Stéphane Lévesque et Jean-Philippe Croteau, *L'avenir du passé : identité, mémoire et récits de la jeunesse québécoise et franco-ontarienne*, 2020.

Philippe Volpé, *À la frontière des mondes : jeunesse étudiante, Action catholique et changement social en Acadie (1900-1970)*, 2021.

COLLECTION « AMÉRIQUE FRANÇAISE »

Publication du Centre de recherche en civilisation
canadienne-française de l'Université d'Ottawa

Le féodalisme dans la vallée du Saint-Laurent
Un problème historiographique

Matteo SANFILIPPO

Traduit de l'italien par Arnaud Montreuil
Avant-propos, postface et édition d'Olivier Guimond
et d'Arnaud Montreuil

Les Presses de l'Université d'Ottawa
Centre de recherche en civilisation canadienne-française

Les **Presses** de l'Université d'Ottawa
University of Ottawa **Press**

Les Presses de l'Université d'Ottawa (PUO) sont fières d'être la plus ancienne maison d'édition universitaire francophone au Canada et le plus ancien éditeur universitaire bilingue en Amérique du Nord. Depuis 1936, les PUO enrichissent la vie intellectuelle et culturelle en publiant, en français ou en anglais, des livres évalués par les pairs et primés dans le domaine des arts et lettres et des sciences sociales.

www.presses.uOttawa.ca

Catalogage avant publication de Bibliothèque et Archives Canada

Titre : Le féodalisme dans la vallée du Saint-Laurent : un problème historiographique / Matteo Sanfilippo ; traduit de l'italien par Arnaud Montreuil ; avant-propos, postface et édition d'Olivier Guimond et Arnaud Montreuil.
Autres titres : Feudalesimo nella valle del San Lorenzo. Français
Noms : Sanfilippo, Matteo, auteur. | Montreuil, Arnaud, éditeur intellectuel, traducteur. | Guimond, Olivier, éditeur intellectuel.
Collections : Collection Amérique française.
Description : Mention de collection : Amérique française | Traduction de : Il feudalesimo nella valle del San Lorenzo. | Comprend des références bibliographiques et un index.
Identifiants : Canadiana (livre imprimé) 20210302135 | Canadiana (livre numérique) 20210302410 | ISBN 9782760335790 (couverture souple) | ISBN 9782760334335 (couverture rigide) | ISBN 9782760334342 (PDF) | ISBN 9782760333970 (EPUB)
Vedettes-matière : RVM : Seigneuries—Saint-Laurent, Vallée du—Historiographie. | RVM : Canada—Histoire— 1763-1867 (Régime anglais)—Historiographie. | RVM : Grande-Bretagne—Colonies—Amérique— Historiographie.
Classification : LCC FC310 .S35314 2022 | CDD 971.402—dc2

Dépôt légal : Premier trimestre 2022
Bibliothèque et Archives Canada
Bibliothèque et Archives nationales du Québec
ISBN à l'extérieur du Canada :
9782760333987 (couverture souple)

Équipe de production

Révision linguistique   Josée Therrien
Correction d'épreuves   Sabine Cerboni
Mise en page   Édiscript enr.
Maquette de la couverture   Édiscript enr.

Illustration de la couverture

Thomas Davies, *Vue de Château-Richer, du cap Tourmente et de la pointe orientale de l'Île d'Orléans*, près de Québec, aquarelle sur papier vergé, 35,4 cm × 52,7 cm, [1787] (Musée des beaux-arts du Canada).

SSHRC≡CRSH

Ce livre a été publié grâce au soutien d'une subvention de la Fédération canadienne des sciences humaines par l'entremise du Prix d'auteurs pour l'édition savante, dont les fonds proviennent du Conseil de recherches en sciences humaines du Canada.

© Edizioni Sette Città 2008 pour la version originale. Titre de la version originale : *Il feudalesimo nella valle del San Lorenzo : un problema storiografico*. Traduit de l'italien.
© Arnaud Montreuil et Olivier Guimond pour la version française.
Tous droits réservés.

Ce livre est publié en libre accès CC BY-NC-SA 4.0.
En vertu de cette licence, vous êtes autorisé à :

• **Partager** : copier, distribuer et communiquer le matériel par tous moyens et sous tous formats ; et
• **Adapter** : remixer, transformer et créer à partir du matériel.

Selon les conditions suivantes :

• **Attribution** : Vous devez créditer l'Œuvre, intégrer un lien vers la licence et indiquer si des modifications ont été effectuées à l'Œuvre. Vous devez indiquer ces informations par tous les moyens raisonnables, sans toutefois suggérer que l'Offrant vous soutient ou soutient la façon dont vous avez utilisé son Œuvre ;

• **Pas d'utilisation commerciale** : Vous n'êtes pas autorisé à faire un usage commercial de cette Œuvre (ni dans sa totalité ni des extraits) ;

• **Partage dans les mêmes conditions** : Si vous créez une Œuvre modifiée (remix, transformation, etc.) à partir de l'Œuvre originale, vous devez diffuser cette Œuvre modifiée dans les mêmes conditions, c'est-à-dire avec la même licence ; et

• **Pas de restrictions complémentaires** : Vous n'êtes pas autorisé à appliquer des conditions légales ou des mesures techniques qui restreindraient légalement l'utilisation de l'Œuvre dans les conditions décrites par la licence.

Pour plus de détails : www.creativecommons.org
Droits de traduction et autorisations de reproduction : http://www.iprlicense.com
Licences de reprographie : http://www.accesscopyright.com

Les Presses de l'Université d'Ottawa sont reconnaissantes du soutien qu'apportent, à leur programme d'édition, le gouvernement du Canada, le Conseil des arts du Canada, le Conseil des arts de l'Ontario, Ontario créatif, la Fédération canadienne des sciences humaines par l'entremise du programme Prix d'auteurs pour l'édition savante et l'entremise du Conseil de recherches en sciences humaines, et surtout, l'Université d'Ottawa.

À la mémoire de Fernand Ouellet (1926-2021),
maître et ami
Matteo Sanfilippo

Liste des sigles et des abréviations

AHR	*The American Historical Review*
AHRF	*Annales historiques de la Révolution française*
Annales ESC	*Annales. Économies, Sociétés, Civilisations*
AS	*Anthropologie et Sociétés*
BHP	*Bulletin d'histoire politique*
BJCS	*British Journal of Canadian Studies*
Borealia	*Borealia. Early Canadian History*
BQ	Bibliothèque québécoise
BRH	*Bulletin des recherches historiques*
CAD	*Cap-aux-Diamants*
CAH	*Les Cahiers Anne-Hébert*
CAUP	Cambridge University Press
CCF	*Cultures du Canada français*
CD	*Les Cahiers des Dix*
CELAT	Centre interuniversitaire d'études sur les lettres, les arts et les traditions
CFCO	*Cahiers franco-canadiens de l'Ouest*
CGQ	*Cahiers de géographie du Québec*
CHR	*Canadian Historical Review*
CIEQ	Centre interuniversitaire d'études québécoises
CS	*Cahiers du socialisme*
CUP	Carleton University Press
DBC	*Dictionnaire biographique du Canada*
DFS	*Dalhousie French Studies*
EHESS	École des hautes études en sciences sociales
ÉHR	*Études d'histoire religieuse*
ÉLC = SCL	*Études en littérature canadienne = Studies in Canadian Literature*
ÉUO	Éditions de l'Université d'Ottawa

ÉUS	Éditions de l'Université de Sherbrooke
FCH	French Colonial History
Globe	Globe: revue internationale d'études québécoises
H&SR	Histoire & Sociétés rurales
HÉ&S	Histoire, Économie & Société
HP = CH	Historical Papers = Communications historiques
HS = SH	Histoire sociale = Social History
IHAF	Institut d'histoire de l'Amérique française
IQRC	Institut québécois de recherche sur la culture
JCHA = RSHC	Journal of the Canadian Historical Association = Revue de la Société historique du Canada
JCS	Journal of Canadian Studies
JEAH	Journal of Early American History
JSÉAC	Journal de la Société pour l'étude de l'architecture au Canada
LSUP	Louisiana State University Press
MGQUP	McGill-Queen's University Press
MSRC	Mémoires de la Société royale du Canada
PUF	Presses universitaires de France
PUL	Presses de l'Université Laval
PUM	Presses de l'Université de Montréal
PUO	Presses de l'Université d'Ottawa
PUQ	Presses de l'Université du Québec
PUR	Presses universitaires de Rennes
QS	Québec Studies
RAPQ	Rapport de l'archiviste de la province de Québec
RAQ	Recherches amérindiennes au Québec
RHAF	Revue d'histoire de l'Amérique française
RHUS	Revue d'histoire de l'Université de Sherbrooke
RS	Recherches sociographiques
RUL	Revue de l'Université Laval
SS	Sociologie et sociétés
SSH	Social Science History
SSQ	Social Science Quarterly
UQAM	Université du Québec à Montréal
UTP	University of Toronto Press

Préface

Au cours des quelque cinquante dernières années, les études canadiennes et québécoises ont connu une belle postérité en faisant d'innombrables disciples en différents points du globe. En Europe, en Asie, au Proche-Orient et dans les Amériques, le phénomène a généré un corpus impressionnant d'études visant à appréhender l'expérience historique du Canada tantôt au prisme de la comparaison internationale, tantôt en mettant en exergue sa singularité propre. Il est pour le moins ironique, pour ne pas dire paradoxal, que ces connaissances, produites dans une pléthore de langues autres que le français ou l'anglais, restent d'ordinaire inaccessibles aux principaux intéressés.

Les travaux essentiels de Matteo Sanfilippo tombent malheureusement trop souvent dans cette catégorie. L'historien italien compte pourtant depuis longtemps parmi les grands spécialistes du régime seigneurial au Canada. À cette expertise s'en ajoute une autre que sa curiosité, sans jamais désarmer, l'a conduit à développer, et qu'il conviendrait d'appeler l'histoire « romaine » du Canada. En effet, le professeur Sanfilippo a aussi consacré une part considérable de son projet intellectuel à pénétrer les arcanes du Vatican afin de mieux situer l'histoire politique et institutionnelle du catholicisme canadien-français dans son contexte ecclésiastique transatlantique plus large. Passer avec une facilité aussi déconcertante de la féodalité laurentienne aux querelles religieuses qui ont ponctué l'histoire du Canada jusqu'au XXe siècle, cela requiert un souffle et une érudition que seuls quelques rares chercheurs possèdent vraiment.

Le professeur Sanfilippo continue, depuis plus d'un quart de siècle, de produire une œuvre qui fait de lui un véritable passeur culturel et intellectuel. Ce faisant, il a noué des liens nombreux et durables avec plusieurs collègues d'ici, qui reconnaissent en lui un ami du Québec et du Canada français. La traduction en langue française de *Il feudalesimo nella valle del San Lorenzo*, ouvrage d'abord paru en 2008, tombe à point nommé, au vu du regain d'intérêt auquel nous assistons actuellement pour la « question » seigneuriale. En donnant une seconde vie à cette belle synthèse d'historiographie, qui est aussi, faut-il le mentionner, une étude d'histoire intellectuelle fort pénétrante, Arnaud Montreuil et Olivier Guimond contribuent puissamment, à leur tour, à construire de nouvelles passerelles entre les chercheurs de part et d'autre de l'Atlantique. Aussi faut-il remercier et féliciter de leur initiative ces deux jeunes chercheurs dynamiques, qui ont compris très tôt la fécondité d'une démarche qui ambitionne d'engendrer, par-delà la langue, la culture et la distance, les conditions d'un dialogue intellectuel transnational. À titre de directeur de la collection « Amérique française », je m'enorgueillis de l'inclusion de cet ouvrage dans notre catalogue.

Michel Bock
Université d'Ottawa

Avant-propos

*E*n ouvrant ce livre, les lectrices et lecteurs découvriront l'essai le plus détaillé écrit jusqu'à présent sur l'historiographie du féodalisme dans la vallée du Saint-Laurent[1]. Elles et ils iront aussi à la rencontre d'un auteur trop peu connu du lectorat francophone : Matteo Sanfilippo, aujourd'hui professeur à l'Université de la Tuscia, à Viterbe en Italie.

La publication de la traduction de l'ouvrage *Le féodalisme dans la vallée du Saint-Laurent* est, tout comme son sujet, le fruit d'une série de traversées de l'Atlantique. Les premières de ces traversées, les plus importantes d'entre toutes, ont été celles qu'a entreprises Matteo Sanfilippo lui-même. Elles ont d'abord été intellectuelles : Matteo Sanfilippo a commencé à s'intéresser à la question complexe de la féodalité laurentienne pour sa *tesi di laurea* en 1980, et il a mis à profit sa *tesi di specializzazione*, soutenue en 1982, pour approfondir sa connaissance du sujet. L'auteur a ensuite décidé d'entreprendre une thèse de doctorat consacrée à l'étude des fiefs du Saint-Laurent, un projet qui a entraîné une troisième traversée, bien réelle celle-là. C'est en effet à cette occasion que Matteo Sanfilippo a été accueilli à l'Université d'Ottawa pour un long séjour par Fernand Ouellet,

---

1. Dans son ouvrage, Matteo Sanfilippo a fait le choix de parler de féodalisme. Il ne définit pas précisément cette notion, mais on peut poser l'hypothèse que dans le contexte historiographique des années 1980, le concept de féodalisme désigne un mode de production dont le fonctionnement diffère du capitalisme. Nous endossons à notre tour l'usage du mot féodalisme qui, indépendamment du contexte historiographique actuel, renvoie à l'organisation historique des sociétés occidentales pendant la période médiévale et à une forme d'organisation socioéconomique spécifique portant à la fois sur la terre et les hommes. Par ailleurs, signe qu'elle est loin d'être caduque, la notion de féodalisme connaît aujourd'hui un regain certain, notamment pour questionner les nouvelles formes de propriété numérique (voir Cédric Durand, *Le techno-féodalisme : critique de l'économie numérique*, Paris, Éditions Zones, 2020, p. 179-226).

qui travaillait alors sur le régime seigneurial dans la longue durée, par-delà la césure politique de la Conquête britannique. À Ottawa, Matteo Sanfilippo a également fait la connaissance de son collègue Serge Jaumain (aujourd'hui professeur à l'Université libre de Bruxelles), et tous deux ont entrepris, avec les encouragements de Fernand Ouellet, de faire un premier bilan des historiographies francophone et anglophone sur le régime seigneurial laurentien[2]. Ce séjour de recherche a amorcé une période de travaux féconds, qui s'est traduite par la publication soutenue d'articles scientifiques et qui a été couronnée en 1989 par l'obtention du grade de docteur par l'auteur[3].

Matteo Sanfilippo n'a pas immédiatement cherché à publier sa thèse de doctorat. Même s'il a continué à travailler à de multiples reprises avec Serge Courville et ses collaborateurs, l'auteur du *Féodalisme dans la vallée du Saint-Laurent* s'est plutôt tourné vers un nouvel objet de recherche, l'histoire de l'immigration italienne, qui a donné lieu à de nombreuses parutions en italien, en français et en anglais depuis les années 1990. En 2005, une invitation de Gaetano Platania à participer à un colloque sur l'Europe et ses périphéries au XVIe siècle[4] a cependant offert à Sanfilippo l'occasion parfaite de revisiter sa thèse de doctorat pour en préparer la publication. L'historien et canadianiste italien a alors pris la décision de scinder sa thèse en deux volumes, qui sont deux projets éditoriaux distincts, mais complémentaires : le premier volume, intitulé *Dalla Francia al Nuovo Mondo: feudi e signorie nella valle del San Lorenzo*, porte sur

---

2. Serge Jaumain et Matteo Sanfilippo, « Le régime seigneurial en Nouvelle-France : un débat historiographique », *The Register*, vol. 5, n° 2 (1984), p. 226-247.
3. Serge Jaumain et Matteo Sanfilippo, « Le régime seigneurial en Nouvelle-France vu par les manuels scolaires du Canada », *CCF*, n° 4 (1987), p. 14-26 ; Matteo Sanfilippo, « Le régime seigneurial au Bas-Canada dans l'historiographie anglophone », *The Register*, vol. 6, n° 1 (printemps 1985), p. 80-89 ; Matteo Sanfilippo, « Du féodalisme au capitalisme ? Essai d'interprétation des analyses marxistes de la Nouvelle-France », *HS = SH*, vol. XVIII, n° 35 (mai 1985), p. 85-98 ; Matteo Sanfilippo, « Il marxismo e la storiografia canadese : il dibattito sulle strutture economiche della Nuova Francia », dans Luca Codignola et Raimondo Luraghi (dir.), *Canada ieri e oggi*, t. III : *Sezione storica*, Selva di Fasano, Schena Editore, 1986, p. 251-260 ; Matteo Sanfilippo, *Europa e America: La colonizzazione anglo-francese*, Florence, Giunti, 1990 ; Matteo Sanfilippo, « La "Loi des fiefs" nella Nuova Francia », *Annali Accademici Canadesi*, vol. VII (1991), p. 81-91.
4. Voir Gaetano Platania (dir.), *L'Europa di Giovanni Sobieski: cultura, politica, mercatura e società*, Viterbe, Sette Città, 2005.

la réalité historique du féodalisme dans la vallée du Saint-Laurent, de son implantation jusqu'à son abolition légale en 1854; le second ouvrage, dont la lectrice ou le lecteur tient la version traduite par Arnaud Montreuil entre ses mains, est un essai historiographique retraçant l'histoire des idées et des discours que tinrent sur le féodalisme les érudits du XIXe siècle et les historiennes et historiens des XXe et XXIe siècles. Mais seul le public italien et italophone a pu pleinement profiter de cette publication double, les appels à le traduire en anglais ou en français étant restés lettre morte pendant un certain temps[5].

Une deuxième série de traversées réelles et intellectuelles de l'Atlantique a nourri le projet de traduction de l'ouvrage *Le féodalisme*. C'est en effet pendant un séjour de recherche du traducteur à l'École française de Rome en juillet 2019 que s'est prise la décision de rendre accessible au lectorat francophone l'ouvrage de Matteo Sanfilippo. L'élégance de la langue italienne, la perspective de contribuer à l'historiographie de la Nouvelle-France et l'insistance encourageante d'Olivier Guimond nous ont convaincus de présenter à Matteo Sanfilippo notre projet de traduction. Il l'a accepté avec empressement et nous l'en remercions ici avec sincérité. Notre gratitude va également à Madame Kouky Fianu et à Monsieur Benoît Grenier, qui ont accepté de relire avec attention le manuscrit de la traduction, à Monsieur Michel Bock, qui a soutenu notre projet et qui a accepté de nous faire une place dans la collection qu'il dirige, ainsi qu'aux équipes des PUO et du CRCCF pour l'ensemble du processus de publication. Nous tenons aussi à remercier le Département d'histoire de l'Université d'Ottawa qui a rendu possible, par l'entremise du fonds Claire Boudreau, l'élaboration de l'index.

Les lectrices et lecteurs constateront très vite qu'en dépit de la vingtaine d'années qui sépare la défense de la thèse de doctorat de Matteo Sanfilippo et sa publication, et malgré les quelque douze ans qui se sont écoulés entre la parution italienne et sa traduction française, *Le féodalisme dans la vallée du Saint-Laurent* demeure d'une actualité incontestable. Il vient en effet combler un vide historiographique réel, d'autant plus que l'étude de l'histoire de la féodalité laurentienne a connu un regain d'intérêt marqué dans les dernières années, quoique les questions posées par les

---

5. Voir, par exemple, la recension de Luca Codignola dans *RHAF*, vol. 62, n° 2 (septembre 2008), p. 309-313.

chercheurs aient changé. C'est pourquoi nous, les éditeurs de cet ouvrage, avons fait le choix d'ajouter une postface à la version française du livre de Sanfilippo dans laquelle nous retraçons l'évolution substantielle qu'a connue l'historiographie sur le régime seigneurial laurentien depuis le début du xxe siècle. Nous avons également pris l'initiative d'ajouter une bibliographie exhaustive des très nombreux travaux cités par Sanfilippo comme par nous-mêmes. Nous espérons ainsi faire du présent ouvrage un instrument de travail pour toutes les historiennes et tous les historiens de la Nouvelle-France et du régime seigneurial, peu importe leur degré de maîtrise du sujet, et même si elles et ils ne sont pas francophones.

La thèse défendue par Sanfilippo dans *Le féodalisme* est à la fois puissante et concise. Pour l'historien italien, les racines des principales interprétations qu'ont proposées les historiens francophones et anglophones au sujet de la seigneurie laurentienne plongent directement dans l'incertitude des lendemains de la Conquête dans la vallée du Saint-Laurent. À cette époque, les seigneurs canadiens, qui ignorent ce qu'il adviendra de leurs « propriétés » terriennes et du droit coutumier qui les régit, se voient non seulement contraints de justifier l'existence d'une tenure issue de la féodalité française dans une colonie désormais britannique, mais aussi de faire connaître cette tenure aux nouvelles autorités coloniales. C'est donc dans des traités de droits coutumiers de la fin du xviiie siècle, écrits par des auteurs comme le seigneur et juriste François-Joseph Cugnet[6], que la singularité du régime seigneurial canadien est pour ainsi dire « inventée ». Pour les successeurs de Cugnet, la seigneurie est certes issue des institutions de la France médiévale, mais elle a été assouplie en contexte colonial, en plus d'avoir été d'une grande utilité et largement appréciée de la population. Cette vision, *ab ovo* politique, fut immédiatement reprise par les seigneurs, puis par les députés canadiens, et elle devint en fait un rempart rhétorique contre l'abolition du régime seigneurial jusqu'au milieu des années 1850. Sanfilippo explique que, dans les années précédant l'abolition juridique de la seigneurie, même les juges et les politiciens qui étaient en faveur de la loi d'abolition véhiculaient

---

6. Sur la vie et l'œuvre de Cugnet, on consultera avec profit Ghyslain Raza, *François-Joseph Cugnet et la formation de la tradition juridique québécoise*, mémoire de maîtrise (droit), Montréal, Université McGill, 2020.

l'idée que le « système[7] » seigneurial canadien, désormais anachronique à l'ère du capitalisme industriel, avait été d'une grande utilité dans un contexte de colonisation et, surtout, bien différent de la « barbarie » du féodalisme français. À la fois défenseurs du « progrès », débiteurs du système seigneurial et amis de ceux qui, en 1854, tenaient encore mordicus à leurs privilèges de seigneurs, les politiciens et les juristes bas-canadiens du milieu du XIXe siècle participèrent à l'élaboration d'un projet de loi modéré et éminemment favorable aux seigneurs, dont la perte des droits onéreux fut compensée et auxquels les droits de propriété absolue sur les terres seigneuriales non concédées furent reconnus.

C'est dans le sillage de la remise en question de la seigneurie laurentienne et de son abolition progressive et modérée (fin XVIIIe siècle-1854) que furent produits les documents qui formèrent le corpus dont se

---

7. N. D. É. L'utilisation du terme « système » (*sistema*) par Sanfilippo dans les prochains chapitres appelle d'emblée une précision. En 2018, un débat sur la nature du « système » seigneurial entre Allan Greer, Benoît Grenier et Alain Laberge (voir la postface pour plus de détails) a mis en évidence des interprétations parfois divergentes de l'origine du régime seigneurial et de son existence en tant qu'objet systématisé, ou « intégré » pour reprendre l'expression de Greer. Le régime seigneurial est-il une réalité juridique – un système de droits – préexistante à la colonisation de la vallée du Saint-Laurent et qui y fut simplement implantée par la Couronne française ? Ou bien est-il le fruit d'un processus historique de formation de la propriété, un processus fait de relations notamment entre colons et Autochtones, c'est-à-dire de la rencontre de traditions foncières différentes et d'intérêts parfois complémentaires, parfois contraires ? La première façon de concevoir le « système » seigneurial fut surtout l'apanage d'une historiographie traditionnelle cherchant à retracer le parcours d'une institution cohérente et caractéristique du Canada français, historiographie qu'aborde longuement Sanfilippo, d'ailleurs, dans les deuxième et troisième chapitres de cet ouvrage. En 2022, si ce ne sont pas tous les historiens et toutes les historiennes qui, à l'instar de Greer, adoptent pleinement la perspective de la *property formation*, la vision courante dans l'historiographie, incluant les travaux de Laberge et de Grenier, est que le régime seigneurial laurentien connut une trajectoire pluriséculaire évolutive, complexe et changeante selon les contextes locaux. De même, l'emploi fréquent du terme « système » que fait Sanfilippo ne doit pas être interprété comme une volonté de simplement réifier un concept figé, encore moins d'essentialiser l'institution qu'a idéalisée l'historiographie traditionnelle. Malgré l'ambiguïté que cela peut certes occasionner, il nous semble clair que Sanfilippo fait référence au « système » et au « régime » seigneurial, d'une part, en tant que régime foncier aux implications légales claires et, d'autre part, comme un ensemble de relations sociales évolutives entre seigneurs et censitaires.

saisirent les historiens francophones et anglophones jusqu'au dernier tiers du xxe siècle[8]. Tout se passe comme si, en reprenant un corpus fondu dans le creuset d'un débat politique opposant les partisans aux adversaires de la seigneurie, les historiens de cette période réactualisaient et prolongeaient dans leurs propres travaux les visions angéliques et diaboliques de la seigneurie caractéristiques du débat sur l'abolition, pour les embrigader dans la lutte intellectuelle nationaliste sur la place et l'avenir du Canada français, puis du Québec au sein du Canada[9]. S'il existe, depuis les années 1970-1980, un consensus scientifique renvoyant dos à dos les visions folklorisantes positives et négatives de la seigneurie laurentienne allant de Gaspé à Trudel, prolongées dans le débat sur la « modernité » du Bas-Canada, force est cependant de constater que la conception irénique de la seigneurie persiste dans l'éducation primaire et secondaire ainsi que dans la mémoire collective. L'immense mérite de l'essai de Sanfilippo est d'expliquer en détail et de façon limpide ce processus méconnu, bref, de faire sens de la vaste historiographie francophone et anglophone portant sur le régime seigneurial laurentien dans le but d'en comprendre les fondements historiques, politiques et conceptuels. À l'heure où la recherche sur l'histoire du régime seigneurial connaît un réel dynamisme dans le monde universitaire (voir la postface), il a semblé plus que jamais nécessaire de faire connaître les hypothèses de Sanfilippo au lectorat francophone.

Notre vœu est que *Le féodalisme* rejoigne la récente lignée de travaux fouillés et synthétiques qui renouvellent la compréhension de l'histoire seigneuriale auprès des universitaires et du grand public. Nous souhaitons qu'il soit à l'historiographie et à l'histoire intellectuelle ce qu'est à l'histoire sociale, économique et culturelle la *Brève histoire du régime seigneurial*, parue en 2012 sous la plume de Benoît Grenier[10]. Cette

---

8. De manière générale, c'est le contexte politique qui explique, au xixe siècle bas-canadien et québécois, la prise de conscience de l'importance de la conservation et de la mise en valeur des archives relatives « aux premiers temps » de la colonie, ce qui a entraîné notamment, sous les auspices de parlementaires, la publication de nombreux documents historiques portant, entre autres, dans les années 1850, sur le régime seigneurial (Arnaud Montreuil, « L'État québécois et la préservation et la mise en valeur des archives de la Nouvelle-France au xixe siècle », *Bulletin d'histoire politique*, vol. 25, n° 2 (2017), p. 238-239).
9. Voir les chapitres 2 et 3, *infra*.
10. Benoît Grenier, *Brève histoire du régime seigneurial*, Montréal, Éditions du Boréal, 2012.

Avant-propos

synthèse a comme objectif d'offrir une histoire du régime seigneurial de la vallée du Saint-Laurent qui repose sur les acquis de l'historiographie des années 1970 à 2010. Nous espérons ainsi contribuer à rompre une fois pour toutes avec les discours politiques et éthiques sur la seigneurie laurentienne, qui peuplent encore aujourd'hui à tort les manuels scolaires et certains ouvrages de vulgarisation, et mettre en évidence la nécessité de poursuivre l'étude de la féodalité dans la vallée du Saint-Laurent en conformité avec le but premier de l'histoire, qui est d'expliquer scientifiquement l'actualisation, la reproduction et la transformation des sociétés dans le temps.

ঔ ଔ

Ce livre est le résultat de plusieurs excursions intellectuelles hors des sentiers battus : c'est le fruit du parcours d'un jeune chercheur italien qui part à la découverte du Canada, qui y noue des amitiés intellectuelles et qui offre aux historiens du féodalisme, de la Nouvelle-France et du Bas-Canada un essai historiographique unique, fouillé et original; c'est le fruit du parcours d'une autre génération de jeunes chercheurs qui partent à la découverte de l'historiographie canadienne écrite en italien, avec la confiance et la bénédiction de l'auteur de cet essai historiographique; enfin, c'est la confluence des travaux d'un doctorant travaillant, entre autres, sur l'aristocratie italienne du XIIIe siècle et d'un doctorant menant des recherches sur la question seigneuriale au Bas-Canada et au Québec au XIXe siècle. En ce sens, la traduction française d'*Il feodalesimo nella valle del San Lorenzo* est aussi un plaidoyer pour l'écriture internationale, plurilingue et interdisciplinaire de l'histoire de la Nouvelle-France et du féodalisme laurentien.

Arnaud Montreuil
Olivier Guimond

Introduction

> Le manoir d'Haberville était situé au pied d'un cap qui couvrait une lisière de neuf arpents du domaine seigneurial, au sud du chemin du Roi.
> Philippe Aubert de Gaspé,
> *Les anciens Canadiens*, 1863

> S'il est, dans les environs de Québec, un site dont le seul nom fasse lever dans l'imagination toute une volée de souvenirs légendaires, c'est certainement Beaumanoir ou le Château Bigot.
> Joseph Marmette,
> *L'intendant Bigot*, 1872

En février 1763, à la fin de la guerre de Sept Ans et après la signature du traité de Paris, la Grande-Bretagne se trouva en possession du Canada, une ancienne colonie française. Ses troupes d'outre-Atlantique y étaient en garnison depuis des années, en particulier dans la vallée du Saint-Laurent, mais l'occupation devint définitive. Il fallait désormais adapter cette nouvelle colonie britannique aux us et coutumes de l'Empire. Toutefois, l'augmentation constante des tensions dans les Treize colonies britanniques était de nature à convaincre un observateur attentif de l'époque non seulement de l'éventualité concrète d'un soulèvement en Amérique du Nord, mais aussi à lui conseiller de ne pas provoquer de réactions analogues dans un territoire occupé depuis peu[1].

---

1. Pour une synthèse historique sur le Canada, voir Luca Codignola et Luigi Bruti Liberati, *Storia del Canada: dalle origini ai giorni nostri*, Milan, Bompiani, 1999. Pour la colonisation française, voir Matteo Sanfilippo, *Europa e America : la colonizzazione anglo-française*, Florence, Giunti, 1990 ; Gilles Havard et Cécile Vidal, *Histoire de l'Amérique française*, Paris, Flammarion, 2003. [N. D. É. Le lectorat francophone peut consulter une multitude de synthèses d'histoire du Canada et

Dès le départ, les forces d'occupation durent affronter une double difficulté socioéconomique : 1) la cohabitation avec l'Église catholique, à laquelle appartenaient tous les nouveaux sujets et qui était aussi une grande puissance économique dans la colonie, et 2) la cohabitation avec un système féodal de possession de la terre et de domination sur les populations rurales, qui contredisait les mécanismes généralement en vigueur en Grande-Bretagne[2]. Sous le Régime militaire (1759-1763), les fiefs canadiens avaient en effet été préservés sans changements dans l'attente de la conclusion de la guerre et des négociations de paix. Les droits des seigneurs laïcs et ecclésiastiques avaient été protégés par les articles 34 et 37 de la reddition de Montréal, contresignée le 8 septembre par le général Jeffrey Amherst, commandant en chef des troupes britanniques en Amérique du Nord[3]. Dans ce contexte, les tribunaux militaires s'étaient

du Québec abordant le contexte de la Conquête selon différentes perspectives, par exemple, Yvan Lamonde, *Histoire sociale des idées au Québec*, t. I : *1760-1896*, Montréal, Éditions Fides, 2000 ; John A. Dickinson et Brian Young, *Brève histoire socio-économique du Québec*, Montréal, BQ, [1988] 2014 ; Richard Cole Harris, *Le pays revêche : société, espace et environnement au Canada avant la Confédération*, Québec, PUL, 2012 ; Peter Gossage et J. I. Little, *Une histoire du Québec : entre tradition et modernité*, Montréal, Hurtubise HMH, 2015. Tous ces titres sont par ailleurs disponibles en anglais. Pour une série d'études récentes sur le contexte de la signature du traité de Paris et la portée de ce traité, voir Sophie Imbeault, Denis Vaugeois et Laurent Veyssière (dir.), *1763 : le traité de Paris bouleverse l'Amérique*, Québec, Éditions du Septentrion, 2013.]

2. Sur la question catholique, voir Luca Codignola, « The Policy of Rome towards the English-Speaking Catholics in British North America (1750-1830) », dans Terrence Murphy et Gerald John Stortz (dir.), *Creed and Culture: The Place of English-Speaking Catholics in Canadian Society (1750-1930)*, Montréal, MGQUP, 1993, p. 100-125, et Terrence Murphy et Roberto Perin (dir.), *A Concise History of Christianity in Canada*, Toronto, Oxford University Press, 1996. Sur les fiefs canadiens, voir Matteo Sanfilippo, *Dalla Francia al Nuovo Mondo : feudi e signorie nella valle del San Lorenzo*, Viterbe, Sette Città, 2008. [N. D. É. Nous avons ajouté le terme « généralement » dans cette phrase afin de nuancer le propos de Sanfilippo. La tenure féodale n'est pas déjà abolie partout en Grande-Bretagne au milieu du XVIIIe siècle ; elle a même persisté en Écosse jusqu'au début des années 2000. À ce sujet, voir l'introduction que signe David Sellar (« Farewell to Feudalism ») dans le premier volume de la dix-neuvième édition de *Burke's Landed Gentry of Great Britain: The Kingdom in Scotland* (Londres, Fitzroy Dearborn, 2001, p. xix-xxi, dirigé par Peter Beauclerk Dewar).]

3. Adam Shortt et Arthur G. Doughty (dir.), *Documents Relating to the Constitutional History of Canada 1759-1791*, Ottawa, J. de L. Taché, 1918, p. 17-19.

substitués aux fonctionnaires français et avaient pris en charge les conflits entre seigneurs et censitaires dans le territoire occupé[4]. De nombreux fonctionnaires britanniques espéraient que cet état de choses serait temporaire, mais le déclenchement des troubles dans les Treize colonies entraîna non seulement la reconnaissance des droits des catholiques et de leur Église dans la colonie canadienne, mais aussi de ceux des détenteurs de fiefs.

L'Acte de Québec de 1774 reconnaissait les droits féodaux et les lois déjà en vigueur dans la colonie[5]. Il ne prévoyait pas non plus l'abolition future du féodalisme canadien et se limitait à abolir les justices seigneuriales afin d'uniformiser le système judiciaire[6]. Conséquemment, les tribunaux et la bureaucratie britanniques durent apprendre ce qu'était et comment fonctionnait le féodalisme encore en vigueur dans la colonie. Ce problème particulier fut posé et abordé dans des documents publics et privés, et quelques ouvrages imprimés eurent pour objet de le résoudre. Plus particulièrement, le *Traité de la loi des fiefs* de François-Joseph Cugnet (1775) offrit une explication synthétique de ce qui était arrivé en Nouvelle-France ainsi que des choses qui devraient et pourraient être faites dans le nouveau contexte[7].

L'ouvrage de Cugnet constitua donc le point de départ de l'historiographie sur les fiefs français dans la vallée du Saint-Laurent et sur leurs

---

4. Marcel Trudel, *Le Régime militaire dans le Gouvernement des Trois-Rivières, 1760-1764*, Trois-Rivières, Éditions du Bien public, 1952, p. 5-25 ; John A. Dickinson, « L'administration "chaotique" de la justice après la Conquête : discours ou réalité ? », dans Giovanni Dotoli (dir.), *Canada : Le rotte della libertà*, Fasano, Schena Editore, 2006, p. 117-127.

5. Sur le texte de l'Acte de Québec, voir Shortt et Doughty (dir.), *Documents Relating to the Constitutional History*, p. 570-576.

6. *Ibid.* Voir, plus particulièrement, les instructions à Carleton de 1775, aux pages 594-614 et surtout à la page 608.

7. François-Joseph Cugnet, *Traité de la loi des fiefs, qui a toujours été suivie en Canada depuis son établissement, tirée de celle contenuë en la Coûtume de la Prévôté et Vicomté de Paris, à laquelle les fiefs et seigneuries de cette province sont assujettis, en vertu de leurs titres primitifs de concession, et des édits, reglemens, ordonances et declarations de Sa Majesté très Chrétienne, rendus en consequence ; et des diferens jugemens d'intendans rendus à cet égard, en vertu de la loi des fiefs, et des dits édits, reglemens, ordonances et declarations, traité utile à tous les seigneurs de cette province, tant nouveaux qu'anciens sujets, aux juges et au receveur-général des droits de Sa Majesté*, Québec, Chez Guillaume Brown, 1775.

transformations après la victoire britannique. Nous pouvons donc dire, bien que pour des raisons tout à fait différentes, que le discours historico-politique sur le féodalisme d'Ancien Régime commença pendant la seconde moitié du XVIIIe siècle dans le Nouveau Monde comme dans l'Ancien[8]. Mais il n'y eut pas de continuité ou d'analogie dans l'évolution des deux débats : au XIXe siècle, outre quelques tentatives, l'importance structurelle du féodalisme dans la France de l'époque moderne ne fut pas envisagée du point de vue historique, dans la durée; au XXe siècle, le sujet n'a pas vraiment attiré les universitaires européens[9]. Le féodalisme implanté au Canada a majoritairement été analysé du point de vue quantitatif, mais les études sur ce thème ont souvent été des monographies dédiées à une aire géographique particulière ou à des fiefs spécifiques et, à la longue, leur surabondance a empêché d'appréhender le cœur du

---

8. Philippe Goujard, *L'abolition de la « féodalité » dans le pays de Bray (1789-1793)*, Paris, Bibliothèque nationale, 1979 ; Peter M. Jones, « Parish, Seigneurie and the Community of Inhabitants in Southern Central France during the Eighteenth and Early Nineteenth Centuries », *Past and Present*, vol. 91, n° 1 (1981), p. 74-108 ; Guy Lemarchand, *La fin du féodalisme dans le pays de Caux : conjoncture économique et démographique et structure sociale dans une région de grande culture, de la crise du XVIIe siècle à la stabilisation de la Révolution, 1640-1795*, Paris, Éditions du Comité des travaux historiques et scientifiques, 1989 ; John Markoff, *The Abolition of Feudalism : Peasants, Lords, and Legislators in the French Revolution*, University Park, Penn State University Press, 1996 ; Jean-Marc Moriceau, *Terres mouvantes : les campagnes françaises du féodalisme à la mondialisation XIIe-XIXe siècle*, Paris, Fayard, 2002.

9. Sur le cadre général, voir Renata Ago, *La feudalità in età moderna*, Rome, Laterza, 1997, et Aurelio Musi, *Il feudalesimo nell'Europa moderna*, Bologne, Il Mulino, 2007. Sur le contexte français, voir Jean Gallet, *Seigneurs et paysans bretons du Moyen Âge à la Révolution*, Rennes, Éditions Ouest-France, 1992 ; Jean Gallet, *Seigneurs et paysans en France (1600-1798)*, Rennes, PUR, 1999 ; Annie Antoine, *Fiefs et villages du Bas-Maine au XVIIIe siècle*, Mayenne, Éditions régionales de l'Ouest, 1994 ; Annie Antoine, « La seigneurie, la terre et les paysans, XVIIe-XVIIIe siècles », *Bulletin de la Société d'histoire moderne et contemporaine*, n°[os] 1-2 (1999), p. 15-33 ; Anne Merlin-Chazelas, Jean Chazelas et al., *Trois seigneuries en Yvelines du XIVe au XVIIIe siècle*, Rambouillet, Société historique et archéologique de Rambouillet et de l'Yveline, 2001 ; Christianne Lombard Déaux, *Seigneurs et seigneuries en Lyonnais et Beaujolais, des Guerres de Religion à la Révolution : organisation, fonctionnement, évolution de la vie des campagnes*, Lyon, Éditions Bellier, 2005 ; Martine Grinberg, *Écrire les coutumes : les droits seigneuriaux en France XVIe-XVIIIe siècles*, Paris, PUF, 2006.

problème. Concrètement, les fondements réels de ce système[10] n'ont pas été pleinement explorés; au contraire, on a déterminé hypothétiquement qu'il fonctionnait peu et mal, qu'il n'avait pas grand-chose à voir avec le féodalisme médiéval et que les institutions et les contraintes européennes avaient perdu du mordant en traversant l'océan.

Cette tendance à recourir à des banalités d'ordre général est inscrite dans la genèse même du débat sur les fiefs canadiens. En effet, celui-ci n'est pas né de la curiosité historique, mais de considérations pratiques. Cugnet tentait d'expliquer les mécanismes féodaux à des fonctionnaires qui n'avaient pas fait l'expérience d'un système analogue[11]. Ceux qui revinrent sur le sujet après lui abordèrent une autre question, plus compliquée : il ne s'agissait désormais plus de garantir le fonctionnement correct du modèle féodal, mais d'en assurer la survivance. Dans les faits, les nouveaux colons d'origine britannique ne voulaient rien savoir de ce système parce qu'ils le considéraient comme une abominable survivance médiévale qu'ils proposaient d'éliminer. Dans la première moitié du XIXe siècle, la présentation et l'étude des caractéristiques féodales du régime foncier canadien furent donc liées à l'évolution du conflit politique relatif à son abolition, à sa transformation ou à sa sauvegarde. Dans le contexte de ce débat, qui dura plusieurs décennies, l'analyse historique du phénomène devint un choix économique et politique, qui se transforma en un référendum en faveur ou en défaveur du maintien des traditions socioéconomiques du Canada français et tendit donc à se résumer en slogans facilement mémorisables. Les admirateurs du système féodal, en particulier, cherchèrent non seulement à adoucir ses traits les plus répugnants pour les nouveaux immigrants – notamment en le rebaptisant par euphémisme « régime seigneurial » –, mais aussi à souligner comment celui-ci avait assuré et pouvait assurer la cohésion et la paix sociales dans la vallée du Saint-Laurent. À leurs yeux, le système féodal n'était donc pas un modèle de gestion économique, mais une garantie politique et sociale. L'éliminer équivalait, selon eux, à plonger dans le désordre la pièce maîtresse des colonies britanniques d'Amérique du Nord.

---

10. N. D. É. Sur l'usage du terme « système », voir notre commentaire *supra*, p. xvii, note 7.
11. Jean-Philippe Garneau, « Une culture de l'amalgame au prétoire : les avocats de Québec et l'élaboration d'un langage juridique commun au tournant des XVIIIe et XIXe siècles », *CHR*, vol. 88, n° 1 (2007), p. 113-148.

La nature politique et économique de la discussion sur les fiefs canadiens se perpétua au-delà de leur abolition par voie légale en 1854. Cela s'explique en premier lieu par le fait que cette abolition ne constitua pas une véritable subversion du système féodal parce que l'intervention législative ne libéra pas les censitaires canadiens, mais permit seulement aux plus riches d'échapper aux antiques contraintes et d'obtenir la terre en pleine propriété en payant une fois pour toutes une somme considérable. Les paysans ordinaires ne réussirent pas à faire face à une telle dépense et restèrent liés à ceux qui étaient et qui demeuraient *de facto* leurs seigneurs[12]. En second lieu, la condamnation ou l'approbation *a posteriori* du « régime seigneurial » continua d'être un des éléments fondamentaux d'une appréciation générale du Canada français et de sa raison d'être dans la Confédération canadienne. En conséquence, les historiens qui s'intéressèrent à l'histoire du Canada ne purent éviter de prendre position dans cette arène, qui était le lieu d'un conflit ethnique et politique enflammé, et furent aspirés dans une confrontation qui favorisait les simplifications et les préférences idéologiques plutôt que les explications scientifiques.

Après la disparition définitive des ultimes reliquats féodaux dans la seconde moitié du XXe siècle, la littérature historique sur le régime seigneurial canadien a été plusieurs fois discutée dans son ensemble. À son analyse ont été consacrés de nombreux articles tentant de définir ce phénomène historique par la discussion de ses interprétations successives. À la fin des années 1960, Cameron Nish et Jean-Pierre Wallot ont employé ce procédé pour corroborer leur hypothèse sur la nature non féodale du système canadien[13]. Nish, après avoir rapidement parcouru l'historiographie traditionnelle, a affirmé que les possesseurs de fiefs en Nouvelle-France étaient des marchands et des fonctionnaires, puis il s'est

---

12. N. D. É. Ces questions que soulevait Sanfilippo à propos des persistances économiques du « féodalisme » après l'abolition de 1854 ont été approfondies par Benoît Grenier et Michel Morissette. Ce sujet sera abordé dans la postface (*infra*), mais on peut déjà se référer à Benoît Grenier, *Brève histoire du régime seigneurial*, Montréal, Éditions du Boréal, 2012.

13. Cameron Nish, *Les bourgeois-gentilshommes de la Nouvelle-France, 1729-1748*, Montréal, Éditions Fides, 1968, p. 98-124 ; Jean-Pierre Wallot, « Le régime seigneurial et son abolition au Canada (1968) », dans Jean-Pierre Wallot (dir.), *Un Québec qui bougeait*, Montréal, Éditions Fides, 1973, p. 225-252.

servi de cette conclusion pour déclarer que la colonie française n'était pas d'origine féodale, mais appartenait de plein droit à l'histoire moderne. Wallot est arrivé au même résultat à partir d'une approche inspirée des thèses de l'historien américain Frederick Jackson Turner : il a avancé en fait que le contexte géographique, c'est-à-dire la fameuse « frontière » nord-américaine, avait modifié irréversiblement les caractères originaux du régime seigneurial français. Dans cet ordre d'idées, les deux chercheurs considéraient que l'histoire du Canada français n'était pas l'histoire d'un peuple vaincu et économiquement arriéré. Le Canada français était pour eux une « nation » moderne depuis les débuts de la colonisation, nonobstant la persistance de caractéristiques issues du Vieux Monde.

Dans les années 1970, les recherches en archives conduites par Fernand Ouellet et Louise Dechêne ont contredit cette perspective en développant l'idée d'une Nouvelle-France d'Ancien Régime[14]. Peu après, le géographe Serge Courville a comparé les positions de Nish et de Wallot avec celles de Ouellet sur l'évolution économique du Bas-Canada et a proposé d'approfondir le débat par des apports géographiques et anthropologiques[15]. Au début des années 1980, Ouellet a soutenu que l'interprétation de Nish et de Wallot exprimait un néonationalisme franco-canadien fanatique, idéologiquement incapable d'accepter l'existence d'un ancien régime colonial, un régime ayant pourtant influencé toute l'histoire de ce qui devint la province de Québec[16]. Dans une perspective assez similaire, Lise Pilon-Lê a retracé à son tour le cadre théorique du débat et a suggéré l'adoption d'une grille d'analyse marxiste orthodoxe[17]. Toutefois,

---

14. Louise Dechêne, « Coup d'œil sur l'historiographie de la Nouvelle-France », *Études canadiennes*, vol. III (1977), p. 45-57.
15. Serge Courville, *L'habitant canadien et le régime seigneurial (1627-1854)*, thèse de doctorat (géographie), Montréal, Université de Montréal, 1979, p. 373-383.
16. Fernand Ouellet, « La formation d'une société dans la vallée du Saint-Laurent : d'une société sans classes à une société de classes », *CHR*, vol. LXII (1981), p. 407-450 ; Fernand Ouellet, « Les classes dominantes au Québec, 1760-1840 : bilan historiographique », *RHAF*, vol. XXXVIII, n° 2 (automne 1984), p. 223-243.
17. Lise Pilon-Lê, « Le régime seigneurial au Québec : contribution à une analyse de la transition au capitalisme », *CS*, n° 3, (1980), p. 133-168. Sur l'historiographie marxiste au Québec dans ces années, voir Gérald Bernier, « La structure de classes québécoise au 19e siècle et le problème de l'articulation des modes de production », *Revue canadienne de science politique = Canadian Journal of Political Science*, vol. XIV, n° 3 (septembre 1981), p. 487-518, et Nicole Laurin-Frenette,

l'efficacité de cette grille a été par la suite mise à l'épreuve par Colette Michaud, qui en a montré l'abstraction excessive[18].

Ces travaux pionniers ont mis en évidence le fait que l'intégralité du discours historiographique sur la société de la Nouvelle-France et du Bas-Canada répondait toujours à deux interrogations principales : 1) le féodalisme canadien, aussi dénommé régime seigneurial par les historiens outre-Atlantique, peut-il être comparé au système féodal français ? 2) Impliquait-il une exploitation des censitaires équivalente à celle attestée dans le Vieux Monde ? Étudiant les réponses à ces questions, Serge Jaumain et Matteo Sanfilippo ont résumé les distinctions entre les positions des deux écoles historiographiques franco-canadiennes : une première école nationaliste, portée à considérer le féodalisme canadien comme un phénomène en lui-même, bien différent de celui de la France, et une autre école plus intéressée aux réalités socioéconomiques et disposée en vertu de cela à admettre l'existence d'une société franco-canadienne d'Ancien Régime[19]. Jaumain et Sanfilippo ont en outre vérifié la possibilité d'une étude comparative des historiographies franco- et anglo-canadienne[20]. Sur ce dernier point, Sylvie Dépatie, Mario Lalancette et Christian Dessureault ont signalé que les deux historiographies canadiennes sont très proches dans leur appréciation du « régime seigneurial », considéré comme un phénomène uniforme à

« La sociologie des classes sociales au Québec, de Léon Gérin à nos jours », dans Guy Rocher *et al.*, *Continuité et rupture : les sciences sociales au Québec*, Montréal, PUM, 1984, p. 531-556.
18. Colette Michaud, *Les censitaires et le régime seigneurial canadien (1797-1854) : étude de requêtes anti-seigneuriales*, thèse de maîtrise (histoire), Ottawa, Université d'Ottawa, 1982, p. 1-27.
19. Serge Jaumain et Matteo Sanfilippo, « Le régime seigneurial en Nouvelle-France : un débat historiographique », *The Register*, vol. 5, n° 2 (1984), p. 226-247 ; Serge Jaumain, « La laïcisation du discours de Marcel Trudel : étude historiographique », *CCF*, n° 2 (1985), p. 23-32 et n° 3 (1986), p. 18-25 ; Matteo Sanfilippo, « Il marxismo e la storiografia canadese : il dibattito sulle strutture economiche della Nuova Francia », dans Luca Codignola et Raimondo Luraghi (dir.), *Canada ieri e oggi*, t. III : *Sezione storica*, Fasano, Schena Editore, 1986, p. 151-160.
20. Jaumain et Sanfilippo, « Le régime seigneurial en Nouvelle-France » ; Matteo Sanfilippo, « Le régime seigneurial au Bas-Canada dans l'historiographie anglophone », *The Register*, vol. 6, n° 1 (printemps 1985), p. 80-89 ; Serge Jaumain et Matteo Sanfilippo, « Le régime seigneurial en Nouvelle-France vu par les manuels scolaires du Canada », *CCF*, n° 4 (1987), p. 14-26.

analyser globalement, sans jamais poser le problème des variantes régionales et temporelles[21].

En se basant sur les analyses du féodalisme en Nouvelle-France, Roberta Hamilton a proposé une réinterprétation de l'expérience historique coloniale[22]. Dans des termes quelque peu génériques, empruntés à un schéma marxisant, elle a avancé, en convoquant des textes trop peu nombreux, l'idée d'une colonisation féodale du Nouveau Monde par la France, qui s'oppose à la colonisation capitaliste successive par la Grande-Bretagne. Hormis l'évidente difficulté à déduire les caractéristiques d'une période entière à partir du seul débat historiographique, la thèse de Hamilton souffre d'une pâle connaissance de l'histoire française, un péché partagé par beaucoup de modernistes canadiens, à l'exception de quelques-uns qui ont fait leurs études en France, comme Louise Dechêne, Jean Hamelin et Fernand Ouellet[23]. Cette connaissance éparse de l'histoire européenne a amené Hamilton à considérer l'Ancien Régime comme un monde féodal dans le sens le plus classique du terme. En réalité, la fréquentation de l'historiographie et de l'histoire européenne montre désormais la non-existence d'un féodalisme *classique*, à tel point que de nombreux médiévistes pensent aujourd'hui que le « féodalisme » est caractéristique de l'époque moderne, ce système étant né au XIIIe siècle de l'évolution tardive de la seigneurie rurale médiévale[24].

---

21. Sylvie Dépatie, Mario Lalancette et Christian Dessureault, *Contributions à l'étude du régime seigneurial*, Montréal, Hurtubise HMH, 1987, p. 1-6.
22. Roberta Hamilton, «Feudal Society and Colonization: A Critique and Reinterpretation of the Historiography of New France», *Canadian Papers in Rural History*, vol. VI (1988), p. 17-135. Sur une opération spéculative peu fructueuse, voir Robert C. H. Sweeny, «Paysan et ouvrier : du féodalisme laurentien au capitalisme québécois», *Sociologie et sociétés*, vol. XXII, n° 1 (1990), p. 143-161.
23. Sur l'apport de ces études, voir Jacques Mathieu, «De la structure à la conjoncture», dans Yves Roby et Nive Voisine (dir.), *Érudition, humanisme et savoir : actes du colloque en l'honneur de Jean Hamelin*, Sainte-Foy, PUL, 1996, p. 107-118.
24. Alain Guerreau, *Le féodalisme : un horizon théorique*, Paris, Le Sycomore, 1980 ; Giuseppe Sergi, «Feudalesimo senza "sistema"», *Prometeo*, vol. 43 (1993), p. 52-61 ; Susan Reynolds, *Fiefs and Vassals : The Medieval Evidence Reinterpreted*, Oxford, Oxford University Press, 1994 ; Sandro Carocci, «I signori : il dibattito concettuale», dans *Señores, siervos, vasallos en la Alta Edad Media (XXVIII Semana de Estudios Medievales, Estella, 16-20 julio 2001)*, Pampelune, Gouvernement de Navarre, 2002, p. 147-181 ; Giuseppe Albertoni et Luigi Provero, *Il feudalesimo in Italia*, Rome, Carocci, 2003.

Fernand Ouellet a entrepris au début des années 1990 l'exploration de la nouvelle production historiographique québécoise et a noté une désaffection pour les thèmes socioéconomiques, notamment le débat sur le féodalisme/« régime seigneurial », à la faveur d'objets de recherche anthropologiques et culturels[25]. Il a en outre relevé que l'ignorance de l'histoire économique portait à sous-évaluer les aspects féodaux du « régime seigneurial[26] ». En 1992, Catherine Desbarats a souligné à l'inverse que le débat était faussé par l'équivalence couramment établie entre la sortie du féodalisme et l'entrée dans le capitalisme, tout en essayant de faire correspondre à une telle transition la crise provoquée par le changement de la domination coloniale[27]. Mais, pendant que Ouellet se concentrait sur la production québécoise, Desbarats faisait un examen attentif de l'historiographie marxiste, également répartie entre le Canada et le Québec, mais clairement minoritaire[28]. Enfin, Louis Michel a proposé un bilan des recherches effectuées entre les années 1980 et 1990, mais, pour des raisons d'espace, il a discuté des travaux de certains auteurs seulement[29].

Dans tous les cas, le débat s'est progressivement raffiné et a même semblé près d'atteindre une sorte de conclusion. Au lieu de cela, il s'est subitement arrêté et, à la fin du siècle, on écrivait de moins en moins sur le sujet. Plus particulièrement, les réflexions théoriques ont cessé, tandis

---

25. Fernand Ouellet, « L'historiographie québécoise des années 1980 », dans Luigi Bruti Liberati et Fabrizio Ghilardi (dir.), *Canada ieri e oggi 3*, t. II : *Sezione storica, geografica ed economica*, Fasano, Schena Editore, 1992, p. 50-79.
26. Fernand Ouellet, « Féodalité, régime seigneurial et modernisation dans l'historiographie québécoise des années 1980 », *Annali Accademici Canadesi*, vol. 7 (1991), p. 21-49.
27. Catherine Desbarats, « Agriculture within the Seigneurial Regime of Eighteenth Century Canada : Some Thoughts on the Recent Literature », *CHR*, vol. LXXIII, n° 1 (mars 1992), p. 1-29. Sur le rapport entre le passage de la domination française à celle de la Grande-Bretagne et la crise du monde féodal dans la vallée du Saint-Laurent, voir Claude Couture, « La Conquête de 1760 et le problème de la transition au capitalisme », *RHAF*, vol. XXXIX, n° 3 (hiver 1986), p. 369-389.
28. Sur ce thème, voir la note 15 *supra*, ainsi que Matteo Sanfilippo, « Du féodalisme au capitalisme ? Essai d'interprétation des analyses marxistes de la Nouvelle-France », *HS = SH*, vol. XVIII, n° 35 (mai 1985), p. 85-98.
29. Louis Michel, « L'économie et la société rurale dans la vallée du Saint-Laurent aux XVIIe et XVIIIe siècles : bilan historiographique », dans Sylvie Dépatie *et al.* (dir.), *Vingt ans après* Habitants et marchands *: lecture de l'histoire des XVIIe et XVIIIe siècles canadiens*, Montréal, MGQUP, 1998, p. 69-89.

que les nouveaux apports empiriques ont été le fruit de recherches qui visaient à comprendre le développement agricole en général sans distinguer les exploitations féodales des exploitations capitalistes. Les auteurs de ce genre de travaux ne se concentraient donc pas sur le sujet qui nous intéresse ici: le féodalisme[30].

Aucun des chercheurs cités jusqu'ici n'a clairement tenté d'enchâsser les origines et les arguments principaux de l'historiographie sur le «régime seigneurial» dans le débat sur la sauvegarde ou l'abolition des fiefs après la Conquête britannique du Canada. Et pourtant, les réflexions sur le féodalisme canadien, amorcées par le *Traité* de Cugnet et les rapports des premiers gouverneurs militaires britanniques, puis poursuivies dans les discussions et les enquêtes parlementaires, constituent un solide *corpus* de documentation et d'interprétations historiques dans lequel ont puisé presque tous les auteurs qui se sont intéressés ensuite à la question[31].

Ces réflexions ont d'ailleurs été continuellement relancées à cause de la survie du «régime seigneurial» jusque dans la seconde moitié du XXe siècle. Comme l'a noté de manière polémique Georges-Étienne Baillargeon[32], entré en religion sous le nom de Marcel-Joseph, nombre de penseurs du «régime seigneurial» discutaient non seulement d'un phénomène qui leur était alors contemporain, mais aussi d'un phénomène dont ils avaient personnellement fait l'expérience dans les campagnes et même dans la ville de Montréal. Dans ce contexte, les choix historiographiques avaient une valeur politique immédiate. En conséquence, dans les pages qui suivent, nous proposons de ne pas nous limiter à l'examen successif des contributions historiographiques, mais d'étudier leurs liens avec les débats politiques des années 1763-1854. De cette façon, nous espérons

---

30. Quelques textes ont traité en partie du féodalisme, en particulier les études de Serge Courville, de Jean-Claude Robert et de Normand Séguin, «Population et espace rural au Bas-Canada: l'exemple de l'axe laurentien dans la première moitié du XIXe siècle», *RHAF*, vol. XLIV, n° 2 (automne 1990), p. 243-262 et *Atlas historique du Québec: le pays laurentien au XIXe siècle: les morphologies de base*, Sainte-Foy, PUL, 1995.
31. Matteo Sanfilippo, «La "Loi des fiefs" nella Nuova Francia», *Annali Accademici Canadesi*, vol. VII (1991), p. 81-91; Sanfilippo, *Dalla Francia al Nuovo Mondo*.
32. Georges-Étienne Baillargeon, *La survivance du régime seigneurial à Montréal: un régime qui ne veut pas mourir*, Ottawa, Le Cercle du Livre de France, 1968; Georges-Étienne Baillargeon, «À propos de l'abolition du régime seigneurial», *RHAF*, vol. XXII, n° 3 (décembre 1968), p. 365-391.

pouvoir montrer que le débat historiographique n'était pas complètement neutre et détaché des événements et des phénomènes qu'il décrivait, mais qu'il naquit et se développa selon ce qui arrivait dans le monde politique et économique. Naturellement, cela est un axiome qui est ou devrait être bien connu des chercheurs, mais qui vaut la peine d'être rappelé de temps à autre parce qu'on tend à l'oublier. Le débat sur le féodalisme canadien nous en offre, de surcroît, un exemple circonscrit, dont on peut aisément retracer les origines et les développements.

Chapitre 1

Le débat pour l'abolition (1763-1854)

*L*es premières analyses historiques du féodalisme en Nouvelle-France suivirent rapidement la Conquête britannique. Deux problèmes théoriques apparurent dès le départ : celui de la continuité avec le féodalisme français et celui du degré exact d'exploitation des censitaires. Ainsi, dans leurs rapports, les gouverneurs James Murray et Guy Carleton mirent en lumière les différences entre le modèle français et celui de la colonie et insistèrent sur les avantages que le système pourrait comporter pour la colonisation de l'Amérique du Nord[1]. Laissant de côté la question des mérites du système, François-Joseph Cugnet (dont nous avons parlé en introduction) dressa, pour sa part, un portrait rigoureusement féodal du régime seigneurial, puisqu'il entendait montrer que tous les droits dont jouissaient les seigneurs français devaient être reconnus à leurs homologues canadiens[2]. Le caractère féodal du système canadien fut d'ailleurs évoqué plusieurs fois au cours du débat qui précéda l'approbation de l'Acte de Québec de 1774, car d'aucuns craignaient que cela pût décourager l'immigration britannique au Canada[3]. Ce problème se posa avec acuité

---

1. William Bennett Munro (dir.), *Documents Relating to the Seigniorial Tenure in Canada 1598-1854*, Toronto, The Champlain Society, 1908, p. 195-205, 217-218, 288-291.
2. Cugnet, *Traité de la loi des fiefs*.
3. Frances Brooke, *The History of Emily Montague (1769)*, édité par Mary J. Edwards, Ottawa, CUP, 1985, *passim* ; Francis Masères, *A Collection of Several Commissions and other Public Instruments, […], and other Papers, Relating to the State of the Province of Quebec in North America, since the Conquest of it by the British Arms in 1760*, Londres, W. and J. Richardson, 1772, *passim* ; W. Stewart Wallace (dir.), *The Maseres Letters*, Toronto, University of Toronto Library, 1919, *passim* ; *Debates of the House of Commons in the Year 1774 on the Bill for Making*

après la révolution américaine, lorsque les loyalistes réfugiés dans la province de Québec refusèrent d'accepter des concessions en fief ou à cens : ils déclaraient, en effet, être des hommes libres, non disposés à tolérer les coutumes féodales[4]. À partir de ce moment, la lutte pour le maintien ou l'abolition des fiefs tendit à devenir un conflit ethnique[5]. Cette tendance fut cependant tempérée par la présence de nombreux seigneurs d'origine britannique attentifs à défendre leurs propres privilèges et disposés, par là même, à défendre aussi ceux des censitaires canadiens-français, qui ne semblaient pas former un groupe particulièrement solidaire contre leurs propres seigneurs[6].

Les relations du comité qui se réunit en 1790 pour examiner les modalités et la possibilité de la conversion de la tenure seigneuriale montrent que le caractère ethnique du conflit était encore en sourdine. Au sein de ce comité, le seigneur canadien-français Charles de Lanaudière proposa sans succès, avec l'appui du loyaliste William Smith, l'idée de convertir les fiefs en franc et commun soccage, c'est-à-dire en une possession libre des charges féodales. Lanaudière déclara en effet que le « régime seigneurial » était la cause d'un sous-développement économique. En réponse, le représentant de la Couronne, John Williams, ne prit pas réellement position, si ce n'est en ce qui concerne la faisabilité pratique du changement. Les propriétés féodales furent toutefois fièrement défendues par le juge Adam Mabane. Celui-ci représentait en fait le groupe de magistrats et de fonctionnaires convaincus, à l'instar du gouverneur Carleton, de la nécessité de ne pas toucher à la structure socioéconomique de la

---

more Effectual Provision for the Government of the Province of Quebec: Drawn Up from the Notes of Sir Henry Cavendish, Londres, Ridgeway, 1839. Sur le contexte culturel de la condamnation anglaise du féodalisme, voir J. G. A. Pocock, *The Ancient Constitution and the Feudal Law: A Study of English Historical Thought in the Seventeenth Century*, New York, The Norton Library, [1957] 1967.

4. Shortt et Doughty (dir.), *Documents Relating to the Constitutional History of Canada 1759-1791*, p. 773-777, 942-946 et 949-951.
5. Ivanhoé Caron, *La colonisation de la province de Québec : débuts du régime anglais 1760-1791*, Québec, L'Action sociale, 1923, p. 129-150.
6. Evelyn Kolish, *Changement dans le droit privé au Québec et au Bas-Canada entre 1760 et 1840 : attitudes et réactions des contemporains*, thèse de doctorat (droit), Montréal, Université de Montréal, 1980 [N. D. É. Evelyn Kolish, *Nationalismes et conflits de droits : le débat du droit privé au Québec (1760-1840)*, Montréal, Hurtubise HMH, 1994] ; Michaud, *Les censitaires et le régime seigneurial, passim*.

colonie[7]. Ils n'étaient pas isolés, le « régime seigneurial » ayant été loué dans les pétitions présentées au gouverneur pour demander que l'Acte constitutionnel de 1791, qui devait fournir un nouveau cadre réglementaire à la colonie, prévit la sauvegarde d'une institution qualifiée « d'une énorme utilité[8] ».

Le débat ne reprit qu'au siècle suivant, en partie en raison des résistances des censitaires contre les seigneurs[9], résistances qui trouvaient peu à peu écho dans la presse libérale de langue française[10]. Mais les principaux opposants à la propriété féodale étaient les fonctionnaires britanniques et les seigneurs anglophones, qui voulaient imposer le libre commerce de la terre. C'est contre cette volonté que certains Canadiens français élaborèrent la théorie selon laquelle le « régime seigneurial » défendait l'intégrité des patrimoines familiaux et faisait obstacle à la spéculation foncière[11].

On doit à Joseph Bouchette, né à Québec en 1774 et décédé à Montréal en 1841, la création de représentations cartographiques des fiefs laurentiens au tournant du XIXe siècle, dans la phase initiale du débat sur l'abolition de la propriété féodale. En 1790, Bouchette entra au service du *Surveyor-General* Samuel Holland (son oncle par alliance), puis servit dans la Marine à partir de 1794 avant d'être nommé *Surveyor-General* en 1801. On lui commanda en 1806 un rapport cartographique sur le fief de Saint-Maurice, et c'est à cette occasion qu'il commença à recueillir du matériel sur la colonie, à laquelle il consacra un livre et une carte en 1815, après être devenu lieutenant-colonel durant la guerre anglo-américaine de 1812-1814. Son entreprise cartographique fut soutenue par des souscriptions privées de

---

7. *Extrait des Procédés d'un Comité de tout le Conseil, En vertu de l'Ordre de Référence qui suit, quant à un changement des présentes Tenures dans la Province de Québec, en Franc et Commun Soccage*, Québec, Chez Samuel Neilson, 1790.
8. Voir les observations du représentant du Séminaire de Saint-Sulpice et la pétition des seigneurs du Québec adressées à Carleton en 1791, Archives nationales du Canada, MG, Q51-2, p. 446-535.
9. Colette Michaud, *Les censitaires et le régime seigneurial canadien (1797-1854) : étude de requêtes anti-seigneuriales*, thèse de maîtrise (histoire), Ottawa, Université d'Ottawa, 1982, p. 1-27.
10. Philippe Reid, « L'émergence du nationalisme canadien-français : l'idéologie du *Canadien* (1806-1842) », *RS*, vol. XXI, n°s 1-2 (1980), p. 11-53.
11. Kolish, *Changement dans le droit privé*, p. 296-321.

même que par le Parlement local[12]. Le résultat fut particulièrement bien accueilli par le milieu seigneurial, à un point tel qu'Alexandre Fraser lui donna en 1817 un quart de son fief du Madawaska et du Témiscouata[13].

Dans ses travaux, Bouchette aborde la question foncière dans la même perspective que Cugnet, mais sur un ton beaucoup plus modéré. Il explique que, sous le Régime français, la terre était reçue directement du roi en fief ou en roture, et que la Grande-Bretagne avait ensuite généreusement respecté la loi précédente, ne concédant des terres en franc et commun soccage qu'en dehors de l'espace féodal. À son avis, celui qui possédait une terre en roture devait respecter certaines *particular conditions*, mais celles-ci n'étaient pas très lourdes : une petite rente (Bouchette souligne toutefois qu'elle était plus élevée dans les concessions les plus récentes), les banalités, quelques droits seigneuriaux[14]. En conclusion, il semblait à Bouchette que l'existence des fiefs était désormais caractéristique de la vallée du Saint-Laurent et qu'il ne valait pas la peine de s'en préoccuper.

Le débat sur l'avenir de la féodalité laurentienne reprit en 1821, l'Assemblée législative devenant le théâtre d'échanges à teneur historique sur les origines du système. Ce débat rappelait beaucoup celui des années 1790, sauf que, cette fois-ci, tous les participants reconnaissaient les mérites de la tenure seigneuriale dans la progression de la colonisation[15]. La défense du « régime seigneurial » en sortit renforcée, puisque l'on considéra que celui-ci n'avait pas seulement protégé les campagnes des effets négatifs de la spéculation foncière, mais qu'il avait aussi favorisé l'extension des espaces cultivés, stimulé le progrès agricole et permis l'enrichissement des paysans. Ces idées, très répandues dans les cercles seigneuriaux de Montréal et parmi les membres du Parti patriote de Denis-Benjamin Viger (1774-1861) et de Louis-Joseph Papineau

---

12. Joseph Bouchette, *A Topographical Description of the Province of Lower Canada*, Londres, W. Faden, 1815.
13. Claude Boudreau et Pierre Lépine, « Bouchette, Joseph », dans *DBC*, vol. VII, p. 95-98. Voir en outre Claude Boudreau, *La cartographie au Québec, 1760-1840*, Sainte-Foy, PUL, 1994.
14. Joseph Bouchette, *A Topographical Description of the Province of Lower Canada*, Saint-Lambert, Canada East Reprints (édition anastatique), 1973, p. 10-13.
15. *Journaux de la Chambre d'Assemblée du Bas-Canada 1820-1821*, appendice U.

(1786-1871), firent de la figure du seigneur celle d'un véritable protecteur des censitaires[16].

L'affrontement entre les partisans et les adversaires du « régime seigneurial » se poursuivit dans les décennies suivantes, mais on évita généralement les arguments à caractère historique[17] pour évoquer plutôt les conséquences possibles du maintien du système féodal au Bas-Canada. Dans ce contexte, seule la commission parlementaire réunie en 1843 proposa un cadre historique du « régime seigneurial » canadien, qu'elle présenta comme différent du féodalisme classique[18]. Ce dernier serait né d'un esprit de guerre et de conquête, tandis que la colonisation du Canada aurait été inspirée par le désir d'évangéliser les Autochtones. C'est précisément ce point de départ divergent qui aurait entraîné une évolution spécifique au Canada, dans laquelle les rapports entre seigneurs et vassaux auraient été modifiés par l'introduction du devoir de protection du plus faible. Les commissaires notèrent toutefois que le système n'avait jamais prévu un taux fixe des cens et des charges et que ceux-ci avaient inexorablement augmenté au fil du temps, paralysant ainsi la vie économique locale.

La réflexion historique ne reprit de la hauteur que dans les années précédant immédiatement le débat de 1854, moment où l'évolution du « régime seigneurial » fut une fois de plus analysée, en introduisant cette fois dans la discussion quelques considérations sur ce qui était arrivé en Europe et aux États-Unis. Robert Abraham proposa, par exemple, en

---

16. Fernand Ouellet, « L'abolition du régime seigneurial et l'idée de propriété (1954) », dans Fernand Ouellet, *Éléments d'histoire sociale du Bas-Canada*, Montréal, Hurtubise HMH, 1972, p. 297-315 ; Georges-Étienne Baillargeon [frère Marcel-Joseph], *L'abolition du régime seigneurial, 1820-1854*, thèse de doctorat (histoire), Montréal, Université de Montréal, 1963, p. 22-26 ; Fernand Ouellet, *Louis-Joseph Papineau : un être divisé*, Ottawa, Société historique du Canada, 1960, p. 12-15 ; Fernand Ouellet, *Le Bas-Canada 1791-1840 : changements structuraux et crise*, Ottawa, ÉUO, 1980, p. 235-236 ; Fernand Ouellet, « Libéré ou exploité ! Le paysan québécois d'avant 1850 », *HS = SH*, vol. XIII, n° 26 (1980), p. 349.
17. Sanfilippo, *Dalla Francia al Nuovo Mondo*, partie II, chapitre I.
18. *Seigniorial Tenure: Report of the Commissioners Appointed to Inquire into the State of the Laws and Other Circumstances Connected with the Seigniorial Tenure* [...] *1843, in Titles and Documents Relative to the Seigniorial Tenure. Required by an Address of the Legislative Assembly 1851*, Québec, Fréchette, 1852, p. 45-91.

1849 de transformer tous les titres féodaux en alleux, c'est-à-dire en titres basés sur la libre possession de la terre[19]. Pour soutenir ses thèses, il compara l'évolution de l'alleu avec celle du fief, affirmant que le premier était caractéristique des peuples d'origine celtique, amoureux de la liberté. Au contraire, pour Abraham, là où était le fief était l'oppression, et il argua que, dans un système féodal, le peuple, longtemps opprimé, ne pouvait pas s'émanciper sans se rebeller avec violence, comme le montraient la Révolution française et les mouvements européens de 1848. Selon lui, l'Angleterre, dans laquelle les Normands avaient importé l'alleu, n'avait pas souffert de ces violentes secousses. Il soutint en conséquence qu'il était souhaitable que le Canada imitât l'expérience anglaise avant d'être en proie aux révoltes sociales.

Une discussion historique approfondie eut également lieu durant le débat parlementaire sur le projet de loi présenté par le procureur général Lewis Thomas Drummond en 1853. À cette occasion, de nombreux députés remontèrent jusqu'à l'histoire des Francs pour montrer que le féodalisme français avait été différent de celui du Canada. Louis-Philippe Turcotte affirma ainsi qu'au Canada, contrairement à ce qui s'était passé en France, le seigneur avait été obligé de concéder des terres en échange de cens et de charges dont le montant était fixe. Cette différence de nature ne suffisait cependant plus à garantir la survie du système, la Conquête britannique ayant éliminé les mécanismes qui protégeaient les censitaires et ayant rendu la tenure seigneuriale inadaptée à la société canadienne, qui craignait désormais des désordres ruraux semblables à ceux qui avaient éclaté dans l'État de New York[20].

Les idées de Turcotte furent reprises, réitérées et devinrent en un certain sens le *leitmotiv* du débat. Les députés qui intervinrent après Turcotte les discutèrent et ajoutèrent des éléments de leur cru, ce qui donne un

---

19. Robert Abraham, *Some Remarks upon the French Tenure or "Franc Aleu Roturier" and on the Relation to the Feudal and Other Tenures*, Montréal, Armour and Ramsay, 1849.
20. *Tenure seigneuriale, 1853: débats sur le Bill de l'Honorable M. Drummond pour définir les droits seigneuriaux et en faciliter le rachat à sa dernière lecture*, Bibliothèque de l'Assemblée nationale, Québec, Brochures canadiennes 117, 1853, p. 3-6. Les désordres ruraux font référence à l'événement connu sous le nom d'*Anti-Rent Wars*, qui vit des colons de l'État de New York s'insurger contre le système de tenures manoriales qui prévalait alors dans la vallée de l'Hudson.

tableau des différentes forces en présence au Parlement. Laterrière, par exemple, affirma que la seigneurie, c'est-à-dire le fief, constituait au Canada la véritable organisation sociale et qu'en tant que telle, elle ne pouvait pas, par conséquent, être abolie[21]. À l'inverse, Sicotte effectua un long *excursus* pour documenter la continuité historique entre les colons de l'époque justinienne, les serfs attachés à la glèbe et les censitaires. Pour lui, à toutes ces époques, les rois avaient cherché à défendre leurs sujets contre les prétentions des seigneurs. Tel aurait été l'objectif des arrêts de Marly de 1711, qui réussirent à maintenir bas les cens et les redevances jusqu'en 1759. Toutefois, la Conquête en avait contrecarré l'efficacité, et il ne restait plus désormais qu'à abolir le féodalisme nuisible au peuple[22]. François-Xavier Lemieux avança, pour sa part, que le féodalisme fut introduit au Canada pour coloniser rapidement les nouveaux territoires et non pour créer un groupe aristocratique[23], tandis que Joseph Laurin déclara que les seigneurs avaient abusé de leurs pouvoirs dès l'époque de la Nouvelle-France. Sous le Régime britannique, continuait le même orateur, les abus augmentèrent, devenant « un obstacle à l'industrie et à l'avancement du pays », qui incitait les travailleurs à émigrer aux États-Unis[24].

Le procureur général Drummond proposa une vision positive du système féodal en Nouvelle-France en soulignant les différences avec celui en vigueur dans la mère patrie : « En France, où il n'y avait point de terres incultes à défricher, le seigneur pouvait imposer les charges qu'il lui plaisait », mais il n'avait pu arriver la même chose dans les forêts canadiennes ; au Canada, le seigneur avait certes « un droit de propriété, mais en commun avec le censitaire », car l'objectif principal du système était celui de peupler le pays[25]. La même thèse fut défendue par Pierre-Joseph-Olivier Chauveau, solliciteur général du Canada-Uni, qui définissait la noblesse féodale canadienne comme « l'agent de la colonisation[26] ». Sa définition fut reprise par Fortier, qui décrivit la Nouvelle-France comme une colonie militaire, dans laquelle tous les censitaires étaient d'anciens soldats.

---

21. *Ibid.*, p. 6-8.
22. *Ibid.*, p. 8-12.
23. *Ibid.*, p. 14-16.
24. *Ibid.*, p. 16-18.
25. *Ibid.*, p. 18-24.
26. *Ibid.*, p. 24-27.

Pour lui, la structure militaire avait créé un lien étroit entre censitaires et seigneurs, tandis que la loi avait fait en sorte que chaque seigneur ne fut seulement que « le fidéicommis ou l'agent de la Couronne pour concéder les terres du pays suivant les ordonnances[27] ». Enfin, Ulric-Joseph Tessier résuma les trois interventions précédentes en arguant que la différence entre la féodalité médiévale et la tenure seigneuriale laurentienne découlait de l'égalité personnelle en vigueur au Canada entre les seigneurs et les censitaires. Tessier pensait en outre que le caractère militaire de la colonie avait fait obstacle aux spéculations foncières et autres usurpations. Celles-ci n'avaient eu lieu que depuis l'arrivée d'un peuple nouveau entraînant dans son sillage l'esprit du gain, qui avait ainsi miné le système à sa base[28].

Presque tous les intervenants s'emparèrent de cette dernière thèse. Il y eut alors une tendance générale à considérer la « rapacité » des seigneurs comme un phénomène historiquement déterminé par la Conquête britannique, qui avait rompu l'équilibre que l'on avait trouvé en Nouvelle-France. Le seul qui alla contre ce consensus fut Viger. Il déclara que la Couronne n'avait jamais fixé les cens et les charges, mais que ceux-ci avaient été calculés chaque fois en fonction de la terre concédée[29].

Une intervention de l'avocat Christopher Dunkin à l'Assemblée législative fut souvent citée au cours de ce débat[30]. Dunkin ne considérait pas que le régime seigneurial était un modèle de colonisation, mais pensait qu'il avait été transplanté dans le Nouveau Monde parce qu'il correspondait à « *the state of things which prevailed in the old country* ». Selon lui, le féodalisme avait été transporté outre-Atlantique dans son intégrité : les seigneurs canadiens étaient les propriétaires de leurs fiefs et non des « *agents bound to discharge duties of any kind* ». Dunkin divisait l'évolution du féodalisme canadien en trois phases. Au cours de la première phase prenant place entre les années 1628 et 1663, la pleine propriété de la colonie fut garantie à la Compagnie des Cent-Associés, qui effectua à son tour des concessions en pleine propriété, soit sans obligation d'accorder

---

27. *Ibid.*, p. 26-27.
28. *Ibid.*, p. 28-30.
29. *Ibid.*, p. 36-38.
30. Christopher Dunkin, *Address at the Bar of the Legislative Assembly of Canada Delivered on the 11th and 14th March 1853 on Behalf of Certain Proprietors...*, Québec, Imprimé aux bureaux du *Morning Chronicle*, 1853.

des censives, soit dans l'obligation de peupler les fiefs reçus. Durant la deuxième phase allant de 1663 à 1712, toutes les concessions précédentes en seigneurie furent confirmées sans que les seigneurs fussent réellement obligés d'accorder des censives. Selon Dunkin, pendant cette période, ni la Nouvelle-France ni la France n'avait connu l'uniformité des cens et des charges, et les censitaires étaient toujours en position subalterne par rapport à leurs seigneurs. Enfin, au cours de la troisième phase, le roi chercha en vain à exercer son autorité sur les seigneurs et ne réussit seulement qu'à diminuer considérablement le nombre des nouvelles concessions. À cette époque, il n'y avait ni en France ni en Nouvelle-France d'uniformité des cens et des rentes, et les censitaires étaient partout dans une position subalterne vis-à-vis leur(s) seigneur(s).

Quand le Canada fut conquis par les troupes britanniques, les cens et les rentes augmentèrent progressivement à cause des jugements des cours militaires. Ce processus, signala Dunkin, continua dans les décennies subséquentes jusqu'à ce que le procureur général James Monk déclarât, en 1794, qu'on ne devait pas prétendre à plus que ce qui était permis dans les contrats. Mais, en réalité, les juges avaient systématiquement donné raison aux seigneurs qui avaient accentué les exactions féodales à l'issue des procès tenus dans le Bas-Canada[31]. Dunkin conclut en affirmant que, dans tous les cas, le féodalisme canadien s'était différencié de celui de la France grâce à l'institution des contrats écrits, et qu'il n'était d'ailleurs pas possible d'abolir une partie du système sans en comprendre son fonctionnement global.

Dans le vif du débat, par l'entremise d'un mémoire étoffé doublé d'un projet de loi adressé à la Convention seigneuriale du comté de Rimouski, le député Joseph-Charles Taché rappela les avantages de la tenure seigneuriale dans un pays nouveau : elle garantissait l'égalité et la distribution juste de la terre, la sauvegarde des bonnes coutumes et inspirait le sens de la chevalerie[32]. C'est justement pour cela que la Couronne française l'avait introduite dans sa colonie américaine et qu'elle avait désigné

---

31. Dunkin examina sept procès : Johnson contre Hutchins (1821), Duchesnay contre Hamilton (1826), McCallum contre Grey (1828), Guichaud contre Jones (1828), Rolland contre Molleur (1828), Hamilton contre Lamoureux (1828), Kanglosi contre Martel (1852).
32. Joseph-Charles Taché, *De la tenure seigneuriale en Canada et projet de commutation*, Québec, Lovell et Lamoureux, 1854.

des agents pour la faire fonctionner, les seigneurs, qu'elle dirigeait grâce à la *foy et hommage* et qu'elle obligeait à rendre des comptes (l'*aveu et dénombrement*). Aux yeux de Taché, ce système fut malheureusement déséquilibré par la Conquête, et il ne restait donc plus qu'à l'abolir.

Le débat historiographique se poursuivit au-delà de la loi de 1854, notamment lorsqu'il s'agit de juger les recours des différents seigneurs. En 1855, l'avocat François-Réal Angers présenta un mémoire dans lequel il faisait sienne l'idée que le « régime seigneurial » canadien devait être considéré comme différent du féodalisme français[33]. Pour ce juriste, les seigneurs féodaux n'avaient, en effet, pas l'obligation de subdiviser leur propriété, tandis que, dans le Nouveau Monde, les seigneurs avaient au contraire été contraints de concéder des censives pour favoriser l'effort de colonisation. Il avança en outre que la Nouvelle-France avait été colonisée sous Louis XIII, pour souligner que Richelieu n'aurait jamais accepté de recréer en Amérique une aristocratie en mesure de s'opposer à sa politique centralisatrice. Au contraire, c'est justement dans ces années que la Couronne s'était alliée avec « les populations » contre les féodaux, une alliance qui aurait trouvé écho au Canada dans la pratique de la restitution au domaine royal des fiefs non peuplés et non acensés.

L'historiographie sur le féodalisme en Nouvelle-France naquit dans les ultimes phases du débat politique et économique concernant son abolition. Elle reprit une grande partie des conclusions et des thèses du débat politique, ainsi que l'étiquette « régime seigneurial » pour définir le système féodal dans la vallée du Saint-Laurent. Elle se divisa en outre selon les lignes de l'opposition ethnique qui alla en s'accentuant après les années 1820, moment à partir duquel les seigneurs canadiens-français s'étaient regroupés autour du « régime seigneurial », symbole de leurs traditions et instrument de leur force politique et économique, tandis que les seigneurs canadiens-anglais se montraient plus sensibles aux exigences du libre commerce de la terre. Étant donné ce contraste qui a persisté presque jusqu'à nos jours, nous aborderons d'abord l'évolution de l'historiographie canadienne-française, puis, dans le prochain chapitre, celle de

---

33. Ce texte parut dans *Cour spéciale constituée sous l'autorité de l'Acte seigneurial de 1854 : de l'abolition du régime féodal en Canada*, Québec, A. Côté, 1855, p. 43-95. Au sujet de son auteur, voir Aurélien Boivin, « Angers, François-Réal », dans *DBC*, vol. III, p. 16-17.

l'historiographie canadienne-anglaise, même si les contacts, et pas seulement les polémiques, persistaient entre les historiens canadiens-français et canadiens-anglais[34].

---

34. N. D. É. Ce paragraphe se trouve au début du chapitre suivant dans la version originale italienne.

Chapitre 2

Le débat historiographique dans le Canada français[1]

On distingue deux grands courants dans l'ensemble de la production historiographique canadienne-française. Le plus ancien démarra avec l'*Histoire du Canada* de François-Xavier Garneau (1809-1866), première grande reconstruction historiographique du passé canadien-français. Selon ce courant, le «régime seigneurial» était une institution désormais lointaine du féodalisme français, l'exploitation des censitaires ayant été réduite au minimum en traversant l'océan[2]. Le second courant, plus récent et dont les chefs de file ont été Fernand Ouellet et Louise Dechêne, a soutenu la thèse opposée, à savoir que le «régime seigneurial» était très similaire au modèle français et qu'il était mal accepté par les censitaires canadiens.

François-Xavier Garneau ne s'intéressa pas véritablement au féodalisme et se limita dans son œuvre – qui est la première histoire complète du Canada français – à donner de la crédibilité historique aux idées du Parti patriote. Garneau fut en effet, pendant un certain temps, le secrétaire de Denis-Benjamin Viger, député de Montréal[3]. Garneau ne fut pas

---

1. N. D. É. À noter que l'analyse aborde aussi des auteurs français.
2. Fernand Ouellet, «François-Xavier Garneau: race et survivance nationale», *Études françaises*, vol. 30, n° 3 (1994-1995), p. 119-129; Gilles Gallichan, Kenneth Landry et Denis Saint-Jacques (dir.), *François-Xavier Garneau: une figure nationale*, Québec, Éditions Nota bene, 1998; Yvan Lamonde, «Papineau, Parent, Garneau et l'émancipation nationalitaire (1815-1852)», *BHP*, vol. 7, n° 1 (1998), p. 41-49.
3. Sur le point de vue de Viger dans le débat sur l'abolition du régime seigneurial, voir Fernand Ouellet, «L'abolition du régime seigneurial et l'idée de propriété (1954)», dans Fernand Ouellet, *Éléments d'histoire sociale du Bas-Canada*, Montréal, Hurtubise HMH, 1972, p. 297-315. Sur les motifs poussant le parti de Papineau à idéaliser l'institution seigneuriale, voir Fernand Ouellet,

très prolixe sur le sujet et se limita à décrire le seigneur typique comme une sorte de « fermier du gouvernement chargé de distribuer des terres aux colons[4] ». Il ne décrivit pas le seigneur comme un « agent de colonisation », une définition utilisée dans le débat politique de 1853-1854 qui fut reprise avec une grande fortune historiographique par Benjamin Sulte quelques décennies plus tard[5]. Par ailleurs, Garneau ne voyait aucune iniquité dans le système féodal de la Nouvelle-France et il soutenait que les difficultés émergèrent après la Conquête, au moment où les tribunaux britanniques avaient abandonné les censitaires à la rapacité des seigneurs[6]. Il attribua en particulier les abus postérieurs à 1763 à la disparition des intendants, qui étaient selon lui les responsables de l'équilibre entre les seigneurs et les censitaires. Dans le sillage de Garneau, de nombreux historiens ont d'ailleurs décrit ces fonctionnaires comme les garants du bon fonctionnement du système et les protecteurs des censitaires, cette thèse ayant été répétée servilement pendant une grande partie du XXe siècle[7].

Les hypothèses de Garneau se précisèrent au cours des éditions subséquentes de son œuvre. L'évolution de cette œuvre traduit la radicalisation du débat politique contemporain, comme le montrent les changements

---

Le Bas-Canada (1791-1840) : changements structuraux et crise, Ottawa, ÉUO, 1980, p. 235-236. La glorification du « régime seigneurial » par les Canadiens français à l'époque où Garneau publia son *Histoire du Canada* est bien illustrée par L.-O. Letourneau, « La société canadienne (1845) », dans James Huston (dir.), *Le répertoire national*, vol. III, Montréal, J. M. Valois, 1893, p. 289-310. Sur le clan Viger-Papineau et ses rapports avec l'étude et l'analyse de l'histoire canadienne, voir Nathalie Hamel, « Collectionner les "monuments" du passé : la pratique antiquaire de Jacques Viger », *RHAF*, vol. LIX, n°s 1-2 (été-automne 2005), p. 73-94.

4. François-Xavier Garneau, *Histoire du Canada*, t. I, Québec, Napoléon Aubin, 1845, p. 314.
5. Benjamin Sulte, « Le système seigneurial (1899) », *Mélanges historiques*, vol. I, Montréal, G. Ducharme, 1918, p. 80.
6. Garneau, *Histoire du Canada*, t. I, p. 314.
7. C'est un thème historiographique puissant, qui a perduré jusqu'au siècle dernier à travers les rééditions continues de Garneau et qui constitue la base de l'idéalisation de Jean Talon, premier intendant de la Nouvelle-France. Voir, par exemple, Thomas Chapais, *Jean Talon, intendant de la Nouvelle-France*, Québec, Demers, 1904 ; Lionel Groulx, « Colonisation au Canada sous Talon », *RHAF*, vol. IV, n° 1 (juin 1950), p. 61-73 ; Gustave Lanctot, *L'administration de la Nouvelle-France*, Montréal, Éditions du Jour, 1971 ; Roland Lamontagne, *Succès d'intendance de Talon*, Montréal, PUM, 1974.

successifs des pages consacrées aux droits seigneuriaux. Dans la première édition (1845), l'historien se contente de décrire brièvement les droits de haute, moyenne et basse justice[8]; dans la deuxième (1852), il ajoute que ces droits étaient rarement exercés[9]; dans la troisième (1859), il écrit que non seulement ces droits n'avaient jamais été exercés, mais que le roi lui-même avait fait obstacle à un tel exercice[10] (et dans son *Abrégé de l'Histoire du Canada*, dont la première édition parut en 1856, Garneau insiste explicitement sur le rôle du souverain dans le démantèlement des justices seigneuriales[11]). L'influence du débat politique et juridique contemporain sur Garneau est manifeste dans la troisième édition de son *Histoire*: celle-ci incluait, en effet, le résumé rédigé par l'avocat François-Réal Angers des jugements rendus par le tribunal seigneurial institué en 1854[12].

Le portrait du régime seigneurial brossé à grands traits par Garneau fut repris et complété par l'historien français François-Edme Rameau de Saint-Père (1820-1899), qui jouissait d'une influence notable dans le Canada français de la seconde moitié du XIXe siècle[13]. Rameau de Saint-Père n'était pas convaincu comme Garneau du rôle positif de la

---

8. Garneau, *Histoire du Canada*, t. I, p. 315.
9. François-Xavier Garneau, *Histoire du Canada*, Québec, Lovell, 1852, p. 160.
10. François-Xavier Garneau, *Histoire du Canada*, Québec, Lamoureux, 1859, p. 160. Les modifications de l'*Histoire du Canada* se poursuivirent après la mort de l'auteur. Dans la huitième édition, revue par son neveu Hector Garneau, on lit que la haute justice ne fut jamais exercée par un seigneur canadien (Montréal, Éditions de l'Arbre, 1944, p. 133). Sur la succession de ces modifications, voir Pierre Savard, «Les rééditions de l'*Histoire du Canada* de François-Xavier Garneau devant la critique, 1913-1946», RHAF, vol. XXVIII, n° 4 (mars 1975), p. 539-554.
11. N. D. É. Voir François-Xavier Garneau, *Abrégé de l'Histoire du Canada depuis sa découverte jusqu'à 1840 à l'usage des maisons d'éducation*, Québec, Augustin Côté éditeur, 1856, p. 37-38.
12. Garneau, *Histoire du Canada*, 1859, p. 159.
13. Jean Bruchési, *Rameau de Saint-Père*, Montréal, Éditions des Dix, 1950; Pierre et Lise Trépanier, «Rameau de Saint-Père et le métier d'historien», RHAF, vol. XXXIII, n° 3 (décembre 1979), p. 331-355; Pierre et Lise Trépanier, «Rameau de Saint-Père et l'histoire de la colonisation française en Amérique», *Acadiensis*, vol. IX, n° 2 (1980), p. 40-55; Patrick D. Clarke, «Rameau de Saint-Père, Moïse de l'Acadie», dans Jacques Dagneau et Sylvie Pelletier (dir.), *Mémoires et histoires dans les sociétés francophones*, Québec, CELAT, 1992, p. 73-106; Pierre Trépanier, «Rameau de Saint-Père, la France et la vie intellectuelle en Amérique française», dans Yvan Lamonde et Didier Poton (dir.), La Capricieuse *(1855):*

monarchie française; il dénonça plusieurs fois l'incapacité de la France à soutenir sa colonie de manière appropriée[14]. Il affirmait en revanche que les mérites de la colonisation devaient être attribués au système féodal, qui s'était révélé un instrument des plus utiles pour favoriser et réglementer l'implantation coloniale dans le Nouveau Monde[15]. Rameau de Saint-Père était un riche propriétaire terrien dans l'Algérie française et il écrivait au sujet de la colonisation à l'époque moderne en ayant en tête les problèmes propres à l'entreprise de colonisation à laquelle il prenait luimême part[16]. Cela n'est donc pas fortuit si, pour lui, les seigneurs canadiens ne purent ni ne voulurent s'enrichir sur le dos de leurs censitaires, bataillant au contraire dans l'intérêt de ces derniers[17].

Rameau de Saint-Père fabriqua une image patriarcale du seigneur canadien et déclara explicitement que les relations entre les seigneurs et les censitaires étaient semblables à celles entre les pères et les fils dans les grandes familles[18]. Une telle interprétation n'était pas très différente de celle que Papineau avait plusieurs fois proposée, et elle trouva un écho favorable dans le Canada français. Plus largement, cette interprétation servait la vision d'une société canadienne-française catholique et homogène que l'élite conservatrice et cléricale du Canada français cherchait à propager dans son combat contre ses opposants libéraux et laïcs[19]. Selon cette vision, l'exploitation économique et les divisions sociales étaient considérées comme les fruits inévitables du développement d'une société fondée sur l'appât du gain et l'arrivisme, comme celle du Canada anglais ou des États-Unis[20].

---

poupe et proue: les relations France-Québec (1760-1914), Québec, PUL, 2006, p. 285-305.
14. François-Edme Rameau de Saint-Père, *La France aux colonies: études sur le développement de la race française hors de l'Europe*, Paris, Jouby, 1859, p. 63.
15. *Ibid.*, p. 109.
16. Pierre Trépanier, «"Du système colonial des peuples modernes": un inédit de Rameau de Saint-Père», *RHAF*, vol. XXXVI, n° 1 (juin 1982), p. 55-74.
17. Rameau de Saint-Père, *La France aux colonies*, p. 110-111.
18. *Ibid.*, p. 111.
19. Jean-Philippe Warren, «L'invention du Canada français: le rôle de l'Église catholique», dans Martin Pâquet et Stéphane Savard (dir.), *Balises et références: Acadies, francophonies*, Québec, PUL, 2007, p. 21-56.
20. Fernand Dumont, Jean-Paul Montminy et Jean Hamelin (dir.), *Idéologies au Canada français (1850-1900)*, Sainte-Foy, PUL, 1971; Jean-Paul Bernard,

Dans son livre de 1859, Rameau de Saint-Père met en exergue la différence entre les influences bénéfiques du « régime seigneurial » canadien et les abus du féodalisme français[21]. Il étend d'ailleurs cette opposition aux territoires de la Nouvelle-France qui furent colonisés par les Français, mais qui furent ensuite rattachés aux États-Unis. Rameau de Saint-Père affirme, par exemple, dans une conférence qu'Antoine Laumet de Lamothe Cadillac, premier commandant du fort de Détroit et seigneur des alentours (du moins, en théorie), avait eu la prospérité du peuple comme préoccupation immédiate, même au prix de grandes dépenses, et que c'est la Couronne qui avait ensuite entravé aveuglément le peuplement de Détroit[22]. Dans une étude ultérieure consacrée à l'histoire de l'Acadie, le féodalisme français sera ensuite présenté comme l'instrument d'une distribution adéquate des terres[23]. De manière significative, cette nouvelle position de Rameau de Saint-Père, qui reflète l'évolution politique de l'auteur et de toute l'historiographie française dans les années qui suivirent la Commune[24], ne trouva aucun écho au Canada[25]. En

---

Les idéologies québécoises au XIXe siècle, Montréal, Boréal Express, 1973; Serge Gagnon, *Le Québec et ses historiens de 1840 à 1920 : la Nouvelle-France de Garneau à Groulx*, Sainte-Foy, PUL, 1978.
21. Rameau de Saint-Père, *La France aux colonies*, p. 110.
22. François-Edme Rameau de Saint-Père, *Notes historiques sur la colonie canadienne de Détroit*, Montréal, Rolland & Fils, 1861, p. 20.
23. François-Edme Rameau de Saint-Père, *Une colonie féodale en Amérique (1604-1710)*, Paris, Didier, 1877. En 1889, Rameau en publia une édition augmentée en deux tomes (Paris, Plon; Montréal, Granger Frères, 1889). Voir aussi Nive Voisine, « Une colonie féodale en Amérique », dans Maurice Lemire (dir.), *Dictionnaire des œuvres littéraires du Québec*, vol. I, Montréal, Éditions Fides, 1978, p. 719-720.
24. P. et L. Trépanier, « Rameau de Saint-Père et l'histoire de la colonie française », p. 47; Charles-Olivier Carbonell, *Histoire et historiens : une mutation idéologique des historiens français (1865-1885)*, Toulouse, Privat, 1976. Ces années virent le début de l'historiographie sur les colonies du XIXe siècle, qui influença aussi les études sur les entreprises coloniales antérieures. Voir à ce sujet Colette Zytnicki, « "La maison, les écuries" : l'émergence de l'histoire coloniale en France (des années 1880 aux années 1930) », dans Sophie Dulucq et Colette Zytnicki (dir.), *Décoloniser l'histoire ? De « l'histoire coloniale » aux histoires nationales en Amérique latine et en Afrique (XIXe-XXe siècles)*, Paris, Société française d'histoire d'outre-mer, 2003, p. 9-23.
25. Pendant plusieurs décennies, cette position de Rameau de Saint-Père ne fut pas du tout discutée; elle a été citée après les années 1930, mais a été seulement

effet, de nombreux juristes et politiciens québécois étaient alors finalement convaincus que la loi de 1854 était juste et qu'elle avait éliminé une «plaie profonde» de leur société. Pour ceux-ci, l'introduction d'un féodalisme adouci et corrigé aurait théoriquement pu fonctionner, mais ils étaient d'avis que, dans la pratique, les seigneurs avaient introduit des clauses illégales dans les contrats passés avec leurs censitaires dès le Régime français[26].

Les nouveaux développements de la pensée de Rameau de Saint-Père ne restèrent pas tous sans écho. Par exemple, dans son second ouvrage, il souligne que les habitants avaient la possibilité d'acquérir un fief[27]. La formulation de cette idée présupposait qu'il existait en Nouvelle-France des formes de mobilité sociale inconnues dans la mère patrie, ce qui lui assura un beau succès dans l'œuvre du Canadien Benjamin Sulte (1841-1923)[28]. L'historien français Émile Salone reprit lui aussi l'idée de la mobilité sociale promue par Rameau de Saint-Père tout en la précisant[29]. De façon générale, cette idée a eu une grande résonance dans l'historiographie canadienne-française jusqu'aux années 1960, comme nous le verrons plus loin. Rameau de Saint-Père défendit en outre la thèse que les seigneurs tiraient assez peu d'avantages du système canadien, dans lequel, somme toute, seuls les censitaires et le clergé étaient favorisés[30]. L'historiographie clérico-nationaliste accueillit volontiers cette analyse historique et elle l'utilisa pendant des décennies afin de minimiser ultérieurement les différences de classe dans l'histoire canadienne-française.

---

critiquée à plusieurs reprises après quelques autres décennies. Voir Georges Langlois, *Histoire de la population canadienne-française*, Montréal, Éditions Albert Lévesque, 1934, p. 230 ; Robert Le Blant, *Histoire de la Nouvelle-France*, t. I : *Les sources narratives du début du XVIIIe siècle et le Recueil de Gédéon de Catalogne*, Dax, Éditions P. Pradeu, s. d. [1948?], p. 141 ; Jean-Charles Falardeau, «La paroisse canadienne-française au XVIIe siècle», dans Marcel Rioux et Yves Martin (dir.), *La société canadienne-française*, Montréal, Hurtubise HMH, 1971, p. 33-34.

26. Voir ce point dans Louis-Philippe Turcotte, *Le Canada sous l'Union (1841-1867)*, Québec, Presses mécaniques du *Canadien*, 1871, p. 234-248.
27. Rameau de Saint-Père, *Une colonie féodale en Amérique*, p. xxiii.
28. Sulte, «Le système seigneurial (1899)», p. 80.
29. Émile Salone, *La colonisation de la Nouvelle-France : étude sur les origines de la nation canadienne-française*, Paris, E. Guilmoto Éditeur, 1909, p. 241.
30. Rameau de Saint-Père, *Une colonie féodale en Amérique*, p. xxvii.

Dans les années 1880, l'abbé Henri-Raymond Casgrain (1831-1904) s'appropria toutes les idées de Rameau de Saint-Père et les replaça dans un cadre historique complètement clérical. Il s'enorgueillit des mérites du «régime seigneurial», une institution merveilleusement adaptée «au génie de notre race[31]», et couvrit d'éloges les seigneurs qui auraient fait «peuple avec le peuple[32]». L'image patriarcale de Rameau de Saint-Père fut ainsi réactualisée, et les seigneurs furent considérés comme les guides naturels et bienveillants de la société rurale[33]. Dans les décennies suivantes, certains auteurs comme Émile Salone et Gérard Filteau ont accentué le portrait positif des seigneurs canadiens, allant jusqu'à affirmer que ceux-ci vivaient plus pauvrement que leurs censitaires pour accomplir leur mission colonisatrice[34].

L'*Histoire des Canadiens-français*, publiée par Benjamin Sulte en 1882, n'apporta aucun élément nouveau à ce cadre historiographique[35]. Son principal mérite était d'offrir une synthèse extrêmement cohérente des œuvres de Garneau, de Rameau de Saint-Père et de Casgrain. Sulte mit en évidence l'image d'une société homogène et sans tensions sociales, dans laquelle le rôle des habitants était idéalisé[36]. Il exalta aussi, comme ses prédécesseurs, l'intervention des intendants[37].

Garneau, Rameau de Saint-Père, Casgrain et Sulte constituèrent les quatre pierres angulaires d'une interprétation du féodalisme et de la société canadienne-française destinée à durer jusqu'à la fin du

---

31. Henri-Raymond Casgrain, *Une paroisse canadienne au XVIIIe siècle*, Québec, Léger Brousseau, 1880, p. 41. Sur les thèses de Casgrain, voir Manon Brunet, «H. R. Casgrain, Français d'Amérique», dans Gérard Bouchard et Yvan Lamonde (dir.), *Québécois et Américains: la culture québécoise aux XIXe et XXe siècles*, Montréal, Éditions Fides, 1995, p. 113-129.
32. Casgrain, *Une paroisse*, p. 163.
33. *Ibid.*, p. 170.
34. Salone, *La colonisation*, p. 240 et Gérard Filteau, *La naissance d'une nation: tableau de la Nouvelle-France en 1755*, Montréal, Éditions de l'Aurore, [1937] 1978, p. 79.
35. Benjamin Sulte, *Histoire des Canadiens-français, 1608-1880*, vol. II, Montréal, Wilson, 1882, p. 93-96. La partie relative au régime seigneurial fut aussi publiée dans la *Revue canadienne* de 1882, p. 437-443 et 449-462.
36. Sulte, *Histoire des Canadiens-français*, vol. V, 1882, p. 33.
37. Sulte, «Le moulin banal», *Mélanges historiques*, vol. I, Montréal, G. Ducharme, 1918, p. 39-47.

XXe siècle[38]. Dans leurs œuvres, le « régime seigneurial » était idéalisé et considéré comme la clé de voûte de l'homogénéisation sociale de la Nouvelle-France : tous les défauts du système furent attribués à la période suivante, lorsque les nouveaux seigneurs d'origine anglaise en modifièrent les caractéristiques et la fonction colonisatrice[39]. Le succès de cette interprétation était toutefois dû à une source littéraire qui traitait en fait de la période postérieure à la Conquête. En effet, l'immense influence des *Anciens Canadiens* de Philippe Aubert de Gaspé ne doit pas être ignorée[40]. Cet auteur peignit un tableau romancé de la vie rurale du Bas-Canada, qui poussa à son paroxysme l'idéalisation du « régime seigneurial » et des liens de soutien mutuel entre seigneurs et censitaires[41]. Pour des générations de Canadiens français, bien plus que les écrits de Garneau ou de Sulte, ce fut le livre d'Aubert de Gaspé qui symbolisa le « régime seigneurial ». Les historiens eux-mêmes ont été influencés par les *Anciens Canadiens*, notamment Pierre-Georges Roy, qui a souvent cité ce roman dans son travail d'exégèse du féodalisme canadien (resté inachevé) et qui, surtout, lui a consacré une étude complète[42].

---

38. Voir Léon Gérin, *Aux sources de notre histoire : les conditions économiques et sociales de la colonisation en Nouvelle-France*, Montréal, Éditions Beauchemin, 1946, p. 119. La pensée de Gérin était déjà bien définie dans « Le gentilhomme français et la colonisation du Canada », *MSRC*, deuxième série, vol. II (1896), p. 65-94.
39. Pour une récapitulation de cette interprétation, voir Chapais, *Jean Talon*, p. 445-449, et Laurent-Olivier David, *L'Union des deux Canadas (1841-1867)*, Montréal, Eusèbe Senécal, 1898, p. 110-119.
40. Philippe Aubert de Gaspé, *Les anciens Canadiens*, Québec, Desbarat et Derbishire, 1863. Une deuxième édition revue et corrigée fut publiée en 1864.
41. Philippe Aubert de Gaspé, *Les anciens Canadiens*, Montréal, Éditions Fides, 1979, nouvelle publication de la deuxième édition, p. 75-132. L'impressionnante fortune économique de la famille seigneuriale protagoniste constitue le seul élément étranger à la description traditionnelle des seigneurs canadiens, comme l'a noté Alfred D. Decelles, quand il écrivit que le cas de cette famille constituait indubitablement une exception, bien que le cadre fût, selon lui, complètement fidèle à la réalité historique (« Le régime seigneurial », *BRH*, vol. VII, n° 5 (1901), p. 143).
42. Pierre-Georges Roy, *À travers* Les anciens Canadiens *de Philippe Aubert de Gaspé*, Montréal, G. Ducharme, 1943. Sur Roy, voir W. Stewart Wallace, « Pierre-Georges Roy and the "Bulletin des recherches historiques" », *CHR*, vol. XXV, n° 1 (mars 1944), p. 29-32 ; Honorius Provost, « L'histoire canadienne en deuil (à la mémoire de feu Pierre-Georges Roy) », *RHAF*, vol. VII, n° 3 (décembre 1953), p. 311-313.

Dans son roman, Aubert de Gaspé n'aborde pas directement la réalité de son temps et ne contredit donc pas les conclusions des historiens sur la régression du « régime seigneurial » après 1763. Il est cependant beaucoup plus explicite à ce propos dans ses *Mémoires*, un livre moins cité dans les études de ses contemporains, peut-être pour cette raison même. Dans les *Mémoires*, le « régime seigneurial » est décrit encore une fois comme un système de « rapports mutuels » empreint d'une « fraternité bien touchante ». Cette fraternité se serait lentement détériorée après 1800 par la faute des censitaires agités par des « gens envieux, jaloux », qui les auraient progressivement encouragés à abolir le système[43]. L'auteur ne nomme jamais explicitement ces agitateurs de la population rurale, mais son dédain des patriotes, et plus particulièrement de ceux qui prirent part aux soulèvements de 1837-1838 en demandant des réformes empruntées à la démocratie anglo-saxonne, est évident dans son livre[44]. Nous savons en outre qu'Aubert de Gaspé, devenu seigneur de deux fiefs en 1842, considérait que la loi de 1854 était d'une injustice extrême[45].

Cette forme de sympathie pour le « régime seigneurial » teintée de raisons personnelles ne fut pas, loin de là, la chasse gardée d'Aubert de Gaspé, qui descendait comme son nom l'indique d'une famille possédant des

---

43. Philippe Aubert de Gaspé, *Mémoires*, Montréal, Éditions Fides, [1866] 1971, p. 410.
44. Sur les sympathies politiques et la biographie d'Aubert de Gaspé, voir Camille Roy, « Philippe Aubert de Gaspé », dans *Nouveaux essais sur la littérature canadienne*, Québec, Imprimerie de l'Action sociale, 1914, p. 1-63 ; André Bellesort, « Souvenir d'un seigneur canadien », *Revue des Deux Mondes*, août 1915, p. 646-672 ; James S. Tassie, « Philippe Aubert de Gaspé », dans Robert L. McDougall (dir.), *Our Living Tradition*, Toronto, UTP, 1959, p. 55-72 ; Nicole Deschamps, « "Les anciens Canadiens" de 1860 : une société de seigneurs et de va-nu-pieds », *Études françaises*, vol. I, n° 3 (octobre 1965), p. 3-15 ; Luc Lacourcière, « L'enjeu des "Anciens Canadiens" », *CD*, n° 32 (1967), p. 223-254 ; Luc Lacourcière, « Aubert de Gaspé, Philippe-Joseph », dans *DBC*, vol. IX, p. 19-23 ; Roger Le Moine, « Philomène Aubert de Gaspé (1837-1872) : ébauche d'une biographie », dans Aurélien Boivin, Gilles Dorion et Kenneth Landry (dir.), *Questions d'histoire littéraire : mélanges offerts à Maurice Lemire*, Québec, Nuit blanche éditeur, 1996, p. 95-106 ; Roger Le Moine, « Philippe Aubert de Gaspé ou les affaires du "bon gentilhomme" », *CD*, n° 57 (2003), p. 299-321 ; Jacques Castonguay, *Seigneurs et seigneuresses à l'époque des Aubert de Gaspé*, Montréal, Éditions Fides, 2006.
45. Jacques Castonguay, *Philippe Aubert de Gaspé : seigneur et homme de lettres*, Sillery, Éditions du Septentrion, 1991.

seigneuries canadiennes depuis la seconde moitié du XVIIe siècle[46]. Beaucoup d'auteurs partageaient son point de vue : dans leurs ouvrages, l'exaltation des mœurs rurales portait en elle l'éloge du système qui avait facilité le maintien de ces bonnes coutumes[47]. À l'époque, une vision élégiaque de la vie des campagnes était de surcroît fort répandue[48] et continuellement relancée par les auteurs français s'intéressant au Canada. Le journaliste et romancier Xavier Marmier déclara par exemple que le féodalisme, désormais inutile en Europe, aurait encore eu une fonction pratique dans la colonie, où il aurait servi à protéger les intérêts d'une nation naissante en se posant comme intermédiaire entre cette dernière et la Couronne[49].

Des interprétations légèrement discordantes existaient certes aux côtés de l'opinion nationaliste traditionnelle que l'on vient de décrire, mais celles-ci restaient globalement fidèles au schéma établi par Garneau,

---

46. Jacques Castonguay, *La seigneurie de Philippe Aubert de Gaspé, Saint-Jean-Port-Joli*, Montréal, Éditions Fides, 1977.
47. Pour quelques indications générales, voir Maurice Lemire, *Les grands thèmes nationalistes du roman historique canadien-français*, Sainte-Foy, PUL, 1970; Roger Le Moine, « Le roman historique québécois », dans *Archives des lettres canadiennes*, t. III : *Le roman canadien-français*, Montréal, Éditions Fides, 1977, p. 69-88. Le témoignage le plus éloquent de ces sentiments est constitué des deux romans d'Antoine Gérin-Lajoie, *Jean Rivard, le défricheur* (1862) et *Jean Rivard, économiste* (1864). Voir l'édition en un seul volume réalisée par René Dionne, Montréal, Hurtubise HMH, 1977.
48. Voir la discussion de l'œuvre d'Antoine Gérin-Lajoie et de son influence sur le public et les intellectuels dans Ollivier Hubert, « Littérature, représentations de soi et mobilité sociale dans le Québec du XIXe siècle », *RS*, vol. XLIV, n° 3 (2003), p. 455-473.
49. Jean Ménard, *Xavier Marmier et le Canada*, Sainte-Foy, PUL, 1967. Dans ce livre est aussi retracé le succès des thèmes canadiens développés par Marmier, Alfred de Vigny et Charles-Étienne Brasseur de Bourbourg, auteur d'une *Histoire du Canada* (Paris, Société de Saint-Victor, 1852) sévèrement critiquée par son compatriote Jean-Baptiste-Antoine Ferland (*Observations sur un ouvrage intitulé Histoire du Canada*, Paris, Charles Douniol, 1854). Ce dernier fut ensuite actif parmi les Sulpiciens de Montréal et fut l'auteur d'un *Cours d'histoire du Canada* (Québec, Côté, 1861-1862) corrigeant l'œuvre de Garneau pour la rendre conforme à une vision cléricale. Au sujet de Ferland, voir Serge Gagnon, « Ferland, Jean-Baptiste-Antoine », in *DBC*, vol. IX, p. 254-257. Marmier influença quelques auteurs canadiens de romans historiques situés à l'époque de la Nouvelle-France, par exemple Joseph Marmette, *Le chevalier de Mornac : chronique de la Nouvelle-France 1664*, Montréal, Hurtubise HMH, [1873] 2005.

Rameau de Saint-Père et Casgrain. Ainsi, le juriste canadien Edmond Lareau développa en 1888 une analyse du régime seigneurial très proche de celle de Rameau de Saint-Père, mais enrichie d'une dimension nouvelle, en insistant de manière soutenue sur l'influence du milieu géographique nord-américain dans l'amélioration et l'adaptation des institutions féodales[50]. Il proposait ainsi une hypothèse proche de celle qui apparut bientôt sous le nom de thèse de la frontière[51].

En 1909, l'historien français Émile Salone a analysé des aspects du féodalisme canadien précédemment laissés dans l'ombre. Il a montré en particulier, en se basant sur de nombreux documents d'archives alors jamais utilisés, que les arrêts de Marly, qui visaient théoriquement à défendre les occupants des censives, ne furent pas respectés[52] et que l'intendant était plus prompt à aider les seigneurs que les censitaires[53]. Ce constat menaçait de miner l'image classique de l'intendant, et il fut en conséquence ignoré par les historiens canadiens pendant des décennies, jusqu'à sa réaffirmation dans les œuvres de Guy Frégault, puis de Denis Héroux, de Robert Lahaise et de Noël Vallerand[54].

La publication du livre de Salone a cependant marqué une étape importante dans l'évolution du discours sur les fiefs canadiens, car

---

50. Edmond Lareau, *Histoire du droit canadien*, t. I: *Domination française*, Montréal, A. Périard Libraire-éditeur, 1888, p. 213 et 502. La partie relative au régime seigneurial est anticipée dans «De la féodalité en Canada», *Revue canadienne*, vol. XIII, n°s 3, 4 et 5 (1876), p. 188-197, 271-280, 321-328.
51. Même si des auteurs comme Lionel Groulx (*La naissance d'une race*, Montréal, Bibliothèque de l'Action française, 1919, p. 173) et Louise Dechêne (*Habitants et marchands à Montréal au XVII siècle*, Paris, Plon, 1976, p. 248) ont insisté sur l'importance du milieu, les historiens canadiens-français se sont montrés indifférents à l'importance historique de la frontière telle que définie par l'États-Unien Turner. Voir à ce sujet Jean Blain, «La frontière en Nouvelle-France: perspectives historiques nouvelles à partir d'un thème ancien», *RHAF*, vol. XXV, n° 3 (décembre 1971), p. 397-407.
52. Salone, *La colonisation*, p. 360-361. Une idée similaire apparut sous la plume de Louis-Philippe Turcotte lorsqu'il observa que le régime seigneurial avait aussi donné lieu à des abus sous la domination française (*Le Canada sous l'Union, 1841-1867*, vol. II, Québec, L. J. Demers, 1882, p. 241).
53. Salone, *La colonisation*, p. 361, 365-366.
54. Guy Frégault, *La civilisation de la Nouvelle-France (1713-1744)*, Montréal, Pascal, 1944, p. 194-195; Denis Héroux, Robert Lahaise et Noël Vallerand, *La Nouvelle-France*, Montréal, Centre de psychologie et de pédagogie, 1967, p. 109.

cet ouvrage, aux côtés des travaux contemporains de William Bennett Munro, un États-Unien d'origine canadienne[55], a incité les historiens canadiens-français à étudier avec plus d'attention les documents d'archives. Pierre-Georges Roy s'est d'ailleurs dévoué à la tâche monumentale d'inventorier presque tous les documents relatifs au régime seigneurial conservés dans les archives provinciales[56]. Ces récoltes documentaires ont laissé entrevoir la possibilité d'effectuer une comparaison étoffée entre le « régime seigneurial » canadien et le féodalisme français, mais les historiens canadiens-français ont refusé tout comparatisme systématique entre les deux, ce qui a fait perdurer les effets du débat politico-idéologique du XIXe siècle jusque dans la seconde moitié du XXe siècle[57].

Malgré les recherches documentaires ouvrant de nouvelles voies, la majeure partie des auteurs de la première moitié du XXe siècle ont suivi l'historiographie devenue traditionnelle. Des études telles que celles de Jean Bruchési, de Gérard Filteau, de Victor Morin, de Gustave Lanctot, de Philéas-Frédéric Bourgeois, d'Ivanhoé Caron, de Georges-Émile Marquis, de Raymond Douville ont toujours épousé les lignes directrices du schéma traditionnel[58]. Ce dernier a régné en maître sur le champ des

---

55. W. B. Munro (dir.), *Documents Relating to the Seigniorial Tenure in Canada 1598-1854*, Toronto, The Champlain Society, 1908.
56. Pierre-Georges Roy, *Inventaire des concessions en fief et seigneurie, fois et hommages, et aveux et dénombrements conservés aux Archives de la province de Québec*, vol. I et II, Beauceville, L'Éclaireur, 1927-1929. Sur les activités scientifiques de Roy et sur sa direction des Archives nationales du Québec, voir Marc Tessier, « Pierre-Georges Roy, pionnier des archives et de l'histoire du Canada », *Archives*, vol. 20, n° 2 (1988), p. 13-20 ; Bernard Weilbrenner, « Pierre-Georges Roy et le Bureau des archives de la Province 1920-1925 », *Archives*, vol. 21, n° 1 (1989), p. 3-29.
57. Langlois, *Histoire de la population*, p. 228, inspiré par Charles Gailly de Taurines, *La nation canadienne*, Paris, Plon, 1894, p. 18. Les conclusions de Langlois ont été reprises par Falardeau, « La paroisse canadienne-française au XVIIe siècle », p. 34.
58. Jean Bruchési, *Histoire du Canada pour tous*, vol. I, Montréal, Éditions Albert Lévesque, 1933, p. 109-112, 285-287 ; Filteau, *La naissance d'une nation*, p. 46-48, 53, 64, 74-76 ; Victor Morin, *Seigneurs et censitaires, castes disparues*, Montréal, Éditions des Dix, 1941 ; Gustave Lanctot, *Réalisations françaises de Cartier à Montcalm*, Montréal, Chantecler, 1951, p. 195-196 ; Gustave Lanctot, *Histoire du Canada*, t. I : *Des origines au régime royal*, Montréal, Librairie Beauchemin, 1967, p. 398 et t. II : *Du régime royal au traité d'Utrecht (1663-1713)*, Montréal, Librairie Beauchemin, 1963, p. 74-76, 105-106 ; Philéas-Frédéric Bourgeois,

manuels scolaires et de l'histoire générale[59] aussi bien que sur celui des recherches en archives[60] et des monographies portant sur des seigneuries spécifiques[61].

L'histoire du Canada depuis sa découverte jusqu'à nos jours, Montréal, Librairie Beauchemin, 1925, p. 44 et 76; Ivanhoé Caron, «Le régime féodal en Canada», *Le Pays laurentien*, mai 1916, p. 113-118; Georges-Émile Marquis, *Le régime seigneurial au Canada*, Québec, [s.é.], 1931; Raymond Douville, «Notes pour servir à la rédaction d'une histoire de seigneurie», *RHAF*, vol. III, n° 3 (décembre 1949), p. 325-332; Raymond Douville, *La seigneurie Sainte-Marie: ses premiers seigneurs, ses premiers colons (1669-1775)*, Trois-Rivières, Éditions du Bien public, 1979.

59. Pour une introduction, voir Serge Jaumain et Matteo Sanfilippo, «Le régime seigneurial en Nouvelle-France vu par les manuels scolaires», *CCF*, n° 4 (1987), p. 15-18; voir aussi le site Web de Paul Aubin sur les manuels du Québec, [http://www.bibl.ulaval.ca/ress/manscol/] et du Canada (en collaboration avec Bertrum H. MacDonald), [http://acsweb2.ucis.dal.ca/hbicdb/francais/textbooks.html]. [N. D. É. Ce lien est inactif au 29 octobre 2020. Nous renvoyons à Bertrum H. MacDonald, «Book-History Studies Come of Age: The Digital Legacy of the History of the Book in Canada / Histoire du livre et de l'imprimé au Canada Project», *Papers of the Bibliographical Society of Canada = Cahiers de la Société bibliographique du Canada*, vol. 46, n° 1 (2008), p. 55-78]. Toujours de Paul Aubin, voir *Le manuel scolaire dans l'historiographie québécoise*, Sherbrooke, Éditions Ex libris, 1997 et, avec la collaboration de Michel Allard, Soraya Bassil et Monique Lebrun, *300 ans de manuels scolaires au Québec*, Québec, PUL, 2006. [N. D. É. Voir aussi Monique Lebrun (dir.), *Le manuel scolaire d'ici et d'ailleurs, d'hier à demain*, Québec, PUQ, 2007.]

60. Outre les travaux inachevés de Pierre-Georges Roy, voir Ivanhoé Caron, «Les censitaires du côteau Sainte-Geneviève (banlieue de Québec) de 1636 à 1800», *BRH*, vol. XXVII, n°s 4, 5 et 6, (1921), p. 97-108, 129-146 et 161-176; Édouard-Z. Massicotte, «Les premières concessions de terre à Montréal, sous M. de Maisonneuve, 1648-1665», *MSRC*, troisième série, vol. VIII (1914), p. 215-229; Édouard-Z. Massicotte, «Inventaire des actes de foi et d'hommages conservés à Montréal», *RAPQ*, 1921, p. 102-108; Léon Roy, *Les terres de la Grande-Anse, des Aulnaies et du Port-Joly*, Sainte-Anne-de-la-Pocatière, aux ateliers de Fortin et Fils, 1951; Léon Roy, «Les terres de Saint-Pierre», *RAPQ*, 1953, p. 1-69; Léon Roy, «Les terres de la Sainte-Famille», *RAPQ*, 1949, p. 147-260; Léon Roy, «Les terres de Saint-Jean», *RAPQ*, 1951, p. 301-368.

61. Philippe Angers, *Les seigneurs et premiers censitaires de St-Georges-Beauce et la famille Pozer*, Beauceville, L'Éclaireur, 1927; Francis-Joseph Audet, *Varennes: notes pour servir à l'histoire de cette seigneurie*, Montréal, Éditions des Dix, 1943; Montarville Boucher de la Bruère, «Pierre Boucher, colonisateur», *CD*, n° 8 (1943), p. 165-190; Azarie Couillard-Després, «Le fief du Sault-au-Matelot»,

Le schéma traditionnel a été redynamisé dans la première moitié du XXe siècle par l'abbé Lionel Groulx. Celui-ci devint le guide spirituel d'un Canada français inspiré par les valeurs rurales et ultracléricales. Il craignait non seulement l'anglicisation du Dominion du Canada, mais aussi le processus de laïcisation provoqué par l'industrialisation et la modernisation. L'influence des historiens canadiens du XIXe siècle sur Lionel Groulx est évidente, de même que celle des romanciers qui avaient exalté

BRH, vol. XX (1914), p. 201-203 ; Azarie Couillard-Després, *Histoire de la seigneurie de Saint-Ours*, Montréal, Imprimerie de l'Institution des Sourds-Muets, 1915 ; Azarie Couillard-Després, « Les origines de la seigneurie de Saurel : M. Pierre de Saurel, seigneur de Saurel, et ses premiers censitaires », *MSRC*, troisième série, vol. XVII (1923), p. 183-191 ; Azarie Couillard-Després, « Le fief du Sault-au-Matelot », *MSRC*, troisième série, vol. XXVIII (1934), p. 149-170 ; Raymond Douville, « Trois seigneuries sans seigneurs », *CD*, n° 16 (1951), p. 133-170 ; Raymond Douville, « Les lents débuts d'une seigneurie des Jésuites », *CD*, n° 25 (1960), p. 249-270 ; Raymond Douville, « Naissance d'une seigneurie, Saint-Charles-des-Roches (Grondines) », *CD*, n° 30 (1965), p. 35-50 ; Antoine Gagnon, *Histoire de Matane, 1677-1977 : tricentenaire de la seigneurie*, Rimouski, Société d'histoire de Matane, 1977 ; Raymond Gariépy, *La terre domaniale du fief de Charleville*, Sainte-Foy, PUL, 1965 ; Raymond Gariépy, *Le village de Château-Richer (1640-1870)*, Québec, La Société historique de Québec, 1969 ; Raymond Gariépy, *Les seigneuries de Beaupré et de l'île d'Orléans dans leurs débuts*, Québec, La Société historique de Québec, 1974 ; Lionel Groulx, « Un seigneur en soutane », *RHAF*, vol. XI, n° 2 (septembre 1957), p. 201-217 ; Lionel Laberge, « Le fief de Charlesville », *RUL*, vol. XII, n° 7 (1958), p. 604-617 ; n° 8 (1958), p. 723-736 ; A.-Léo Leymarie, « Le fief Grosbois, 1653-1854 », *Nouvelle-France*, vol. I (1925), p. 257-262 ; Reine Malouin, *La seigneurie Notre-Dame des Anges*, Québec, La Société historique de Québec, 1955 ; Édouard-Z. Massicotte, « Le fief Hertel », *BRH*, vol. XXXV (1929), p. 67-71 ; Geneviève Massignon, « La seigneurie de Charles de Menou d'Aulnay, gouverneur de l'Acadie, 1635-1650 », *RHAF*, vol. XVI, n° 4 (mars 1963), p. 469-501 ; Honorius Provost, « En parlant de colonisation seigneuriale », *RUL*, vol. III, n° 8 (avril 1948), p. 672-678 ; Honorius Provost, *La censive Notre-Dame de Québec*, Québec, La Société historique de Québec, 1954 ; Pierre-Georges Roy, « Le fief et seigneurie de l'abbé de La Madeleine », *BRH*, vol. XXXIV, n°s 7 et 8, (1928), p. 385-394 et 449-457. [N. D. É. Un absent notoire de cette liste est Joseph-Edmond Roy, *Histoire de la seigneurie de Lauzon*, 7 vol., Lévis, Société d'histoire régionale de Lévis et Éditions Etchemin, [1897-1904] 1984. Sur cet ouvrage, voir Alain Laberge, « 1897 : Joseph-Edmond Roy, Histoire de la seigneurie de Lauzon », dans Claude Corbo (dir.), *Monuments intellectuels de la Nouvelle-France et du Québec ancien : aux origines d'une tradition culturelle*, Montréal, PUM, 2014, p. 363-371.]

les valeurs de la vie à la campagne[62]. Dans cette perspective, l'abbé Groulx a valorisé le régime seigneurial conçu comme un bouclier protégeant les censitaires de la Nouvelle-France contre les périls de la vie anarchique des «coureurs des bois» et sauvant les censitaires du Bas-Canada des périls du monde anglo-saxon[63]. Pour Groulx (comme pour Henri Bourassa, l'une de ses sources d'inspiration politique), le régime seigneurial avait le mérite d'avoir garanti l'ordre et la paix sociale[64]. Mais si Bourassa espérait encore en 1924 le retour à un régime de propriété féodale dans le Canada français[65], Groulx ne semblait pas favorable à cette idée. Il était en effet conscient des limites historiques du «régime seigneurial» et il ne niait surtout pas, au contraire de ses prédécesseurs, l'existence de l'exploitation féodale[66], même s'il avait tendance à la passer sous silence dans ses ouvrages de vulgarisation[67].

Le long magistère de Lionel Groulx à l'Université de Montréal a marqué le passage d'une historiographie amatrice ou plus ou moins éloignée

---

62. Jean Éthier-Blais, *Signets II*, Ottawa, Le Cercle du Livre de France, 1967, p. 149-158. Sur la pensée historiographique de Groulx, voir Matteo Sanfilippo, «Storiografia e nazionalismo: corsi universitari e azione politica dell'abate Groulx, 1915-1921», *Rivista di studi canadesi*, vol. I (1988), p. 131-137; Patrice Groulx, *Pièges de la mémoire: Dollard des Ormeaux, les Amérindiens et nous*, Hull, Éditions Vents d'Ouest, 1998; Pierre Trépanier, «1950: Lionel Groulx, *Histoire du Canada français depuis la découverte*», dans Claude Corbo (dir.), *Monuments intellectuels québécois du xxe siècle*, Sillery, Éditions du Septentrion, 2006, p. 85-94; ainsi que les idées mentionnées vers la fin du présent chapitre à propos des études de Gérard Bouchard et des autres dans les dernières années. Pour un portrait exhaustif de l'historiographie au sujet de Groulx, voir Claude Bélanger, *Bibliographie sur Lionel Groulx*, [En ligne], [http://faculty.marianopolis.edu/c.belanger/quebechistory/biblio/BibliographieGroulx.htm]. [N. D. É. Pour une bibliographie régulièrement mise à jour, nous renvoyons plutôt à la Fondation Lionel-Groulx, «Études sur Lionel Groulx», [En ligne], [https://www.fondationlionelgroulx.org/Etudes-sur-Lionel-Groulx.html].
63. Lionel Groulx, *Histoire du Canada français depuis la découverte*, t. I: *Le régime français*, Montréal, L'Action nationale, 1950, p. 110.
64. Jean Drolet, «Henri Bourassa: une analyse de sa pensée», dans Fernand Dumont et al. (dir.), *Idéologies du Canada français 1900-1929*, Sainte-Foy, PUL, 1974, p. 223-250.
65. *Ibid.*, p. 242.
66. Groulx, *La naissance d'une race*, p. 175.
67. Groulx, *Histoire du Canada français depuis la découverte*, t. II: *Le régime français (suite)*, Montréal, L'Action nationale, 1951, p. 99.

de la recherche universitaire à la fondation de la première institution académique pour la promotion de l'étude de l'histoire canadienne. Grâce à lui ont été en effet fondés l'Institut universitaire d'histoire, de même que l'Institut d'histoire de l'Amérique française, qui publie depuis 1947 la *Revue d'histoire de l'Amérique française*[68]. Groulx a ainsi formé une véritable école d'historiens, qui sont longtemps restés fidèles au maître et qui ont souvent repris ses thèses en les étoffant. C'est notamment le cas de Guy Frégault, qui a décrit en 1944 la Nouvelle-France comme une société féodale d'un type particulier, dans laquelle le roi garantissait les droits des censitaires par l'intermédiaire de l'action des intendants et des capitaines de la milice. Dans ce cadre idyllique (Frégault parle explicitement d'une « société harmonieuse »), le féodalisme était ramené à un code d'honneur commun aux seigneurs et aux censitaires[69].

L'hégémonie de l'historiographie traditionnelle, même revitalisée par Groulx, a toutefois rapidement été remise en cause dans le contexte du développement économique et social du Québec contemporain[70]. Après des décennies d'immobilisme social et économique, le Québec est entré après la Seconde Guerre mondiale dans une phase d'industrialisation

---

68. Le département d'histoire de l'Université Laval à Québec a été fondé presque au même moment (Pierre Savard, « Un quart de siècle d'historiographie québécoise, 1947-1972 », *RS*, vol. XV, n° 1 (1974), p. 77-96 ; Lucien Campeau, « Notes sur le département d'histoire de l'Université de Montréal », dans Pierre Savard (dir.), *Aspects de la civilisation canadienne-française*, Ottawa, ÉUO, 1983, p. 319-323).
69. Frégault, *La civilisation de la Nouvelle-France*, p. 183. La partie relative au système seigneurial a aussi été publiée ailleurs, voir Guy Frégault, « Le régime seigneurial et l'expansion de la colonisation dans le bassin du Saint-Laurent au dix-huitième siècle », *Report of the Annual Meeting of the Canadian Historical Association = Rapports annuels de la Société historique du Canada*, vol. 23, n° 1, 1944, p. 61-73.
70. Dans le débat des dernières années du XXe siècle, on finit par opposer la Grande Noirceur, la période du gouvernement clérico-nationaliste, sinon salazariste de Maurice Duplessis, à la Révolution tranquille qui l'a suivie, et souvent pas pour faire l'éloge de celle-ci, accusée d'être l'incubatrice des problèmes québécois actuels. Sur cette question, voir Jocelyn Létourneau, « La Révolution tranquille, catégorie identitaire du Québec contemporain », dans Alain-G. Gagnon et Michel Sarra-Bournet (dir.), *Duplessis : entre la Grande Noirceur et la société libérale*, Montréal, Québec Amérique, 1997, p. 95-118 et É.-Martin Meunier et Jean-Philippe Warren, *Sortir de la « Grande noirceur » : l'horizon « personnaliste » de la Révolution tranquille*, Sillery, Éditions du Septentrion, 2002.

intensive et de déblocage politique et social. Au beau milieu du XXe siècle, ces évolutions, combinées à l'activité croissante des deux nouveaux départements d'histoire de l'Université Laval et de l'Université de Montréal, ont provoqué une première rupture dans l'historiographie canadienne-française.

À Montréal, les alliés de Groulx ont développé, avec la bénédiction quelquefois hésitante du maître, une nouvelle vision nationaliste de l'histoire, dite néonationaliste, qui ne récusait plus le monde moderne. Cette vision fondée sur des prémisses laïques réfutait les mythes messianiques et ruraux du nationalisme clérical tout en soulignant la nécessité pour les Canadiens français de soutenir la compétition culturelle et surtout économique avec le monde anglo-saxon. Sur le plan particulier de l'étude du féodalisme, les changements n'ont pas été éclatants. Michel Brunet, Maurice Séguin, Guy Frégault et Cameron Nish ont eu simplement tendance à minimiser l'importance de la Conquête en accordant au contraire toute leur attention à l'ascension de la bourgeoisie[71]. Mais les premières fissures sont bientôt apparues parmi les tenants de la vision néonationaliste : Frégault est peu à peu devenu convaincu que la colonie canadienne était féodale, comme la mère patrie française ; Séguin, de son côté, a fait la promotion de l'idée, désormais classique, voulant que le « régime seigneurial » fût devenu après la Conquête un rempart pour l'économie agricole du Bas-Canada, une protection qui entravait les spéculations foncières du monde anglo-saxon. Cette

---

71. Michel Brunet, *La présence anglaise et les Canadiens*, Montréal, Éditions Beauchemin, 1964 ; Maurice Séguin, « Le régime seigneurial au pays de Québec, 1760-1854 », *RHAF*, vol. I, n°s 3 et 4 (décembre 1947 et mars 1948), p. 382-402 et 519-532 ; Guy Frégault, *La guerre de la conquête, 1754-1760*, Montréal, Éditions Fides, 1955 ; Cameron Nish, *Les bourgeois-gentilshommes de la Nouvelle-France, 1729-1748*, Montréal, Éditions Fides, 1968. Sur cette école historique en bonne et due forme, voir Pierre Savard (dir.), *Guy Frégault (1918-1977). Actes du colloque tenu au Centre de recherche en civilisation canadienne-française de l'Université d'Ottawa, le 7 septembre 1980*, Montréal, Éditions Bellarmin, 1981 ; Jean Lamarre, *Le devenir de la nation québécoise selon Maurice Séguin, Guy Frégault et Michel Brunet*, Sillery, Éditions du Septentrion, 1993 ; Robert Comeau et Josiane Lavallée, *L'historien Maurice Séguin : théoricien de l'indépendance et penseur de la modernité québécoise*, Sillery, Éditions du Septentrion, 2006 ; Denis Vaugeois, « 1955 : Guy Frégault, *La guerre de la conquête* », dans Corbo (dir.), *Monuments intellectuels québécois*, p. 117-126.

conclusion avait déjà été présentée par les défenseurs de la propriété féodale pendant le XIXe siècle, et sa récupération a ouvert la voie à la relance des thèses pro-seigneuriales et pro-féodales chères aux historiens français et canadiens du XIXe siècle[72]. Il ne s'est d'ailleurs pas écoulé beaucoup de temps avant que même des historiens français s'alignent sur la position de Séguin[73].

La situation historiographique est alors très dynamique et change rapidement. Jean-Pierre Wallot, un acteur prépondérant de la troisième génération de l'école de Montréal, rejette les nouveautés de Frégault comme les récupérations de Séguin. En se basant sur les travaux de Richard Cole Harris et de Sigmund Diamond (dont nous discuterons au chapitre suivant), il avance que le capitalisme marchand fut le véritable moteur du développement de la colonie. Pour lui, le développement de la bourgeoisie coloniale mina le fondement du féodalisme et réduisit le seigneur à un simple agent de peuplement[74]. Wallot réitère donc les conclusions des historiens nationalistes plus traditionnels tout en leur conférant une touche de «nord-américanité». Il brosse le portrait d'une société coloniale ouverte à la mobilité sociale et privée des formes féodales d'exploitation du travail paysan en soulignant bien que cela était le fruit du contexte géographique[75]. Cet élan a été partagé par d'autres auteurs qui ont abordé le régime seigneurial dans une optique nationaliste inspirée par une sociologie tiers-mondiste ou marxiste qui, à cette époque,

---

72. Frégault, *La civilisation de la Nouvelle-France*, p. 183 ; Séguin, «Le régime seigneurial», p. 382-402, 519-532. Sur Séguin, voir encore la préface de Denis Vaugeois à Maurice Séguin, *Une histoire du Québec : vision d'un prophète*, Montréal, Guérin, 1995, ainsi que Gilles Ritchot, «La portée critique d'une nouvelle géographie régionale structurale : un retour sur l'Histoire du Québec selon Maurice Séguin (1918-1977)», *CGQ*, vol. 42, n° 117 (1998), p. 449-460, et Pierre Tousignant et Madeleine Dionne-Tousignant, *Les normes de Maurice Séguin : le théoricien du néo-nationalisme*, Montréal, Guérin, 1999.
73. Jacques Boucher, «Les aspects économiques de la tenure seigneuriale au Canada (1760-1854)», dans Philippe Salomon, Georges Frèche et Jacques Boucher (dir.), *Recherches d'histoire économique*, Paris, PUF, 1964, p. 149-213.
74. Jean-Pierre Wallot, «Le régime seigneurial et son abolition au Canada», *CHR*, vol. L, n° 4 (1969), p. 367-393 (réédité avec de légers changements dans Wallot, *Un Québec qui bougeait*, Montréal, Éditions Fides, 1973, p. 225-251).
75. Wallot, *Un Québec qui bougeait*, p. 230-231. Sur l'arrière-plan intellectuel de Wallot, voir Jean-Pierre Wallot, «À la recherche de la nation : Maurice Séguin (1918-1984)», *RHAF*, vol. XXXVIII, n° 4 (printemps 1985), p. 569-590.

semblait influencer aussi les *Histoires du Québec* à grand tirage[76]. Pour beaucoup d'entre eux, le régime seigneurial différait de la France depuis le début, étant à la mère patrie ce que les futurs États-Unis étaient à la Grande-Bretagne. L'immensité du nouveau continent et ses particularités géoclimatiques empêchaient que les nouvelles colonies empruntassent les mêmes chemins que le Vieux Monde.

La Révolution tranquille et le changement dans l'équilibre politique au début des années 1960 ont entraîné une seconde rupture dans l'historiographie du Québec, qui est alors marquée par l'apparition d'un courant historiographique influencé par la pratique historiographique des *Annales* plutôt que par des revendications nationalistes, un courant qui a d'ailleurs été très prompt à relever les similitudes entre le « régime seigneurial » canadien et son modèle français[77]. Fernand Ouellet, instigateur de

---

76. Sur ces dernières, voir Jean Hamelin, *Le Canada français: son évolution historique (1497-1967)*, Québec, Boréal Express, 1968, p. 16-17 ; Jacques Mathieu, « Province de France », dans Jean Hamelin (dir.), *Histoire du Québec*, Montréal, France-Amérique, 1978, p. 127-170 ; Rosario Bilodeau *et al.* (dir.), *Histoire des Canadas*, Montréal, Hurtubise HMH, 1978, p. 60-72 ; Jean Hamelin et Jean Provencher, *Brève histoire du Québec*, Montréal, Boréal Express, 1981, p. 39-40. Sur l'approche tiers-mondiste, voir Falardeau, « La paroisse canadienne-française au XVIIe siècle », p. 33-43 ; Pierre Deffontaines, *Le rang, type de peuplement rural du Canada français*, Sainte-Foy, PUL, 1953 ; Marcel Rioux, *La question du Québec*, Montréal, Éditions Parti pris, 1972, p. 21-39. Sur l'approche marxiste, voir Jules Savaria, « Le Québec est-il une société périphérique ? », *Sociologie et sociétés*, vol. VII, n° 2 (novembre 1975), p. 115-128 ; Denis Monière, « L'utilité du concept de mode de production des petits producteurs pour l'historiographie de la Nouvelle-France », *RHAF*, vol. XXIX, n° 4 (mars 1976), p. 483-502 ; Denis Monière, *Le développement des idéologies au Québec*, Montréal, Québec Amérique, 1977, p. 37-75.

77. Louis Michel, « Recension de Louise Dechêne, *Habitants et marchands de Montréal au XVIIe siècle* », *RHAF*, vol. XXIX, n° 2 (septembre 1975), p. 255-268 ; Serge Gagnon, « The Historiography of New France, 1960-1974 : Jean Hamelin to Louise Dechêne », *JCS*, vol. XIII, n° 1 (1978), p. 80-99 ; Alfred Dubuc, « L'influence de l'École des Annales au Québec », *RHAF*, vol. XXXIII, n° 3 (décembre 1979), p. 357-386 ; Dépatie *et al.* (dir.), *Vingt ans après* Habitants et marchands *: lecture de l'histoire des XVIIe et XVIIIe siècles canadiens*, Montréal, MGQUP, 1998 ; Éric Bédard, « 1966 : Fernand Ouellet, *Histoire économique et sociale du Québec 1760-1850 : structures et conjoncture* », dans Corbo (dir.), *Monuments intellectuels québécois*, p. 211-219 ; dans le même ouvrage, Thomas Wien, « 1974 : Louise Dechêne, *Habitants et marchands de Montréal au XVIIe siècle* », p. 249-259.

la rupture, avait déjà proposé un résumé de la question en 1953[78]. Treize ans plus tard, il a montré que le féodalisme s'était adapté aux conditions coloniales sans transformer les seigneurs en simples instruments de peuplement[79]. Il a ensuite présenté le «régime seigneurial» comme un élément de continuité entre la Nouvelle-France et le Bas-Canada tout en lançant un débat historiographique fécond sur les interprétations du féodalisme colonial[80].

Cette double approche amène Ouellet à remettre en question les idées reçues sur la colonie française. À la fin des années 1960, il avance que la Nouvelle-France était une société d'Ancien Régime et que les officiers de la milice coloniale, considérés par certains historiens nationalistes comme le symbole de la démocratie paysanne, étaient recrutés parmi les membres des classes aisées[81]. Poursuivant la discussion sur le plan historiographique, il souligne que la glorification de la Nouvelle-France a détourné les chercheurs de l'étude de l'exploitation seigneuriale des censitaires[82]. Enfin, il conclut que la société d'Ancien Régime s'étant formée dans la vallée du Saint-Laurent n'était pas une version modernisée de celle de la France, mais qu'elle en était au contraire une version archaïque[83].

La position de Ouellet coïncide avec l'ascension au pouvoir du libéralisme fédéral représenté par Pierre Elliott Trudeau, premier ministre du Canada de 1968 à 1979 et de 1980 à 1984. Dans les écrits précédant

---

78. Fernand Ouellet, «Un problème économique et social», *BRH*, vol. LIX, n° 3 (1953), p. 161.
79. Fernand Ouellet, «Le régime seigneurial dans le Québec (1760-1854)», *Éléments d'histoire sociale du Bas-Canada*, p. 91-110.
80. Fernand Ouellet, «Recension de Richard Cole Harris, *The Seigneurial System in Early Canada: A Geographical Study*, Madison, University of Wisconsin Press; Québec, PUL, 1966», *HS = SH*, vol. I, n° 1 (1968), p. 152-159; Fernand Ouellet, «Louise Dechêne, *Habitants et marchands de Montréal au XVIIe siècle*», *HS = SH*, vol. VIII, n° 16 (1975), p. 372-382.
81. Fernand Ouellet, «Officiers de milice et structure sociale au Québec (1660-1815)», *HS = SH*, vol. XII, n° 23 (1979), p. 37-65; Fernand Ouellet, «Propriété seigneuriale et groupes sociaux dans la vallée du Saint-Laurent (1663-1840)», *Mélanges d'histoire du Canada français offerts au professeur Marcel Trudel*, Ottawa, PUO, 1978, p. 183-213.
82. Fernand Ouellet, «Libéré ou exploité! Le paysan québécois d'avant 1850», *HS = SH*, vol. XIII, n° 26 (1980), p. 339-368.
83. Fernand Ouellet, «La formation d'une société dans la vallée du Saint-Laurent: d'une société sans classes à une société de classes», *CHR*, vol. LXII (1981), p. 448.

sa carrière politique, Trudeau avait d'ailleurs cité explicitement Ouellet (parmi d'autres) comme l'auteur de nouvelles perspectives historiographiques[84]. Plus tard, l'historien participera aux mélanges en hommage à l'ex-premier ministre en soulignant son rôle dans le développement économique et culturel du Québec au cours des décennies suivant la Seconde Guerre mondiale[85].

L'attention que portait Ouellet aux faits sociaux et à l'évolution des structures économiques trouve un premier écho dans les analyses des historiens marxistes de ces années, comme Gilles Bourque[86], Gérald Bernier[87] et Denys Delâge[88], qui ont mis en évidence l'exploitation des censitaires. Ces travaux ont été accompagnés et parfois même anticipés par ceux de Louise Dechêne, qui a adopté peu après Ouellet une démarche inspirée de celle des *Annales*[89]. Dechêne a montré plus particulièrement

---

84. Pierre Elliott Trudeau, «De quelques obstacles à la démocratie au Québec», *Le fédéralisme et la société canadienne-française*, Montréal, Hurtubise HMH, 1967, p. 105-228. Sur le premier ministre canadien, voir Mélanie Ouellette, «Les Canadiens français, l'histoire et la démocratie : l'interprétation de Pierre Elliott Trudeau», *Mens: revue d'histoire intellectuelle de l'Amérique française*, vol. I, n° 1 (2000), p. 37-50 ; Stéphane Kelly, *Les fins du Canada selon Macdonald, Laurier, Mackenzie King et Trudeau*, Montréal, Éditions du Boréal, 2001 ; John English, «Pierre Elliott Trudeau», dans Réal Bélanger et Ramsay Cook (dir.), *Les premiers ministres du Canada de Macdonald à Trudeau*, Québec, PUL, 2007, p. 462-505.
85. Fernand Ouellet, «La Révolution tranquille, tournant révolutionnaire?», dans Thomas S. Axworthy et Pierre Elliott Trudeau (dir.), *Les années Trudeau: la recherche d'une société juste*, Montréal, Le Jour éditeur, 1990, p. 333-362.
86. Gilles Bourque et Anne Legaré, *Le Québec: la question nationale*, Paris, Maspero, 1978, p. 12-17.
87. Gérald Bernier, «Sur quelques effets de la rupture structurelle engendrée par la Conquête au Québec: 1760-1854», *RHAF*, vol. XXXV, n° 1 (juin 1981), p. 69-95 ; Gérald Bernier, «Landownership and Access to Political Power in Lower Canada, 1791-1838», *Québec Studies*, vol. 7, n° 1 (1988), p. 87-97 ; Gérald Bernier et Daniel Salée, «Appropriation foncière et bourgeoisie marchande: éléments pour une analyse de l'économie marchande du Bas-Canada avant 1846», *RHAF*, vol. XXXVI, n° 2 (septembre 1982), p. 163-194. Sur l'approche considérant la Conquête comme une césure, voir Claude Couture, «La Conquête de 1760 et le problème de la transition au capitalisme», *RHAF*, vol. XXXIX, n° 3 (hiver 1986), p. 369-389.
88. Denys Delâge, *Le pays renversé: Amérindiens et Européens en Amérique du Nord-Est 1600-1664*, Montréal, Boréal Express, 1985.
89. Gagnon, «The Historiography of New France, 1960-1974», p. 91 ; Lise Pilon-Lê, «Le régime seigneurial: contribution à une analyse de la transition

dans une vaste étude sur Montréal que le « régime seigneurial » était un système d'exploitation féodal. Une telle affirmation contestait la protection supposée des censitaires assurée par l'État et jetait le doute sur le rôle des seigneurs comme agents de colonisation. L'historienne a en outre insisté sur la rigueur avec laquelle les droits seigneuriaux étaient imposés à Montréal, faisant d'une pierre deux coups en démolissant l'idée d'une société homogène et harmonieuse, sans divisions et conflits de classes[90].

À l'image de Ouellet, Dechêne voit dans la Nouvelle-France une société d'Ancien Régime. À l'instar de Wallot, elle attribue cependant un rôle prépondérant au capitalisme marchand dans l'économie de la colonie et minimise l'importance du féodalisme, qui lui apparaît entravé par la « force obscure et passive » des us et des coutumes, fortement défendus par le peuple[91]. Du reste, selon Dechêne, le peuple de la Nouvelle-France n'eut jamais la vie facile et se vit lentement imposer de plus en plus d'obligations féodales, et ce, même dans des domaines où elles n'avaient pas initialement été en vigueur[92].

Au fil des ans, les thèses de Ouellet, alliées à celles de Jean Hamelin, de Dechêne et des historiens marxistes, ont creusé une brèche dans l'historiographie traditionnelle. Même Marcel Trudel, maître, puis collègue de Ouellet, a changé son fusil d'épaule en s'unissant discrètement au nouveau courant historiographique, alors que ses premiers travaux étaient plutôt proches des thèses nationalistes[93]. C'est ainsi qu'il affirme en 1974 que la France voyait dans le « régime seigneurial » un instrument adéquat

---

au capitalisme », *CS*, n° 3, (1980), p. 136 ; Colette Michaud, *Les censitaires et le régime seigneurial canadien (1797-1854) : étude de requêtes anti-seigneuriales*, thèse de maîtrise (histoire), Ottawa, Université d'Ottawa, 1982, p. 15.

90. Dechêne, *Habitants et marchands de Montréal au XVIIe siècle*. La partie relative au régime seigneurial avait déjà été publiée sous forme d'article (Louise Dechêne, « L'évolution du régime seigneurial au Canada : le cas de Montréal aux XVIIe et XVIIIe siècles », *RS*, vol. XII, n° 2 (1971), p. 143-183). Des retouches ultérieures sont parues dans Louise Dechêne, *Le partage des subsistances sous le Régime français*, Montréal, Éditions du Boréal, 1994.

91. Dechêne, *Habitants et marchands de Montréal au XVIIe siècle*, p. 248.

92. Dechêne, « La rente du faubourg Saint-Roch à Québec – 1750-1850 », *RHAF*, vol. XXXIV, n° 4 (mars 1981), p. 569-596.

93. Marcel Trudel, *Le régime seigneurial*, Ottawa, Société historique du Canada, 1956 ; Marcel Trudel, *Initiation à la Nouvelle-France*, Montréal, Holt, Rinehart et Winston, 1968, p. 183-196 ; Paul G. Cornell *et al.*, *Canada : unité et diversité*, Toronto, Holt, Rinehart et Winston, 1971, p. 65.

de régulation sociale de la colonie et qu'à cet égard, le cadre seigneurial canadien de 1663 était semblable à celui d'une quelconque province française[94]. Trudel a ensuite poursuivi ses analyses en s'intéressant à la naissance des premières élites coloniales et aux obligations imposées aux censitaires dans les premières années de la colonisation, puis il a reconstitué les concessions en fiefs et à cens sous la Compagnie des Cent-Associés et sous celle des Indes occidentales[95].

La contribution majeure de Ouellet a peut-être été d'avoir incité ses collègues à considérer le féodalisme canadien dans son ensemble, sans voir la Conquête comme une césure définitive[96]. Dans son sillage, l'historiographie sur le Bas-Canada a changé au fur et à mesure que s'accentuait l'attention portée aux phénomènes seigneuriaux postérieurs à la Conquête. Après 1970, même si le débat historiographique s'est polarisé autour des deux positions opposées de Ouellet et de Wallot, très peu d'intervenants se sont limités à considérer le phénomène seigneurial ou un seul de ses aspects dans un cadre temporel n'englobant pas conjointement les époques de la Nouvelle-France et du Bas-Canada[97]. La continuité

---

94. Marcel Trudel, *Les débuts du régime seigneurial au Canada*, Montréal, Éditions Fides, 1974, p. 272.
95. Marcel Trudel, *Le terrier du Saint-Laurent en 1663*, Ottawa, ÉUO, 1973 ; Marcel Trudel, *La seigneurie des Cent-Associés, 1627-1663*, t. I et II, Montréal, Éditions Fides, 1979 et 1983 ; Marcel Trudel, *La seigneurie de la Compagnie des Indes occidentales, 1663-1674*, Saint-Laurent, Éditions Fides, 1997 ; Marcel Trudel, *Le terrier du Saint-Laurent en 1674*, Montréal, Éditions du Méridien, 1998.
96. Voir Jean Hamelin et Fernand Ouellet, «Les rendements agricoles dans les seigneuries et cantons du Québec : 1700-1850», dans Claude Galarneau et Ernest Lavoie (dir.), *France et Canada français du XVIe siècle au XXe siècle*, Sainte-Foy, PUL, 1966, p. 81-120.
97. Cette tendance s'est surtout répandue parmi ceux qui étudiaient le phénomène féodal en partant du Bas-Canada plutôt que chez ceux qui étudiaient la Nouvelle-France. Pour les premiers, l'étude sur la longue durée n'a connu que de rares exceptions portant spécifiquement sur l'abolition du «régime seigneurial» (Georges-Étienne Baillargeon, «Les arrérages de lods et ventes à Québec en 1832», *RHAF*, vol. XIX, n° 2 (septembre 1965), p. 296-301 ; Georges-Étienne Baillargeon, «La tenure seigneuriale a-t-elle été abolie par suite des plaintes des censitaires ?», *RHAF*, vol. XXI, n° 1 (juin 1967), p. 64-80 ; Georges-Étienne Baillargeon, *La survivance du régime seigneurial à Montréal : un régime qui ne veut pas mourir*, Ottawa, Le Cercle du Livre de France, 1968 ; Georges-Étienne Baillargeon, «À propos de l'abolition du régime seigneurial», *RHAF*, vol. XXII, n° 3 (décembre 1968), p. 365-391 ; Georges-Étienne Baillargeon, *Influence du*

temporelle, c'est-à-dire, à travers elle, les modalités de la formation de la société québécoise dans la perspective de la longue durée (au-delà de la césure de la Conquête), est devenue l'horizon de toutes les analyses.

Malgré leur opposition initiale, Wallot et ses alliés se sont progressivement rapprochés de la position de Ouellet en ce qui concerne la périodisation et la comparaison de la colonie avec la société française d'Ancien Régime[98]. Ils n'ont toutefois jamais accepté l'hypothèse de Ouellet sur l'archaïsme de la Nouvelle-France, qui leur paraissait effacer la présence de tout aspect de modernité dans la vallée du Saint-Laurent[99]. S'ils

---

conflit seigneurs-censitaires sur la politique canadienne, thèse de maîtrise (science politique), Montréal, Université de Montréal, 1976), ou sur sa survivance après 1854 (Jean-Charles Bonenfant, «La féodalité a définitivement vécu...», dans *Mélanges d'histoire du Canada français offerts au professeur Marcel Trudel*, p. 14-26). Pour les seconds, l'étude circonscrite aux XVIIe et XVIIIe siècles a souvent été la norme. Voir à ce sujet John A. Dickinson, «La justice seigneuriale en Nouvelle-France: le cas de Notre-Dame-des-Anges», *RHAF*, vol. XXVIII, n° 3 (décembre 1974), p. 323-346; Philippe Jarnoux, «La colonisation de la seigneurie de Batiscan aux XVIIe et XVIIIe siècles: l'espace et les hommes», *RHAF*, vol. XL, n° 2 (automne 1986), p. 163-191.

98. Voir les communications de trois colloques franco-canadiens du début des années 1980: Joseph Goy et Jean-Pierre Wallot (dir.), *Étude comparative de la société rurale de la France de l'Ouest et du Québec (XVIIe-XXe siècles)*, Paris, EHESS; Montréal, PUM, 1981; Joseph Goy et Jean-Pierre Wallot (dir.), *Évolution et éclatement du monde rural: structures, fonctionnement et évolution différentielle des sociétés rurales françaises et québécoises XVIIe-XXe siècles*, Paris, EHESS; Montréal, PUM, 1986; François Lebrun et Normand Séguin (dir.), *Sociétés villageoises et rapports villes-campagnes au Québec et dans la France de l'Ouest XVIIe-XXe siècles*, Trois-Rivières, Université du Québec à Trois-Rivières, 1987.

99. Voir la réponse critique à l'article de Fernand Ouellet et de Jean Hamelin, «La crise agricole dans le Bas-Canada, 1802-1837», *Report of the Annual Meeting of the Canadian Historical Association = Rapports annuels de la Société historique du Canada*, vol. 41, n° 1, 1962, p. 17-33, dans Gilles Paquet et Jean-Pierre Wallot, «Aperçu sur le commerce international et les prix domestiques dans le Bas-Canada (1793-1812)», *RHAF*, vol. XXI, n° 3 (décembre 1967), p. 447-473; Gilles Paquet et Jean-Pierre Wallot, «Crise agricole et tensions socio-ethniques dans le Bas-Canada, 1802-1812: éléments pour une réinterprétation», *RHAF*, vol. XXVI, n° 2 (septembre 1972), p. 185-237; Gilles Paquet et Jean-Pierre Wallot, «Groupes sociaux et pouvoir: le cas canadien au tournant du XIXe siècle», *RHAF*, vol. XXVII, n° 4 (mars 1974), p. 509-564; Gilles Paquet et Jean-Pierre Wallot, «The Agricultural Crisis in Lower Canada, 1802-1812: mise au point. A Response to T.J.A. Le Goff», *CHR*, vol. LVI, n° 2 (1975), p. 133-161; Gilles Paquet et Jean-Pierre Wallot, «Sur quelques discontinuités dans

étudiaient certes les caractères « féodaux » du régime canadien[100], ils cherchaient surtout à montrer comment la société paysanne avait su exploiter au mieux les possibilités de résistance qui lui étaient offertes[101]. En réponse, les étudiants de Ouellet ont eu tendance à l'inverse à mettre en

l'expérience socio-économique du Québec : une hypothèse », *RHAF*, vol. XXXV, n° 4 (mars 1982), p. 483-521 ; Gilles Paquet et Jean-Pierre Wallot, « À propos de l'habitant québécois : le chromo versus le modèle », Ottawa, Université d'Ottawa, Faculté d'administration, Document de travail 85-86, 1984 ; Gilles Paquet et Jean-Pierre Wallot, « Stratégie foncière de l'habitant : Québec (1790-1835) », *RHAF*, vol. XXXIX, n° 4 (printemps 1986), p. 551-580 ; Gilles Paquet et Jean-Pierre Wallot, *Le Bas-Canada au tournant du XIXe siècle : restructuration et modernisation*, Ottawa, Société historique du Canada, 1988. Leur débat traitait aussi du rôle du marchand dans les campagnes du Québec. Voir à ce sujet Fernand Ouellet, « Le mythe de l'"habitant sensible au marché" : commentaires sur la controverse Le Goff-Wallot et Paquet », *RS*, vol. XVII, n° 1 (1976), p. 115-132 ; Jean-Pierre Wallot, « L'impact du marché sur les campagnes canadiennes au début du XIXe siècle », dans Goy et Wallot (dir.), *Étude comparative de la société rurale*, p. 226-250.

100. Sylvie Dépatie, Mario Lalancette et Christian Dessureault, *Contributions à l'étude du régime seigneurial*, Montréal, Hurtubise HMH, 1987 ; Christian Dessureault, « Un essai de caractérisation de l'entreprise seigneuriale canadienne : la seigneurie du Lac-des-Deux-Montagnes au tournant du XIXe siècle », dans Goy et Wallot (dir.), *Évolution et éclatement du monde rural*, p. 217-230.

101. Gilles Paquet et Jean-Pierre Wallot, « Structures sociales et niveaux de richesse dans les campagnes du Québec 1792-1812 », dans Goy et Wallot (dir.), *Évolution et éclatement du monde rural*, p. 239-257 (paru aussi dans *Material History Bulletin = Bulletin d'histoire de la culture matérielle*, n° 17 (printemps 1983), p. 25-44) ; Lorraine Gadoury, « Les stocks des habitants dans les inventaires après décès », *Material History Bulletin = Bulletin d'histoire de la culture matérielle*, n° 17 (printemps 1983), p. 139-147 ; Christian Dessureault, *Les fondements de la hiérarchie sociale au sein de la paysannerie : le cas de Saint-Hyacinthe, 1760-1815*, thèse de doctorat (histoire), Montréal, Université de Montréal, 1986 ; Christian Dessureault, « L'égalitarisme paysan dans l'ancienne société rurale de la vallée du Saint-Laurent : éléments pour une réinterprétation », *RHAF*, vol. XL, n° 3 (hiver 1987), p. 373-407 ; Christian Dessureault, « La propriété rurale et la paysannerie dans la plaine maskoutaine, 1795-1814 », dans Lebrun et Séguin (dir.), *Sociétés villageoises*, p. 217-230 ; Jean-Pierre Wallot et Gilles Paquet, « Les habitants de Montréal et de Québec (1790-1835) : contextes géo-économiques différents, même stratégie foncière », dans Lebrun et Séguin (dir.), *Sociétés villageoises*, p. 101-112 ; Corinne Beutler, « L'outillage agricole dans les inventaires paysans de la région de Montréal reflète-t-il une transformation de l'agriculture entre 1792 et 1835 ? », dans Lebrun et Séguin (dir.), *Sociétés villageoises*, p. 121-130.

lumière les stratégies seigneuriales pour augmenter et administrer leur(s) patrimoine(s), même s'ils n'ont pas manqué, eux aussi, de réfléchir aux tentatives de résistance des habitants[102].

Le débat s'est prolongé longtemps sans que les opinions changent et sans que les positions évoluent vraiment[103]. L'opposition théorique entre Ouellet et Wallot ne s'est adoucie qu'à partir des années 1980, grâce à l'arrivée d'un nouveau courant historiographique. Celui-ci a été principalement porté par des élèves de Dechêne et de Wallot, dans le sillage du volume à six mains de Dépatie, de Lalancette et de Dessureault[104]. Il a également été soutenu par la longue recherche de Françoise Noël sur les cinq seigneuries de Gabriel Christie pendant la période suivant la Conquête[105] : en plus des importantes conclusions de ses travaux parus

---

102. Claude Baribeau, *La seigneurie de la Petite-Nation 1801-1854 : le rôle économique et social du seigneur*, Hull, Éditions Asticou, 1983 ; André LaRose, *La seigneurie de Beauharnois, 1729-1867 : les seigneurs, l'espace et l'argent*, thèse de doctorat (histoire), Ottawa, Université d'Ottawa, 1987. [N. D. É. Voir aussi Michaud, *Les censitaires et le régime seigneurial* ; Claude Baribeau, *Denis-Benjamin Papineau, 1789-1854*, Montebello, Société historique Louis-Joseph Papineau, 1995.]
103. Pour un bilan historiographique, voir T. J. A. Le Goff, «The Agricultural Crisis in Lower Canada, 1802-1812 : A Review of a Controversy», *CHR*, vol. LV, n° 1 (1974), p. 1-31 ; Robert Lavertue, «L'histoire de l'agriculture québécoise au XIXe siècle : une schématisation des faits et des interprétations», *CGQ*, vol. XXVIII, n°s 73-74 (1984), p. 275-287 ; Alain Laberge, «Crise, malaise et restructuration : l'agriculture bas-canadienne dans tous ses états», dans Yves Roby et Nive Voisine (dir.), *Érudition, humanisme et savoir : actes du colloque en l'honneur de Jean Hamelin*, Sainte-Foy, PUL, 1996, p. 119-130.
104. Sur la grande influence de Dechêne, voir Thomas Wien, «Introduction : habitants, marchands, historiens», dans Dépatie *et al.* (dir.), *Vingt ans après Habitants et marchands*, p. 3-27, et Louis Michel, «L'économie et la société rurale dans la vallée du Saint-Laurent aux XVIIe et XVIIIe siècles : bilan historiographique», dans Dépatie *et al.* (dir.), *Vingt ans après Habitants et marchands*, p. 69-89.
105. Françoise Noël, *Gabriel Christie Seigneuries: Settlement and Seigneurial Administration in the Upper Richelieu Valley, 1764-1854*, thèse de doctorat (histoire), Montréal, Université McGill, 1985 ; Françoise Noël, «Chambly Mills, 1784-1815», *HP = CH*, vol. 20, n° 1 (1985), p. 102-116 ; Françoise Noël, «Seigneurial Survey and Land Granting Policies», *Canadian Papers in Rural History*, vol. V (1986), p. 150-180 ; Françoise Noël, «La gestion des seigneuries de Gabriel Christie dans la vallée du Richelieu (1760-1845)», *RHAF*, vol. XL, n° 4 (printemps 1987), p. 561-582 ; Françoise Noël, *The Christie Seigneuries:*

dans diverses publications, Noël a mis à la disposition des autres chercheurs une base de données en format PDF sur les propriétés de la haute vallée du Richelieu[106]. En parallèle à ces publications, Thomas Wien s'affairait à montrer qu'en Nouvelle-France l'opposition entre censitaires et seigneurs suivait les mêmes lignes qu'en France[107].

Une seconde tendance historiographique, qui trouvait pour sa part son origine dans les études économiques et géographiques, a intégré et critiqué les positions de Ouellet et de Wallot tout en soulignant leurs mérites[108]. Cette tendance, qui a eu Serge Courville pour porte-étendard, a privilégié l'étude du phénomène seigneurial dans la longue durée[109]

Estate Management and Settlement in the Upper Richelieu Valley, 1760-1854, Montréal, MCQUP, 1992.

106. Françoise Noël, *The Upper Richelieu Valley Database : By Seigneury*, [En ligne], [https://faculty.nipissingu.ca/noel/files/2013/01/Christie_Seigneuries_by_Seigneury.pdf] ; Françoise Noël, *The Upper Richelieu Valley Database : By Name*, [En ligne], [https://faculty.nipissingu.ca/noel/files/2013/01/Christie_Seigneuries_by_Name.pdf].

107. Thomas Wien, « Les conflits sociaux dans une seigneurie canadienne au XVIIe siècle : les moulins de Couillard », dans Gérard Bouchard et Joseph Goy (dir.), *Famille, économie et société rurale en contexte d'urbanisation (XVIIe-XXe siècle)*, Chicoutimi, Centre universitaire SOREP ; Paris, EHESS, 1990, p. 225-236. [N. D. É. Pour une autre étude classique des conflits que peuvent susciter les droits seigneuriaux, voir Alain Laberge, « État, entrepreneurs, habitants et monopole : le "privilège" de la pêche au marsouin dans le Bas-Saint-Laurent 1700-1730 », *RHAF*, vol. 37, n° 4 (mars 1984), p. 543-556 et Alain Laberge, « Espace et culture dans la vallée du Saint-Laurent : la propriété foncière comme voie de promotion sociale chez la paysannerie de la Côte-du-Sud (XVIIe-XVIIIe siècles) », dans Serge Courville et Normand Séguin (dir.), *Espace et culture = Space and Culture*, Sainte-Foy, PUL, 1995, p. 217-220 ; « La gestion de l'eau au Canada sous le régime seigneurial, XVIIe-XIXe siècle », dans Ella Hermon (dir.), *L'eau comme patrimoine : de la Méditerranée à l'Amérique du Nord*, Québec, PUL, 2008, p. 185-192.]

108. Il est peut-être possible de voir l'amorce de cette approche dans Jean-Claude Robert, « Un seigneur entrepreneur, Barthélemy Joliette, et la fondation du village d'industrie (Joliette) 1822-1850 », *RHAF*, vol. XXVI, n° 3 (décembre 1972), p. 375-395.

109. Voir, par exemple, Pauline Desjardins, « La Coutume de Paris et la transmission des terres : le rang de la Beauce à Calixa-Lavallée de 1730 à 1975 », *RHAF*, vol. XXXIV, n° 3 (décembre 1980), p. 331-338 ; Corinne Beutler, « Le rôle du blé à Montréal sous le régime seigneurial », *RHAF*, vol. XXXVI, n° 2 (septembre 1982), p. 241-262.

et a proposé d'analyser l'émergence des centres urbains, même petits, et l'essor de la proto-industrialisation rurale en tant que facteurs de changement socioéconomique[110]. Séduits par cette perspective scientifique, des chercheurs ont emboîté le pas à Courville entre les années 1980 et 1990 en mettant à l'épreuve par différents moyens la validité de cette hypothèse. Dans certains cas, leurs études portaient sur la période britannique et se penchaient sur l'émergence des villages; dans d'autres cas, le cadre temporel était celui de la colonisation française, et elles s'intéressaient aux rapports entre l'agriculture, la création de premiers noyaux urbains et le développement d'autres activités économiques[111].

Christian Dessureault, un des élèves les plus doués de Wallot, a proposé de voir en Courville le pendant de Ouellet. Selon lui, Courville

---

110. Serge Courville, « La crise agricole du Bas-Canada : éléments d'une réflexion géographique », *CGQ*, vol. XXIV, n°ˢ 62 et 63 (deuxième partie) (1980), p. 193-223 et 385-428; Serge Courville, « Contribution à l'étude de l'origine du rang au Québec : la politique spatiale des Cent-Associés », *CGQ*, vol. XXV, n° 65 (1981), p. 197-235; Serge Courville, « Rente déclarée payée sur la censive de 90 arpents au recensement nominatif de 1831 : méthodologie d'une recherche », *CGQ*, vol. XXVII, n° 70 (1983), p. 43-61; Serge Courville, « Espace, territoire et culture en Nouvelle-France : une vision géographique », *RHAF*, vol. XXXVII, n° 3 (décembre 1983), p. 417-429; Serge Courville, « Esquisse du développement villageois au Québec : le cas de l'aire seigneuriale entre 1760 et 1854 », *CGQ*, vol. XXVIII, n°ˢ 73-74 (1984), p. 9-46; Serge Courville, « Villages and Agriculture in the Seigneuries of Lower Canada: Conditions of a Comprehensive Study of Rural Quebec in the First Half of the Nineteenth Century », *Canadian Papers in Rural History*, vol. V (1986), p. 121-149; Serge Courville, « Croissance villageoise et industries rurales dans les seigneuries du Québec, 1815-1851 », dans Lebrun et Séguin (dir.), *Sociétés villageoises*, p. 205-219; Serge Courville, « L'habitant canadien dans la première moitié du xixᵉ siècle : survie ou survivance ? », *RS*, vol. XXVII, n° 2 (1986), p. 177-193; Serge Courville, « Un monde rural en mutation : le Bas-Canada dans la première moitié du xixᵉ siècle », *HS = SH*, vol. XX, n° 40 (1987), p. 237-258; Serge Courville, « Le marché des "subsistances" : l'exemple de la plaine de Montréal au début des années 1830 : une perspective géographique », *RHAF*, vol. XLII, n° 2 (automne 1988), p. 193-239; Serge Courville (dir.), *Paroisses et municipalités de la région de Montréal au xixᵉ siècle (1825-1861)*, Sainte-Foy, PUL, 1988.

111. André LaRose, « Le village de Howick à la fin du régime seigneurial », *Société historique de la vallée de la Châteauguay*, vol. XVIII (1985), p. 45-52; Louis Lavallée, *La Prairie en Nouvelle-France, 1647-1760 : étude d'histoire sociale*, Montréal, MGQUP, 1993.

présentait, à l'instar de Wallot, une vision de la modernisation du Bas-Canada à travers la proto-industrialisation et la création du phénomène urbain, une vision opposée à la thèse de la crise agricole de la première moitié du XIXe siècle, chère à Ouellet et à Hamelin. Affirmant avoir des doutes sur les deux hypothèses, Dessureault a plutôt défendu l'idée d'une alternance entre de lentes phases de modernisation et une crise moins aiguë que le supposait Ouellet[112]. En rétrospective, les nuances apportées par Dessureault apparaissent bien fondées, mais son rapprochement entre les œuvres de Wallot et de Courville a été reçu de manière plus controversée. En effet, Courville a eu une production scientifique beaucoup plus solide que Wallot, et il semble même qu'il s'est efforcé de plusieurs manières de bâtir des analyses historiques sur des terres auparavant défrichées par Ouellet.

Courville systématise son approche dans deux ouvrages. Dans le premier, il analyse la naissance et le développement des villages à l'intérieur des fiefs de la vallée du Saint-Laurent[113]. Ce phénomène lui apparaît comme l'un des plus importants dans l'histoire économique du Québec. Selon lui, la formation d'agglomérations entre 1815 et 1851 renversa la tendance à l'éparpillement du peuplement agricole des XVIe et XVIIe siècles tout en favorisant l'essor de manufactures rurales. Cela lui semble être le fruit d'une révolution démographique, analogue à celle que connut l'Europe, alliée aux initiatives seigneuriales. Pour les propriétaires de fiefs et pour leurs administrateurs, la naissance des villages aurait fait partie d'une stratégie plus vaste d'augmentation de leurs revenus.

Dans son deuxième ouvrage, Courville consacre une centaine de pages à la période coloniale française et à la Conquête et une cinquantaine aux transformations de la première moitié du XIXe siècle[114]. Au sujet des

---

112. Christian Dessureault, «Crise ou modernisation? La société maskoutaine durant le premier tiers du XIXe siècle», *RHAF*, vol. XLII, n° 3 (hiver 1989), p. 359-387; Christian Dessureault, «Industrie et société rurale: le cas de la seigneurie de Saint-Hyacinthe des origines à 1861», *HS = SH*, vol. XXVIII, n° 55 (1995), p. 99-136.
113. Serge Courville, *Entre ville et campagne: l'essor du village dans les seigneuries du Bas-Canada*, Sainte-Foy, PUL, 1990.
114. Serge Courville, *Le Québec: genèses et mutations du territoire: synthèse de géographie historique*, Sainte-Foy, PUL; Paris, L'Harmattan, 2000, p. 73-179 et 183-234. La citation qui suit se trouve à la page 73.

premières, il affirme que la « seigneurie », la « côte » (c'est-à-dire l'ancêtre du rang) et la « coutume (celle de Paris, surtout) [sont] plus qu'une simple juxtaposition de formes ou de règles dont on peut espérer qu'elles contribueront au développement colonial ». L'implantation d'une tête de pont garantie par des fiefs permettait d'avoir la mainmise sur l'espace laurentien, qui devint ainsi un territoire colonial destiné à s'étendre vers l'intérieur du continent. Depuis la période des Cent-Associés, « le modèle qui s'en dégage est net : il correspond à une inféodation par secteurs autour de centres défensifs et commerciaux existants ou projetés, distribués le long d'un axe ressource[115] ». Il y avait donc au centre une « zone dense de concessions, aux extrémités, une inféodation faisant office d'avant-postes frontaliers ». La pression féodale fut faible au départ, mais elle crût avec le temps et, compte tenu du caractère fastidieux de leur travail, il n'est pas dit que le sort des paysans était meilleur dans la colonie que dans la mère patrie[116].

Aux yeux de Courville, la pression seigneuriale avait augmenté de manière décisive après la Conquête et elle avait permis aux détenteurs de fiefs de s'approprier un rôle politique dans les nouvelles institutions. Dans les premières décennies du XIXe siècle, ils avaient tiré profit, entre autres choses, du nouvel élan économique, mais surtout de la fondation de villages et de manufactures ainsi que du développement des infrastructures routières[117]. C'est dans ce contexte que les francophones avaient réussi à conserver, voire dans certains cas à reprendre possession de la moitié des fiefs. Les élites seigneuriales avaient également fait de l'acquisition d'un fief la conclusion naturelle d'une heureuse carrière dans la fonction publique. En somme, le fief n'était plus seulement la

---

115. *Ibid.*, p. 77.
116. *Ibid.*, p. 128.
117. Serge Courville, Jean-Claude Robert et Normand Séguin, « Population et espace rural au Bas-Canada : l'exemple de l'axe laurentien dans la première moitié du XIXe siècle », *RHAF*, vol. XLIV, n° 2 (automne 1990), p. 243-262 ; Serge Courville, Jean-Claude Robert et Normand Séguin, « Le Saint-Laurent, artère de vie : réseau routier et métiers de la navigation au XIXe siècle », *CGQ*, vol. XXXIV, n° 92 (1990), p. 181-196 ; Serge Courville, Jean-Claude Robert et Normand Séguin, « The Spread of Rural Industry in Lower Canada, 1831-1851 », *JCHA = RSHC*, vol. 3, n° 1 (1992), p. 43-70 ; Serge Courville, Jean-Claude Robert et Normand Séguin, *Le pays laurentien au XIXe siècle : les morphologies de base*, Sainte-Foy, PUL, 1995, coll. « Atlas historique du Québec ».

base du succès politique, mais il en était aussi devenu le fruit[118]. De l'avis de Courville, le fief ne pouvait pas être exploité de manière déficitaire, puisqu'il était le couronnement d'un parcours d'enrichissement et servait à renforcer une position familiale. C'est pourquoi il était confié à un prévôt ou à un autre agent, qui cherchait à en augmenter les rendements, pour lui-même comme pour son employeur. C'est par là qu'aurait crû la productivité du fief, dans un mouvement qui aurait aussi augmenté le prélèvement seigneurial, ce qui aurait en conséquence fait réagir les censitaires[119]. Cependant, avant même l'arrivée de tous ces changements, c'est le développement économique du fief qui permit l'essor du capitalisme parce que les seigneurs, qui ne comptaient plus uniquement sur l'exploitation agricole, avaient investi dans des projets industriels, dans la croissance des villages, puis dans la construction d'infrastructures routières.

L'énorme recherche de Courville et de ses plus proches collaborateurs a été accompagnée et soutenue par une gigantesque entreprise éditoriale: l'«Atlas historique du Québec», qui traduisait leurs conclusions en un format visuel[120]. Cet ouvrage a reçu certes quelques critiques, en particulier celle de Robert C. H. Sweeny, qui se déclarait convaincu que les directeurs de l'«Atlas» avaient oublié la réalité «féodale» de la vallée du Saint-Laurent dans la seconde moitié du XIXe siècle, les paysans n'ayant pas réussi à se libérer de l'emprise socioéconomique des seigneurs[121]. En parallèle, presque au même moment, deux hérauts du

---

118. Serge Courville, «Tradition or Modernity? The Canadian Seigneury in the Durham Era: Another Perspective», dans Patricia Galloway (dir.), *Proceedings of the Seventeenth Meeting of the French Colonial Historical Society*, Lanham, UP of America, 1993, p. 44-66.
119. Serge Courville et Normand Séguin, *Le coût du sol au Québec, deux études de géographie historique*, Sainte-Foy, PUL, 1996.
120. À ce sujet, voir Courville, Robert et Séguin, *Le pays laurentien au XIXe siècle*; Claude Boudreau, Serge Courville et Normand Séguin, *Le territoire*, Sainte-Foy, Les Archives nationales du Québec-PUL, 1997.
121. Robert C. H. Sweeny, «Recenser la modernité: compte rendu de Courville, Robert, et Séguin, *Le pays laurentien au XIXe siècle*», *CGQ*, vol. XLI, n° 114 (1997), p. 423-429. Voir la réplique de Courville, Robert et Séguin, «Réplique», *CGQ*, vol. XLI, n° 114 (1997), p. 431-440. [N. D. É. Voir également le «Commentaire final» de Sweeny, *CGQ*, vol. XLI, n° 114 (1997), p. 441-442.] [N. D. É. Les atlas historiques parus peuvent être consultés sur atlas.cieq.ca.]

courant néomarxiste, Gérald Bernier et Daniel Salée, ont rejeté l'idée de la possible imbrication du « féodalisme » et du « capitalisme » en accusant Ouellet et Courville d'avoir inventé l'idée de la diffusion du capitalisme dans le monde féodal. Pour soutenir leurs propos, Bernier et Salée ont insisté sur le phénomène de la rétribution du travail dans le féodalisme d'après la Conquête, tout en niant que cela pût avoir eu cours sous le « régime seigneurial » français et en refusant l'idée que les souverains eussent pu chercher à défendre les censitaires[122]. Salée a pourtant écrit, dans un essai rédigé seul, qu'il n'était pas possible de considérer le XIXe siècle comme un siècle pleinement capitaliste et qu'il fallait tenir compte du rôle et de la longue durée du féodalisme à l'échelle locale[123].

En dépit de ses critiques et de ses réticences, Sweeny a reconnu que l'étalon des recherches devait désormais être constitué des travaux de Courville et de ses collaborateurs et non de ceux d'un modeste groupe néomarxiste. En effet, le projet de l'« Atlas », parrainé par le Centre interuniversitaire d'études québécoises (CIEQ), fondé en 1993 pour en coordonner la recherche et la publication, était innovateur au point de vue de la représentation visuelle de la géographie historique comme de l'histoire *tout court* parce qu'il suscitait de nouvelles interrogations sur la manière dont les historiens pouvaient rendre compte des phénomènes qu'ils étudiaient[124]. Au sujet du XIXe siècle, par exemple, Courville s'est demandé de quelle manière on pouvait comparer deux espaces administratifs distincts tels que les fiefs et les cantons, ainsi que deux milieux différents comme la campagne et la ville[125]. Sa réflexion a pris la forme d'une proposition cartographique originale, qui est néanmoins parvenue à tenir compte de

---

122. Gérald Bernier et Daniel Salée, *The Shaping of Québec Politics and Society: Colonialism, Power, and the Transition to Capitalism in the 19th Century*, Washington, Crane Russak, 1992, chapitre II. La version française, *Entre l'ordre et la liberté : colonialisme, pouvoir et transition vers le capitalisme dans le Québec du XIXe siècle* (Montréal, Éditions du Boréal, 1995), a fait l'objet d'une recension très critique de Christian Dessureault, dans *RHAF*, vol. IL, n° 4 (printemps 1996), p. 567-569.
123. Daniel Salée, « Seigneurial Landownership and the Transition to Capitalism in Nineteenth-Century Quebec », *Québec Studies*, vol. 12, n° 1 (1991), p. 21-32.
124. Sur les activités du CIEQ, consulter [En ligne], [https://www.cieq.ca/].
125. Serge Courville, « Tradition et modernité : leurs significations spatiales », *RS*, vol. XXXIV, n° 2 (1993), p. 211-231.

toute la tradition antérieure: le projet de l'*Atlas* est donc devenu simultanément un laboratoire cartographique et un laboratoire historiographique[126]. Il offrait en ce sens les moyens de réfuter toute une série de données traditionnellement acceptées et incitait à retourner aux documents[127]. L'exhortation à retourner aux documents avait d'ailleurs déjà été lancée par quelques historiens de l'Université Laval et, en particulier, par ceux du groupe réuni autour de Jacques Mathieu et d'Alain Laberge pour étudier les « aveux et dénombrements » et les « papiers-terriers[128] ».

Les résultats scientifiques de ce groupe de l'Université Laval sont entrés dans les manuels scolaires au courant des années 1990. Au tout début de la décennie, Jacques Mathieu a soutenu que l'occupation de la terre en Nouvelle-France était inspirée du système féodal et que cela contribuait à la gestion de l'espace soit par l'occupation du sol, y compris

---

126. Un tel effort est déjà évident dans Serge Courville, Serge Labrecque et Jacques Fortin, *Seigneurs et fiefs du Québec: nomenclature et cartographie*, Québec, CELAT, 1988, en particulier dans la première partie, qui a eu une énorme influence sur les opérations analogues. Voir, par exemple, Jean Roy et Daniel Robert, *Le diocèse de Nicolet: populations et territoires 1851-1991*, Trois-Rivières, Centre interuniversitaire d'études québécoises, 1993, dans lequel les confins seigneuriaux et cantonaux ont aussi été cartographiés.
127. Serge Courville, « Représentation du territoire et vécu territorial du Québec : quelques exemples », dans Marie-Andrée Beaudet (dir.), *Échanges culturels entre les* Deux solitudes, Sainte-Foy, PUL, 1999, p. 3-17. Voir aussi ses réflexions dans *Introduction à la géographie historique*, Sainte-Foy, PUL, 1995.
128. Jacques Mathieu et Alain Laberge, « La diversité des aménagements fonciers dans la vallée du Saint-Laurent au XVIIIe siècle », *HP = CH*, vol. 24, n° 1 (1989), p. 146-166 ; Jacques Mathieu *et al.*, « Les aveux et dénombrements du Régime français (1723-1745) », *RHAF*, vol. XLII, n° 4 (printemps 1989), p. 545-562 ; Alain Laberge, « Seigneur, censitaires et paysage rural : le papier-terrier de la seigneurie de la Rivière-Ouelle de 1771 », *RHAF*, vol. XLIV, n° 4 (printemps 1991), p. 567-587 ; Jacques Mathieu et Alain Laberge (dir.), *L'occupation des terres dans la vallée du Saint-Laurent: les aveux et dénombrements 1723-1745*, Sillery, Éditions du Septentrion, 1991. [N. D. É. Emmy Bois amorçait, à l'automne 2019, sous la direction d'Alain Laberge, un travail de maîtrise qui vise à « établir le portrait et la temporalité de cette pratique de gestion seigneuriale » qu'est la confection d'un papier terrier (Emmy Bois, « Les papiers terriers laurentiens : le portrait d'une pratique de gestion seigneuriale, 1632-1854 », *RHUS*, vol. 12, n° 1 (2021), [En ligne], [https://rhus.historiamati.ca/volume12/les-papiers-terriers-laurentiens-le-portrait-dune-pratique-de-gestion-seigneuriale-1632-1854/] (6 octobre 2021)).]

l'avancement de la frontière colonisatrice, soit par l'immigration[129]. Mis à part quelques problèmes terminologiques (que veut dire « inspirée » si cela ne désigne pas la reproduction en Nouvelle-France du mode traditionnel de répartition et de possession de la terre?), Mathieu offrait une perspective qui permettait d'intégrer divers thèmes auparavant considérés comme opposés, tels que le repoussement de la frontière *et* par l'exploitation de la chasse et du commerce des fourrures *et* par l'institution d'un système féodal[130]. Il insistait néanmoins sur l'aspect pionnier de l'expérience coloniale de la Nouvelle-France : la France y transplanta certes ses institutions économiques, politiques et sociales, mais la Nouvelle-France fut tout de même une société originale, et non une copie conforme de la mère patrie.

La question de la divergence de la Nouvelle-France par rapport au modèle français est (re)devenue le thème dominant des années suivantes, du moins pour les spécialistes[131], sauf que, cette fois, le problème portait moins sur le caractère féodal et d'Ancien Régime imposé par la mère patrie que sur la capacité qu'avait la société de la Nouvelle-France d'évoluer en suivant son propre chemin, à l'instar d'autres sociétés pionnières. Gérard Bouchard, un historien disposant d'une grande notoriété, formé en France aux méthodes quantitatives, qui est aussi le frère de Lucien Bouchard, fondateur du Bloc québécois et premier ministre souverainiste du Québec de 1996 à 2001, a abordé ce thème à plusieurs reprises[132].

---

129. Jacques Mathieu, *La Nouvelle-France : les Français en Amérique du Nord XVIe-XVIIIe siècle*, Paris, Belin ; Sainte-Foy, PUL, 1991, p. 54-79.
130. *Ibid.*, p. 82-88.
131. En dehors des cercles des historiens et des géographes, l'appréhension du phénomène seigneurial est demeurée assez superficielle si l'on considère les réflexions particulièrement sommaires d'un érudit et penseur renommé comme Fernand Dumont dans *Genèse de la société québécoise*, Montréal, Éditions du Boréal, 1993, p. 107-108.
132. Gérard Bouchard, *Le village immobile : Sennely-en-Sologne au XVIIIe siècle*, Paris, Plon, 1971. Sur son nationalisme, voir *La pensée impuissante : échecs et mythes nationaux canadiens-français, 1850-1960*, Montréal, Éditions du Boréal, 2004, et la recension de Jean-Philippe Warren, dans *Mens : revue d'histoire intellectuelle de l'Amérique française*, vol. VI, n° 1 (2005), p. 95-103. Consulter aussi Ramsay Cook, « Le chanoine Lionel Groulx : un "agent double" ? », *Mens : revue d'histoire intellectuelle de l'Amérique française*, vol. IV, n° 2 (2004), p. 309-319, à propos du livre de Bouchard sur Groulx, dont il sera question plus loin, sans oublier le compte rendu de Damien-Claude Bélanger, « Une démarche stérile »,

Après avoir dédié vingt ans à l'étude du front pionnier dans la région du Saguenay[133], il a théorisé la « nouveauté » de la société québécoise et, par extension, de la société canadienne en les apparentant aux sociétés étatsunienne et australienne[134]. Son idée a été la cible de féroces critiques[135], mais elle s'est imposée parce qu'elle faisait écho à une nouvelle mythologie que l'on pourrait définir comme « nord-américaine[136] ».

Pour mieux dominer le champ historiographique, les nouveaux maîtres du jeu ont eu tendance à analyser sévèrement leurs propres prédécesseurs. Mathieu a terminé, par exemple, sa synthèse par un paragraphe sur la Nouvelle-France mythifiée et a consacré un autre ouvrage à la construction culturelle de la mémoire dans sa province[137] ; tandis que Bouchard,

---

RS, vol. 47, n° 2 (2006), p. 341-345. Sur Lucien Bouchard, voir son autobiographie *À visage découvert*, Montréal, Éditions du Boréal, [1992] 2001, ainsi que le livre polémique de Lawrence Martin, *Antagonist: A Biography of Lucien Bouchard*, Toronto, Viking Canada, 1997. Voir enfin André-Philippe Côté et Michel David, *Les années Bouchard*, Sillery, Éditions du Septentrion, 2001.

133. Gérard Bouchard, *Quelques arpents d'Amérique : population, économie, famille au Saguenay 1838-1971*, Montréal, Éditions du Boréal, 1996.

134. Gérard Bouchard, *Entre l'Ancien et le Nouveau Monde : le Québec comme population neuve et culture fondatrice*, Ottawa, PUO, 1995 ; Gérard Bouchard, « Le Québec et le Canada comme collectivités neuves : esquisse d'étude comparée », *RS*, vol. XXXIX, n°ˢ 2-3 (1998), p. 219-248 ; Gérard Bouchard, *Genèse des nations et cultures du Nouveau Monde : essai d'histoire comparée*, Montréal, Éditions du Boréal, 2000. Voir aussi le livre d'entretiens de Bouchard et de Michel Lacombe, *Dialogue sur les pays neufs*, Montréal, Éditions du Boréal, 1999 et le recueil d'essais *La nation dans tous ses états : le Québec en comparaison*, dirigé par Yvan Lamonde et Gérard Bouchard, Paris, L'Harmattan, 1996.

135. Jocelyn Létourneau, *Passer à l'avenir : histoire, mémoire, identité dans le Québec d'aujourd'hui*, Montréal, Éditions du Boréal, 2000 ; Éric Bédard, « Genèse des nations et cultures du Nouveau Monde : le *magnum opus* de l'historiographie moderniste », *BHP*, vol. 9, n° 2 (2001), p. 160-173 ; Damien-Claude Bélanger, « Les historiens révisionnistes et le rejet de la "canadianité" du Québec : réflexions en marge de la *Genèse des nations et cultures du Nouveau Monde* de Gérard Bouchard », *Mens : revue d'histoire intellectuelle de l'Amérique française*, vol. II, n° 1 (2001), p. 105-112.

136. Sur ce modèle idéologico-historiographique et la réécriture du passé, voir Martin Pâquet (dir.), *Faute et réparation au Canada et au Québec contemporains : études historiques*, Québec, Éditions Nota bene, 2006.

137. Jacques Mathieu (dir.), *Étude de la construction de la mémoire collective des Québécois au XXᵉ siècle : approches multidisciplinaires*, Québec, CELAT, 1986 ; Jacques Mathieu et Jacques Lacoursière (dir.), *Les mémoires québécoises*,

après avoir sévèrement critiqué les tendances conservatrices et « anti-américaine[s] » (c'est-à-dire anti-états-uniennes) de l'historiographie québécoise traditionnelle, s'est attaqué, pour sa part, directement à Lionel Groulx, la grande icône de la littérature historique canadienne-française, en réexaminant tous les mythes portés par l'imaginaire québécois[138]. Mathieu et Bouchard ont également souligné qu'il n'était pas possible de dissocier l'évolution de la vallée du Saint-Laurent (de la Nouvelle-France

---

Sainte-Foy, PUL, 1991; Jacques Mathieu (dir.), *Les dynamismes de la recherche au Québec*, Sainte-Foy, PUL, 1991; Jacques Mathieu (dir.), *La mémoire dans la culture*, Sainte-Foy, PUL, 1995; Jacques Mathieu (dir.), *Expressions de mémoire*, Sainte-Foy, PUL, 1995.

138. Gérard Bouchard, « L'historiographie du Québec rural et la problématique nord-américaine avant la Révolution tranquille: étude d'un refus », *RHAF*, vol. XLIV, n° 2 (automne 1990), p. 199-222; Gérard Bouchard, « Sur les mutations de l'historiographie québécoise: les chemins de la maturité », dans Fernand Dumont (dir.), *La société québécoise après 30 ans de changements*, Québec, IQRC, 1990, p. 253-272; Gérard Bouchard, « Une nation, deux cultures: continuités et ruptures dans la pensée québécoise traditionnelle (1840-1960) », dans Gérard Bouchard et Serge Courville (dir.), *La construction d'une culture: le Québec et l'Amérique française*, Sainte-Foy, PUL, 1993, p. 3-47; Gérard Bouchard, *Les deux chanoines: contradiction et ambivalence dans la pensée de Lionel Groulx*, Montréal, Éditions du Boréal, 2003; Gérard Bouchard, « Une crise de la conscience historique: anciens et nouveaux mythes fondateurs dans l'imaginaire québécois », dans Stéphane Kelly (dir.), *Les idées mènent le Québec*, Québec, PUL, 2003, p. 29-51; Gérard Bouchard, « L'imaginaire de la Grande noirceur et de la Révolution tranquille: fictions identitaires et jeux de mémoire au Québec », *RS*, vol. XLVI, n° 3 (septembre-décembre 2005), p. 411-436; Gérard Bouchard, « Un moment phare du passé québécois: le rêve patriote », dans Jean-Philippe Warren (dir.), *Mémoires d'un avenir: dix utopies qui ont forgé le Québec*, Québec, Éditions Nota bene, 2005, p. 39-51. Il y a eu, en même temps que la contribution de Bouchard sur Groulx, un regain d'intérêt pour ce dernier. Voir à ce sujet Frédéric Boily, *La pensée nationaliste de Lionel Groulx*, Sillery, Éditions du Septentrion, 2003; Marie-Pier Luneau, *Lionel Groulx: le mythe du berger*, Montréal, Leméac Éditeur, 2003; Michel Bock, *Quand la nation débordait les frontières: les minorités françaises dans la pensée de Lionel Groulx*, Montréal, Hurtubise HMH, 2004; Robert Boily (dir.), *Un héritage controversé: nouvelles lectures de Lionel Groulx*, Montréal, VLB éditeur, 2005. Voir aussi Pierre Trépanier, « Le renard ayant la queue coupée ou la luxuriance des études groulxiennes (1999-2003) », *Mens: revue d'histoire intellectuelle de l'Amérique française*, vol. IV, n° 2 (2004), p. 273-307; Frédéric Boily, « Le fascisme de Lionel Groulx selon Gérard Bouchard », *BHP*, vol. 14, n° 2 (2006), p. 147-164.

au Québec d'aujourd'hui) de ce qui arriva et de ce qui arrive au sud de la frontière avec les États-Unis. Dans les années 1990, d'importantes études ont montré que la population francophone croissant le long des rives du Saint-Laurent avait ses racines lointaines dans l'Europe d'Ancien Régime, mais qu'elle se serait développée de manière originale, comme les États-Unis et par le contact avec ces derniers[139]. Les nouveaux « maîtres du jeu » considéraient que cette perspective révélait la « normalité » (c'est-à-dire la nord-américanité ?) de la société québécoise et de son histoire[140].

Bouchard s'est assez peu intéressé au système féodal à proprement parler. Cependant, dans son ouvrage majeur comme dans certains articles qui le précédaient, il a accordé une grande attention aux mécanismes de la propriété paysanne et de sa transmission, un thème autour duquel il a réuni plusieurs chercheurs[141]. Bouchard défend l'idée que le régime

---

139. Yvan Lamonde, *Territoires de la culture québécoise*, Sainte-Foy, PUL, 1991, chap. X ; Yvan Lamonde, *Ni sans eux, ni contre eux : le Québec et les États-Unis*, Montréal, Nuit blanche éditeur, 1996 ; Bouchard et Lamonde (dir.), *Québécois et Américains : la culture québécoise aux XIXe et XXe siècles* ; Florian Sauvageau (dir.), *Variations sur l'influence culturelle américaine*, Sainte-Foy, PUL, 1999 ; Donald Cuccioletta (dir.), *L'américanité et les Amériques*, Québec, IQRC, 2001 ; Joseph Yvon Thériault, *Critique de l'américanité : mémoire et démocratie au Québec*, Montréal, Québec Amérique, 2002 ; Gérard Bouchard, « L'américanité : un débat mal engagé », *Argument*, vol. 4, n° 2 (2002), p. 159-180.

140. Une telle position a été présentée dans les années 1990 par l'historien anglophone (mais résident du Québec) Ronald Rudin (« Revisionnism and the Search for a Normal Society: A Critique of Recent Quebec Historical Writing », *CHR*, vol. LXXIII, n° 1 (1992), p. 30-61 ; Ronald Rudin, *Making History in Twentieth Century Quebec*, Toronto, UTP, 1997), qui a provoqué une violente réaction de ses collègues de langue française (Collectif, « Y a-t-il une nouvelle historiographie du Québec ? », *BHP*, vol. IV, n° 2 (1995), p. 3-74).

141. Voir les contributeurs à Rolande Bonnain, Gérard Bouchard et Joseph Goy (dir.), *Transmettre, hériter, succéder : la reproduction familiale en milieu rural, France-Québec, XVIIIe-XIXe siècles*, Lyon, Presses universitaires de Lyon, 1992 ; Gérard Bouchard, John A. Dickinson et Joseph Goy (dir.), *Les exclus de la terre en France et au Québec, XVIIe-XXe siècles : la reproduction familiale dans la différence*, Sillery, Éditions du Septentrion, 1998 ; Gérard Bouchard, Joseph Goy et Anne-Lise Head-König (dir.), *Nécessités économiques et pratiques juridiques : problèmes de la transmission des exploitations agricoles (XVIIIe-XXe siècles)*, *Mélanges de l'École française de Rome. Italie et Méditerranée*, vol. 110, n° 1 (1998) ; voir aussi Gérard Bouchard, « Sur les structures et les stratégies de l'alliance dans le Québec rural (XVIIe-XXe siècle) : plaidoyer pour un champ de recherche », *RHAF*, vol. XLVII, n° 3 (hiver 1994), p. 349-375, et Sylvie Dépatie, « La

foncier colonial suivait « un modèle nord-américain », c'est-à-dire un système égalitaire « d'exploitants-propriétaires » : en dépit de la propriété « théorique » du seigneur, les censitaires agissaient de manière autonome, même s'ils devaient payer cens et rentes, lods et ventes et droits banaux[142]. À l'intérieur d'un tel système, les paysans n'auraient pas été liés à la terre, mais auraient eu, en bons pionniers, une forte tendance à la mobilité, ce qui expliquerait les migrations vers l'est et le Saguenay ainsi que vers l'ouest et les États-Unis[143].

En dépit de ce que pouvait laisser croire la forte résistance de Fernand Ouellet qui, après avoir dénoncé l'évolution tordue de l'historiographie québécoise, s'est enfermé dans l'étude des raisons pour lesquelles les paysans francophones avaient quitté leur province[144], la perspective développée par Bouchard entrait surtout en opposition avec celle de Courville. Ce dernier a non seulement mis en lumière que l'on ne devait jamais perdre de vue la documentation, mais il a aussi souligné que la polarisation

---

transmission du patrimoine dans les terroirs en expansion : un exemple canadien au XVIIIe siècle », *RHAF*, vol. XLIV, n° 2 (automne 1990), p. 171-198 ; Sylvie Dépatie, « La transmission du patrimoine au Canada (XVIIe-XVIIIe siècle) : qui sont les défavorisés ? », *RHAF*, vol. LIV, n° 4 (printemps 2001), p. 557-570.

142. Bouchard, *Quelques arpents d'Amérique*, chapitre XV, en particulier aux p. 330-341. Sur le problème de la reproduction familiale et de la transmission des avoirs paysans, voir Gérard Bouchard, « Le système de transmission des avoirs familiaux et le cycle de la société rurale au Québec, du XVIIe au XXe siècle », *HS = SH*, vol. 16, n° 31 (1983), p. 35-60 ; Gérard Bouchard, « Sur la reproduction familiale en milieu rural : systèmes ouverts et systèmes clos », *RS*, vol. XXVIII, n°s 2-3 (1987), p. 229-251 ; Gérard Bouchard, « La reproduction familiale en terroirs neufs : comparaison sur des données québécoises et françaises », *Annales ESC*, vol. XLVIII, n° 2 (1993), p. 421-451 ; Gérard Bouchard, « Family Reproduction in New Rural Areas : Outline of a North American Model », *CHR*, vol. LXXV, n° 4 (1994), p. 475-510.

143. Cet historien est depuis longtemps attentif au phénomène migratoire (Gérard Bouchard, « L'histoire démographique et le problème des migrations : l'exemple de Laterrière », *HS = SH*, vol. 8, n° 15 (1975), p. 21-33 ; Gérard Bouchard, « Mobile Populations, Stable Communities : Social and Demographic Processes in the Rural Parishes of the Saguenay, 1840-1911 », *Continuity and Change*, vol. VI, n° 1 (1991), p. 59-86).

144. Fernand Ouellet, *Economy, Class & Nation in Quebec : Interpretative Essays*, Toronto, Copp Clark Pitman, 1991 ; Fernand Ouellet, *L'Ontario français dans le Canada français avant 1911 : contribution à l'histoire sociale*, Sudbury, Éditions Prise de parole, 2005.

France/Amérique, Ancien Régime / société nouvelle (et Nouveau Monde) faisait l'impasse sur des éléments fondamentaux. Comme Courville l'a montré dans ses derniers ouvrages, l'un de ces éléments fondamentaux était le rôle de la colonisation britannique parce que c'est en tant que rameau de l'Empire et grâce à la propagande impériale que le Québec fut peuplé au cours du XIXe siècle. Le recul de la frontière intérieure n'aurait donc pas été le résultat du labeur des seuls Québécois, mais aussi de celui de nouveaux immigrants, tous influencés par un idéal «britannique[145]». Pour Courville, oublier cette réalité revenait à surévaluer l'aspect «américain» du Québec et incitait au passage à taire les éléments «*British*» qui avaient pénétré les campagnes laurentiennes[146]. C'est cette occultation qui a permis de développer l'image d'Épinal d'un monde rural exclusivement catholique et francophone, séparé de ce qui arrivait dans le reste de l'Empire ou même opposé à celui-ci.

À la fin du XXe siècle, le débat sur la question féodale perd la vigueur de son élan initial. Ce n'est pas que ce phénomène historique ne soit plus étudié, puisqu'il reste au centre de nombreuses monographies locales et de biographies de seigneurs[147], mais plutôt que les auteurs de ces ouvrages ne voient l'élément seigneurial que comme une caractéristique relativement peu importante du territoire ou du personnage qu'ils

---

145. Serge Courville, *Rêves d'empire: le Québec et le rêve colonial*, Ottawa, PUO, 2000; Serge Courville, *Immigration, colonisation et propagande: du rêve américain au rêve colonial*, Sainte-Foy, Éditions MultiMondes, 2002.
146. Serge Courville, «Histoire mythique et paysage symbolique: la campagne laurentienne au XIXe siècle», *BJCS*, vol. XII (1997), p. 9-23.
147. Pour les monographies locales, voir Jean Des Gagniers, *Charlevoix, pays enchanté*, Sainte-Foy, PUL, 1994, chapitre III; Édouard Doucet, «Les seigneurs de Belœil», *Les Cahiers d'histoire de la Société d'histoire de Belœil – Mont-Saint-Hilaire*, n° 46 (1995), p. 3-16; Jean-Paul-Médéric Tremblay, *Être seigneur aux Éboulements*, Charlevoix, Société d'histoire de Charlevoix, 1996; *Dictionnaire encyclopédique de la seigneurie de Chambly, 1609-1950*, Société d'histoire de la seigneurie de Chambly, Chambly, 2001. Pour les biographies, voir Yvan Lamonde, *Louis-Antoine Dessaulles, 1818-1895: un seigneur libéral et anticlérical*, Montréal, Éditions Fides, 1994; Jean-Paul Morel de La Durantaye, *Olivier Morel de La Durantaye, officier et seigneur en Nouvelle-France*, Sillery, Éditions du Septentrion, 1997; Jean-Paul Morel de La Durantaye, *Louis-Joseph Morel de La Durantaye, seigneur de Kamouraska*, Sillery, Éditions du Septentrion, 1999; Martin Fournier, *Jean Mauvide: de chirurgien à seigneur de l'île d'Orléans*, Sillery, Éditions du Septentrion, 2004.

étudient. Dans cet ordre d'idées, les recherches locales étoffées, comme celle de Louis Lavallée sur La Prairie, ont insisté sur le fait que le système canadien était une pâle copie de celui de la France et ont concentré leur attention sur le monde des censitaires[148]. L'objectif est devenu celui de comprendre la stratification du monde paysan et l'émergence d'une élite en son sein, selon des mécanismes aussi connus en France[149]. Seules les synthèses d'histoire des idées politiques ont décrit le débat sur l'abolition du féodalisme comme un moment important des évolutions locales[150]. Dans ce contexte, il n'est pas surprenant que certains ouvrages de vulgarisation se limitent à dire que le « régime seigneurial » était un système simple et efficace, qui plaisait aux Français comme aux Britanniques[151].

148. Lavallée, *La Prairie en Nouvelle-France*.
149. Micheline Baulant, Christian Dessureault et John A. Dickinson, « Niveau de vie comparé des paysans briards et québécois, 1700-1804 », dans Bonnain, Bouchard et Goy (dir.), *Transmettre, hériter, succéder*, p. 168-174 ; Christian Dessureault et John A. Dickinson, « Farm Implements and Husbandry in Colonial Quebec, 1740-1840 », dans Peter Benes (dir.), *New England/New France, 1600-1850*, Boston, Boston UP, 1992, p. 110-121 ; John A. Dickinson, Christian Dessureault et Thomas Wien, « Living Standard of Norman and Canadian Peasants 1690-1835 », dans Anton J. Schuurman et Lorena S. Walsh (dir.), *Material Culture: Consumption, Life Style, Standard of Living (1500-1900)*, Milan, Eleventh International Economic Congress, Università Bocconi, 1994, p. 95-112 ; Christian Dessureault et Christine Hudon, « Conflits sociaux et élites locales au Bas-Canada : le clergé, les notables, la paysannerie et la fabrique », *CHR*, vol. LXXX, n° 3 (1999), p. 413-439 ; Christian Dessureault, « Parenté et stratification sociale dans une paroisse rurale de la vallée du Saint-Laurent au milieu du XIXe siècle », *RHAF*, vol. LIV, n° 3 (hiver 2001), p. 411-447 ; Valérie D'Amour et Évelyne Cossette, « Le bétail et l'activité économique en Nouvelle-France : la vente et la location », *RHAF*, vol. LVI, n° 2 (automne 2002), p. 217-233.
150. Lamonde, *Louis-Antoine Dessaulles* ; Yvan Lamonde, *Histoire sociale des idées au Québec 1760-1896*, Montréal, Éditions Fides, 2000, *passim*.
151. Françoise Têtu de Labsade, *Le Québec : un pays, une culture*, Montréal, Éditions du Boréal ; Paris, Seuil, 1990, p. 56-58.

Chapitre 3

Le débat historiographique dans le Canada anglais[1]

L'historiographie anglo-canadienne relative au problème du féodalisme laurentien peut être subdivisée en deux périodes dont la charnière est la parution de l'ouvrage de William Bennett Munro (1907), qui a été le premier historien à véritablement s'intéresser à cet objet de recherche. La première période, qui correspond *grosso modo* au XIXe siècle, est caractérisée par la faible attention que l'on porta à l'évolution du système féodal canadien. Pendant la première moitié du XIXe siècle, le débat pour l'abolition du « régime seigneurial » ne semble pas avoir eu d'écho dans l'historiographie anglo-canadienne, qui s'en désintéressa presque complètement[2]. Seul William Smith présenta un tableau complet du féodalisme en 1815, sa description anticipant en fait celle qu'en firent par la suite les historiens canadiens-français : les seigneurs de la Nouvelle-France étaient pauvres et étroitement surveillés par la monarchie française, tandis que les censitaires étaient « *the real land holders*[3] ».

Ce n'est qu'en 1850 que Robert Christie revint sur la question. Christie expliqua, dans des termes analogues à ceux de Garneau, que le but véritable de l'institution féodale en Nouvelle-France était la promotion de l'immigration et le développement de la colonie[4]. Dans les décennies suivantes, les historiens anglo-canadiens approfondirent cette thèse à la lumière des analyses de Garneau, de Rameau de Saint-Père et de Sulte.

---

1. N. D. É. À noter que l'analyse aborde également des auteurs américains.
2. Voir, par exemple, George Heriot, *The History of Canada*, Londres, Longman, 1804.
3. William Smith, *History of Canada*, t. II, Québec, John Neilson, 1815, p. 190.
4. Robert Christie, *A History of the Late Province of Lower Canada, III*, Québec, Cary and Co., 1850, p. 49.

Leurs pages n'étaient toutefois pas des copies serviles de l'historiographie canadienne-française puisqu'ils lisaient celle-ci à la lumière de l'interprétation qu'en fit l'historien états-unien Francis Parkman[5]. Celui-ci faisait remonter l'histoire du « régime seigneurial » jusqu'à ses origines féodales, mais il soulignait qu'il avait été modifié par le passage du temps et par l'intervention royale[6]. Pour Parkman, au Canada, le « régime seigneurial » avait été introduit par Richelieu « *to supply agencies for distributing land among the settlers* » et pour créer dans la colonie « *a faint and harmless reflection of French aristocracy*[7] ». L'historien états-unien ajoutait que ces décennies étaient précisément celles où la monarchie cherchait à réduire le pouvoir de l'aristocratie française[8], et que les seigneurs canadiens avaient été sous l'étroite surveillance des fonctionnaires royaux afin qu'ils n'usurpassent aucun pouvoir. Ils auraient en conséquence été presque aussi pauvres que leurs censitaires[9], et c'est pourquoi les seigneurs auraient toujours été à la recherche de deniers et prompts à s'embarquer dans n'importe quelle aventure[10].

---

5. Au sujet de l'influence de Parkman sur l'historiographie anglo-canadienne au tournant des XIXe et XXe siècles, voir George M. Wrong, « Francis Parkman », *CHR*, vol. IV, n° 4 (1923), p. 289-303. Pour une critique de cette influence, voir William J. Eccles, « The History of New France According to Francis Parkman », *William and Mary Quarterly*, vol. 18, n° 2 (1961), p. 163-175. Sur les rapports entre Parkman et les historiens français et canadiens-français, voir Wilbur R. Jacobs (dir.), *Letters of Francis Parkman*, Norman, University of Oklahoma Press, 1960 ; Henri-Raymond Casgrain, *Francis Parkman*, Québec, Darveau, 1872 ; John Spencer Bassett, « Letters of Francis Parkman to Pierre Margry », *Smith College Studies in History*, vol. VIII, n°s 3-4 (avril-juillet 1923), p. 123-208 ; Louis-Philippe Cormier, *Lettres de Margry à Parkman 1872-1892*, Ottawa, ÉUO, 1977.
6. Francis Parkman, *The Old Regime in Canada*, Toronto, G. N. Morang, 1901, p. 293.
7. *Ibid.*, p. 294.
8. *Ibid.*, p. 295.
9. *Ibid.*, p. 312.
10. Ici, l'analyse historique servait en fait de prémisse à l'une des pages les plus romantiques de Parkman sur les seigneurs aventuriers (*Ibid.*, p. 311), qui trouva une suite dans quelques romans canadiens (Johnston Abbott, *The Seigneurs of La Saulaye: Gentlemen Adventurers of New France Two Centuries Ago*, Toronto, MacMillan, 1928) et dans les ouvrages de vulgarisation du siècle suivant (Thomas B. Costain, *The White and the Gold: The French Regime in Canada*, Toronto, Doubleday, 1954, p. 374). Sur les prémisses romantiques de l'interprétation

L'idée d'une différence entre le féodalisme médiéval et le « régime seigneurial » de la Nouvelle-France faisait consensus et se retrouva dans toutes les histoires du Canada d'auteurs anglo-canadiens pendant le XIXe siècle[11], ce qui incita même certains auteurs à entreprendre quelques tentatives de définition théorique du féodalisme médiéval pour mieux le distinguer de son dérivé canadien[12]. Toutefois, tous les historiens n'acceptaient pas la thèse de la pauvreté des seigneurs[13]. William Kingsford signala, par exemple, que les revenus de l'aristocratie n'étaient guère modestes, même quand l'intendant cherchait à mettre un frein à la cupidité des seigneurs[14]. La spéculation commerciale et l'exploitation des paysans après la Conquête n'étaient pour ces historiens que le prolongement dans le temps des « *abuses which had arisen under French rule*[15] ». Du reste, « *the tenure was introduced with the design of creating a population check by controlling influence of a superior class* », et les seigneurs ne pouvaient pas, par conséquent, être sans

---

de Parkman, voir Mason Wade, *Francis Parkman Heroic Historian*, New York, Archon Books, [1942] 1972; Otis A. Pease, *Parkman's History: The Historian as Literary Artist*, New Haven, Yale University Press, 1953; William R. Taylor, « A Journey into Human Mind: Motivation in Francis Parkman's *La Salle* », *William and Mary Quarterly*, vol. 19, n° 2 (1962), p. 220-237; Francis Parkman, *Scritti scelti*, édité par Luca Codignola, Bari, Adriatica, 1976; Francis Jennings, « Francis Parkman: A Brahmin among Untouchables », *William and Mary Quarterly*, vol. 42, n° 3 (1985), p. 305-328; William J. Eccles, « Parkman, Francis », in *DBC*, vol. XII, p. 823-827; Simon Schama, *Dead Certainties: Unwarranted Speculations*, New York, Vintage, 1991; Mark Peterson, « How (and Why) to Read Francis Parkman », *Common-Place*, vol. 3, n° 1 (2002), [En ligne], [http://commonplace.online/article/read-francis-parkman/] (29 septembre 2021); Luca Codignola, « Francis Parkman's Roman Experience (1844) », *Quaderni d'italianistica*, vol. XXVI, n° 1 (2005), p. 77-100.

11. Andrew Archer, *A History of Canada*, Londres, Nelson, 1875, p. 112-113; William H. Withrow, *A History of Canada*, Toronto, Copp, Clark and Coompany, 1876, p. 49 et 120.
12. J. Frith Jeffers, *History of Canada*, Toronto, Canadian Publishing, 1894, p. 144-145.
13. *Ibid.*, p. 45. Voir aussi Charles Roger, *The Rise of Canada, from Barbarism to Wealth and Civilisation I*, Québec, Sinclair, 1856, p. 315.
14. William Kingsford, *History of Canada*, vol. VII, New York, AMJ, [1884] 1962, p. 302-303.
15. *Ibid.*, p. 304.

pouvoir[16]. Au tournant du XXe siècle, Charles G. D. Roberts est arrivé à une conclusion identique[17], mais Wrong et Colby ont soutenu l'idée qu'il n'y avait pas, en Nouvelle-France, d'exploitation des censitaires[18]. Il ne faut pas oublier que les historiens anglo-canadiens ont eux aussi été influencés par l'œuvre célèbre de Philippe Aubert de Gaspé, qui a connu deux versions anglaises, l'une d'entre elles ayant d'ailleurs été traduite par Roberts[19].

Dans les mêmes années, William Bennett Munro, un chercheur canadien ayant obtenu son doctorat aux États-Unis et s'étant établi là-bas, a minutieusement étudié la question du féodalisme laurentien dans son livre fondamental *The Seigniorial System in Canada: A Study in French Colonial Policy* dans lequel il retrace la genèse du « régime seigneurial », de son introduction à son abolition en 1854[20]. Au cours des années suivantes, Munro consacre différentes études au féodalisme canadien, s'efforçant de publier la documentation la plus importante à son sujet. Il a ainsi proposé une interprétation complexe, qui demeure aujourd'hui encore

---

16. *Ibid.*, p. 301.
17. Charles G. D. Roberts, *A History of Canada*, Londres, Lanson, Wolffe and Company, 1897, p. 75. Sur l'approche historico-littéraire de Roberts, voir Matteo Sanfilippo, « "The Child of Nations": la difficile costruzione di un'identità nazionale nella poesia di C.G.D. Roberts », dans Alessandro Gebbia (dir.), *Il Minotauro ultramarino: Saggi sull'origine della poesia anglo-canadese*, Rome, Bulzoni, 1995, p. 149-166.
18. George M. Wrong, *A Canadian Manor and Its Seigneurs (1908)*, Toronto, MacMillan, 1926, p. 44 [N. D. É. Voir la traduction tardive de ce livre: George M. Wrong, *Un manoir canadien et ses seigneurs, 1761-1861. Cent ans d'histoire*, traduit par Claude Frappier, présentation de Philippe Dubé, Québec, PUL, 2005]; Charles W. Colby, *Canadian Types of the Old Regime, 1608-1698*, New York, Henry Holt and Company, 1908, p. 145.
19. Philippe Aubert de Gaspé, *Canadians of Old*, traduit par Georgiana M. Pennée, Québec, Desbarats, 1864; Philippe Aubert de Gaspé, *Canadians of Old*, traduit par Charles G. D. Roberts, New York, Appleton & Co., 1890. La version de Pennée a ensuite été remaniée dans Thomas G. Marquis, *Seigneur d'Haberville (The Canadians of Old): A Romance of the Fall of New France*, Toronto, Musson Book Co., 1929. Sur les différentes versions des *Anciens Canadiens*, voir Alessandro Palmisano, « Le traduzioni inglesi di Philippe Aubert de Gaspé », dans Giovanni Dotoli (dir.), *Il Canada tra modernità e tradizione*, Fasano, Schena Editore, 2001, p. 17-34.
20. William B. Munro, *The Seigniorial System in Canada: A Study in French Colonial Policy*, New York, Longmans, Green and Company, 1907.

d'une extrême solidité. Pour Munro, le « système seigneurial », qu'il considérait comme un système socioéconomique à l'image du système féodal, fut transplanté en Nouvelle-France par la volonté du roi. Son implantation outre-Atlantique ne résultait pas d'un vrai choix, puisque c'était à l'époque le seul système connu en France[21]. Selon lui, ce système ne fut cependant jamais parfaitement féodal, car il fut concrètement modulé à la fois par le pouvoir royal et par la nécessité de s'adapter aux spécificités de la colonie: les seigneurs canadiens, par exemple, ne pouvaient exiger des censitaires ce qu'ils demandaient habituellement aux tenanciers français[22]. Munro a toutefois fait remarquer qu'on ne pouvait pas déduire, à partir de l'observation de cette limite, qu'il y avait absence complète d'exploitation des paysans. Ainsi, « *in the history of French Canada we find the seigneurial system forced back towards its old feudal plane*[23] ». Et de fait, les revenus des seigneurs augmentèrent « *when the lands of the colony rose substantially in value*[24] ». Alors, les seigneurs « *went on exacting dues in excess of the customary rates, and trafficking in their unimproved lands whenever the opportunity offered*[25] ».

La majeure partie des historiens qui ont écrit après Munro ont refusé ses conclusions et ont continué à présenter les seigneurs comme de simples agents de colonisation. Cela s'explique par le fait que les thèses de Munro ont été interprétées par les historiens qui l'ont suivi au prisme de la tradition allant de Papineau à Sulte et à Parkman et qu'elles sont sorties déformées au terme de cet exercice[26]. Dans la première moitié du XXe siècle, l'interprétation traditionnelle inspirée de Parkman s'affirme non seulement dans les études consacrées à l'analyse du « régime

---

21. William B. Munro, *The Seigneurs of Old Canada*, Glasgow, Brook and Company, 1915, p. 10 et 15.
22. William B. Munro (dir.), *Documents Relating to the Seigniorial Tenure in Canada 1598-1854*, Toronto, The Champlain Society, 1908, p. xvi.
23. Munro, *The Seigneurs of Old Canada*, p. 16.
24. William B. Munro, «The Seigneurial System and the Colony», dans Adam Shortt et Arthur G. Doughty (dir.), *Canada and Its Provinces: A History of the Canadian People and Their Institutions by One Hundred Associates*, vol. II, Glasgow, Brook and Company, 1914, p. 545.
25. *Ibid.*, p. 551.
26. Sulte était d'ailleurs parfois explicitement cité. Voir Arthur R. M. Lower, *Canadians in the Making: A Social History of Canada*, Toronto, Longmans, Green and Company, 1958, p. 37.

seigneurial» en Nouvelle-France, mais aussi dans des ouvrages historiques divers et variés[27]. Ainsi, dans son étude du féodalisme canadien, Thomas Guerin présente le régime seigneurial comme un système dans lequel les seigneurs étaient « *merely an instrument of land development*[28] » et, par conséquent, « *poor, often very poor*[29] ». Pour la juriste Dorothy A. Heneker, le féodalisme canadien ne généra aucune oppression, puisque, si les seigneurs détenaient le droit de justice ainsi que de nombreux privilèges, « *these were never supreme, but were curbed and restrained by the central authorities*[30] ». Dans le même ordre d'idées, E. R. Adair a fait sienne la définition des seigneurs du Canada comme intermédiaires dans le développement de la colonie[31]. À l'instar de beaucoup de ses prédécesseurs, il spécifie que « *in many cases the seigneur was little better off than the more prosperous of his tenants*[32] ». Il ne manque pas non plus de faire allusion au fait que les détenteurs de fiefs étaient étroitement surveillés par le pouvoir central, représenté dans chaque seigneurie, selon Adair, par le capitaine de la milice[33]. Les conclusions d'Adair ont trouvé leur consécration définitive chez William J. Eccles et Yves F. Zoltvany, qui ont vu dans l'intervention continue de l'État français la cause première

---

27. John Boyd, *Sir George Etienne Cartier: His Life and Times*, Toronto, MacMillan, 1914, p. 8-9; Duncan MacArthur, *History of Canada*, Toronto, Gage, 1931, p. 79; Alice J. E. Lunn, *Economic Development of French Canada 1740-1760*, thèse de maîtrise (histoire), Montréal, Université McGill, 1934, p. 70 (voir aussi la publication de sa thèse de doctorat de 1942, *Développement économique de la Nouvelle-France 1713-1760*, Montréal, PUM, 1986); George M. Wrong, *The Canadians: The Story of a People*, Toronto, MacMillan 1938, p. 95; J. M. S. Careless, *Canada: A Story of Challenge*, Toronto, MacMillan, [1942] 1972, p. 62; Donald G. Creighton, *Dominion of the North: A History of Canada*, Toronto, MacMillan, 1957, p. 78; Barry Gough, *Canada*, Englewood Cliffs (N. J.), Prentice-Hall, 1975, p. 24; Desmond Morton, *A Short History of Canada*, Edmonton, Hurtig Publishers, 1937, p. 19.
28. Thomas Guerin, *Feudal Canada: The Story of the Seigneurs of New France*, Montréal, Chez l'auteur, 1926, p. 105.
29. *Ibid.*, p. 95.
30. Dorothy A. Heneker, *The Seigniorial Regime in Canada*, Québec, L.-A. Proulx, 1927, p. 32.
31. E. R. Adair, «The French-Canadian Seigneury», *CHR*, vol. XXXV, n° 3 (1954), p. 187-207.
32. *Ibid.*, p. 197.
33. *Ibid.*, p. 195.

de la transformation du « régime seigneurial » en un instrument de colonisation[34].

Le cadre d'analyse directement inspiré de Parkman a ponctuellement été réactualisé au fil du XXe siècle par des études attentives surtout aux modifications du système dans la première phase de développement colonial et à l'évolution des rapports entre seigneurs et censitaires. Dans ces analyses, le « régime seigneurial » de la Nouvelle-France est généralement considéré comme une forme améliorée du féodalisme français[35]. Une telle amélioration est attribuée, suivant les auteurs, soit au rôle de l'État dans la promotion de la colonisation[36], soit à l'évolution sociale dans la mère patrie[37], soit, bien plus souvent, à l'adaptation des institutions françaises aux réalités du Nouveau Monde[38].

Dans ce contexte historiographique, l'influence de la thèse de la frontière a amené certains auteurs à surestimer l'importance des facteurs géographiques. Alfred L. Burt déclare, par exemple, qu'il est impossible d'imaginer le fonctionnement d'un système féodal au Canada, où l'habitant « *was a typical farmer of the North America frontier, where nature made men free and equal by enabling all to become economically*

---

34. William J. Eccles, *Frontenac: The Courtier Governor*, Toronto, McClelland and Stewart, [1959] 1965, p. 60-82 (voir la réédition Lincoln (Nébr.), University of Nebraska Press, 2003, avec l'introduction de Peter Moogk) ; William J. Eccles, *Canada Under Louis XIV*, Toronto, McClelland and Stewart, 1964, p. 49-52 ; William J. Eccles, *The Canadian Frontier 1534-1760*, Toronto, Holt, Rinehart and Winston, 1969, p. 31 ; Yves F. Zoltvany, *The French Tradition in America*, Columbia (Car. du S.), University of South Carolina Press, 1965, p. 14-15. Voir Luca Codignola et John A. Dickinson (dir.), « A Forum on W. J. Eccles », *BJCS*, vol. XI, n° 1 (1996), p. 66-89.
35. George H. Locke, *When Canada Was New France*, Toronto, J. M. Dent, 1923, p. 95 ; Marion I. Newbigin, *Canada: The Great River, the Lands and the Men*, Londres, Christophers, 1926, p. 106 ; Edgar McInnis, *Canada: A Political and Social History*, New York, Holt, Rinehart and Winston, [1947] 1963, p. 63-64 ; J. W. Chafe et Arthur R. M. Lower, *Canada: A Nation*, New York, Green and Co., 1954, p. 85 ; Donald C. Masters, *A Short History of Canada*, New York, Van Nostrand, 1958, p. 14 ; G. E. Tait, *Fair Domain: The Story of Canada From Earliest Times to 1800*, Toronto, Ryerson Press, 1969, p. 179.
36. Donald G. Creighton, *The Story of Canada*, Toronto, MacMillan, 1959, p. 80-81.
37. William L. Morton, *The Kingdom of Canada*, New York, Bobs-Merrill, 1963, p. 40.
38. Eccles, *The Canadian Frontier*, p. 54.

independent[39] ». Le même auteur affirme de surcroît catégoriquement « [*that*] *American conditions of life emancipated the French peasants who crossed the Atlantic*[40] ». Cette idée, qui irrigue la tradition historiographique canadienne-anglaise majeure allant de Harold A. Innis à Donald G. Creighton, a surtout été peaufinée dans les travaux d'Arthur R. M. Lower et de Mason Wade[41]. Pour eux, les facteurs géographiques limitèrent concrètement le développement du féodalisme outre-Atlantique[42]. Celui-ci ne fut jamais adapté avec succès au Nouveau Monde en général et au Canada en particulier[43]. Dans le cas particulier du Canada, c'est la géographie du Saint-Laurent elle-même qui n'aurait pas favorisé la concentration agricole dans la vallée fluviale, qui aurait poussé à la dispersion des peuplements et qui aurait incité à développer des relations commerciales avec les populations autochtones de l'intérieur[44]. Selon

---

39. Alfred L. Burt, « The Frontier in the History of New France », *Report of the Annual Meeting of the Canadian Historical Association = Rapports annuels de la Société historique du Canada*, vol. 19, n° 1 (1940), p. 93-99. Sur l'influence de l'école de la frontière dans le Canada anglophone, voir Michael S. Cross, *The Frontier Thesis and the Canadas*, Toronto, Copp Clark, 1970.
40. Alfred L. Burt, *A Short History of Canada for Americans*, Minneapolis, University of Minnesota Press, 1942, p. 24.
41. Matteo Sanfilippo, « Innis e la storiografia canadese », *Annali Accademici Canadesi*, vol. 8 (1992), p. 57-75, et Donald A. Wright, « Donald Creighton and the French Fact, 1920s-1970s », *JCHA = RSHC*, vol. 6 (1995), p. 243-272. Voir aussi Arthur R. M. Lower, *Colony to Nation: A History of Canada*, Londres, Longmans, Green and Company, 1947, p. 39 ; Mason Wade, *The French-Canadian Outlook*, New York, Viking Press, 1946, p. 37 ; Mason Wade, *The French-Canadians 1760-1945*, Toronto, MacMillan, 1956, p. 35.
42. Matteo Sanfilippo, « Tra storia e storiografia : la frontiera in Canada », dans Vanni Blengino (dir.), *Nascita di una identità: la formazione delle nazionalità americane*, Rome, Edizioni Associate, 1990, p. 108-120.
43. Lower, *Canadians in the Making*, p. 37 ; William T. Easterbrook et Hugh G. J. Aitken, *Canadian Economic History*, Toronto, MacMillan, 1975 (1956), p. 45.
44. Stephen Leacock, *Canada: The Foundations of its Future*, Montréal, Chez l'auteur, 1941, p. 65 ; Creighton, *Dominion of the North*, p. 80-81 ; Samuel D. Clark, « The Farming-Fur Trade Society of New France », *The Developing Canadian Community*, Toronto, UTP, 1968, p. 20 ; Eccles, *Canada Under Louis XIV*, p. 59-60. À propos de cette approche, Brian Young parle d'une incompréhension totale du peuplement francophone (« Les anglophones et l'historiographie Québec/Canada », dans Marie-Andrée Beaudet (dir.), *Échanges culturels entre les* Deux solitudes, Sainte-Foy, PUL, 1999, p. 41-51).

Sigmund Diamond[45], les tentatives de recréer en Amérique du Nord les institutions européennes furent, par conséquent, toujours vouées à l'échec. Même lorsque ces institutions atteignaient le rivage américain de l'Atlantique, l'environnement géographique leur enlevait toute leur valeur de cadre de référence socioculturel[46].

Les interprétations historico-géographiques influentes de la thèse de la frontière ont été réaffirmées avec force dans une étude du géographe Richard Cole Harris. Celui-ci présente les seigneurs comme relativement pauvres, tandis que les censitaires, loin d'être opprimés, étaient des *« independent, self-reliant habitants, who, with an intendant's support would not accept many of the more burdensome charges of the seventeenth century French feudalism*[47] ». Cependant, même dans un rapport de force favorable aux censitaires, il était impossible, aux yeux de Harris, d'adapter le féodalisme au milieu laurentien : « *The seigneurial system itself was largely irrelevant to the geography of early Canada*[48]. » Pour lui, le système féodal n'avait d'ailleurs aucune raison d'être puisque « *the fur trade was opened to all able-bodied men and offered [...] complete independence from the traditional channels of authority*[49] ».

Selon l'historiographie canadienne-anglaise du XXᵉ siècle, de même que dans celle, plus ancienne, de la thèse de la frontière, les conséquences

---

45. Sigmund Diamond, « Le Canada français au XVIIᵉ siècle : une société préfabriquée », *Annales E.S.C.*, vol. XVI, n° 2 (1961), p. 317-354 ; Sigmund Diamond, « An Experiment in "Feudalism" : French-Canada in the Seventeenth Century », *William and Mary Quarterly*, vol. 18, n° 1 (1961), p. 3-34 ; Sigmund Diamond, « Values as an Obstacle to Economic Growth: The American Colonies », *The Journal of Economic History*, vol. XXVII, n° 4 (1967), p. 561-575. Diamond a eu un certain écho en France, où sa thèse de l'échec de l'imposition par le haut du féodalisme a été bien reçue. À ce sujet, voir Fernand Braudel, *I giochi dello scambio*, Turin, Einaudi, 1981, p. 267-275, une traduction italienne de *Les jeux de l'échange*, Paris, Armand Colin, 1979.
46. Clark, « The Farming-Fur Trade Society of New France », p. 23.
47. Richard Colebrook Harris, *The Seigneurial System in Early Canada*, Madison, University of Wisconsin Press, 1966, p. 5. Les mêmes conceptions ont été répétées dans Richard Cole Harris et John Warkentin, *Canada Before Confederation: A Study in Historical Geography*, Oxford, Oxford University Press, 1974, p. 34-44, et n'ont pas changé non plus dans la seconde édition de R. C. Harris, *The Seigneurial System in Early Canada*, Montréal, MGQUP, 1984.
48. Harris, *The Seigneurial System*, p. 8.
49. *Ibid.*, p. 194-195.

des changements dans le féodalisme au moment de sa transplantation se reflètent surtout dans l'inversion du rapport de force traditionnel entre les seigneurs et les censitaires[50] : les premiers auraient été privés de pouvoir politique[51], n'auraient pas exercé de droits de justice[52] et auraient habituellement vécu dans la pauvreté[53]. Au milieu du XXe siècle, de l'avis des historiens anglo-canadiens comme des historiens canadiens-français, le régime seigneurial avait surtout avantagé l'habitant[54], comme l'ont explicitement soutenu Eccles et ses partisans : « *The terms under which land was ceded heavily weighted in favor of the humbler class*[55]. »

Développant leur interprétation à partir de ces prémisses, les historiens anglophones, à quelques exceptions près, n'admirent généralement pas l'existence de l'exploitation féodale au Canada. Au début du XXe siècle déjà, Wrong écrit que « *in Canada the seigneur was not the oppressor of his people, but rather their watchful guardian*[56] ». Et cette définition, nonobstant ce qui a été écrit par Munro, a été acceptée en substance par tous les auteurs à la suite de Wrong. Seul Stanley B. Ryerson a tenté de réfuter cette idée dans les années 1960 en affirmant que « *the seigneurial system in the colony, as in France, was a system of*

---

50. Morton, *The Kingdom of Canada*, p. 41 ; Mary Q. Innis, *An Economic History of Canada*, Toronto, Ryerson University Press, [1935] 1945, p. 19 ; J. Bartlet Brebner, *Canada: A Modern History*, Ann Arbor, University of Michigan Press, 1960, p. 47.
51. Lower, *Colony to Nation*, p. 39 ; Gerald S. Graham, *A Concise History of Canada*, London, Hudson and Thames, 1968, p. 69 ; Zoltvany, *The French Tradition in America*, p. 15.
52. Mis à part Munro (*The Seigniorial System in Canada*, p. 151), tous les auteurs canadiens ont accepté à ce propos les conclusions de Parkman. Pour un bilan historiographique, voir Dickinson, « La justice seigneuriale en Nouvelle-France », p. 323-346.
53. George M. Wrong, *The Rise and Fall of New France*, vol. II, Toronto, MacMillan, 1928, p. 402-405 ; Eccles, *Frontenac*, p. 1-17.
54. Alfred Decelles, *The Habitant: His Origin and History*, Toronto, Brook and Company, 1914, p. 86 ; William Stewart Wallace, *A History of the Canadian People*, Toronto, Copp, Clark and Company, 1928, p. 66 ; Lower, *Colony to Nation*, p. 41.
55. William J. Eccles, *France in America*, New York, Harper and Row, 1972, p. 79. Le même sujet a été abordé dans L. R. MacDonald, « France and New France: The Internal Contradictions », *CHR*, vol. LII, n° 2 (1971), p. 121-143.
56. Wrong, *A Canadian Manor*, p. 45.

feudal exploitation[57] ». Il a toutefois fallu attendre le début du nouveau millénaire pour qu'un historien de l'économie, Robin F. Neill, réactualise la thèse de Ryerson et défende l'idée de l'existence de l'exploitation des censitaires dans la vallée du Saint-Laurent dans une monographie sur le féodalisme en Amérique septentrionale, publiée sur le site de son université[58]. En deux chapitres, Neill, l'un des grands spécialistes de l'historiographie du développement économique du Canada[59], montre non seulement qu'un féodalisme canadien avait bel et bien existé et que les vestiges de celui-ci étaient perceptibles même après son abolition, mais il souligne aussi que la situation en Nouvelle-France n'était pas si différente de celle dans la mère patrie. Selon Neill, il était difficile pour les habitants d'échapper au pouvoir seigneurial parce que la frontière était dangereuse et que le commerce des fourrures ne requérait en fait que peu de main-d'œuvre. Le même auteur insiste aussi sur le fait qu'il existait en France des façons d'échapper aux travaux des champs, mais que la fugue de quelques individus n'éliminait pas le système foncier.

Tous les historiens canadiens-anglais n'ont pas explicitement nié l'existence de l'exploitation féodale : ils l'ont plutôt passée sous silence, d'une

---

57. Stanley B. Ryerson, *The Founding of Canada: Beginnings to 1815*, Toronto, Progress Books, 1960, p. 107. Sur Ryerson, voir Robert Comeau et Robert Tremblay (dir.), *Stanley Bréhaut Ryerson : un intellectuel de combat*, Hull, Éditions Vents d'Ouest, 1996 ; et Joël Bisaillon « Stanley Bréhaut Ryerson : intellectuel engagé et historien marxiste », *BHP*, vol. 13, n° 1 (2004), p. 215-232.
58. Robin F. Neill, *Feudalism and Capitalism in America*, s. d., [En ligne], [http://people.upei.ca/rneill/canechist/topic_3.html]. Cette page n'existe plus. Le texte est tout de même accessible sur le site Archive.org, [En ligne], [https://web.archive.org/web/20210413043309/http://people.upei.ca/rneill/canechist/topic_3.html/] (18 octobre 2021). et *The Legacy of Feudalism in America*, s. d., [En ligne], [http://people.upei.ca/rneill/canechist/topic_4.html]. Cette page n'existe plus elle aussi. Le texte est accessible sur le site Archive.org, [En ligne], [https://web.archive.org/web/20190811125452/http://people.upei.ca/rneill/canechist/topic_4.html] (18 octobre 2021).
59. Robin F. Neill, *A New Theory of Value: The Canadian Economics of H.A. Innis*, Toronto, UTP, 1972 ; Robin F. Neill, « Rationality and the Informational Environment: A Reassessment of the Work of Harold Adams Innis », *JCS*, vol. 22, n° 4 (hiver 1987-1988), p. 78-92 ; Robin F. Neill, *History of Economic Thought in Canada*, Londres, Routledge, 1991 ; Robin F. Neill, « Innis, Postmodernism, and Communications: Reflections on Paul Heyer's Harold Innis », *Research in the History of Economic Thought and Methodology*, vol. 24 (2006), p. 153-166.

manière qui n'est pas sans rappeler celle de Groulx. Wrong, dont il a été question plus haut, a concédé que certains seigneurs avaient eu la possibilité d'accroître leurs revenus sur le dos de leurs censitaires[60]. William L. Morton et Samuel D. Clark ont affirmé sans détour qu'au XVIIIe siècle, les caractères féodaux – et donc oppressifs – du « régime seigneurial » s'étaient intensifiés par rapport au siècle précédent[61]. Mais bien souvent, l'aspect féodal de la colonie n'est souligné que pour mieux mettre en évidence la composante militaire inhérente au féodalisme[62]. L'idée de l'exploitation féodale se fraye cependant lentement un chemin dans l'historiographie anglo-canadienne, à la faveur de recherches qui s'inspirent des propositions scientifiques de Ouellet et qui s'inscrivent dans la longue durée. Cette nouvelle tendance ne constitue pas une rupture dramatique avec la tradition historiographique antérieure, qui a toujours traité du « régime seigneurial » après la Conquête, mais elle lui porte un intérêt inédit jusque-là.

L'historiographie canadienne-anglaise traditionnelle inspirée de Parkman, hormis l'unique exception que constitue Munro, a pendant longtemps véhiculé l'idée que le « régime seigneurial » après 1763 avait perdu de son importance. C'est particulièrement vrai en ce qui concerne les histoires économiques du Canada, qui ne traitent pas du système des seigneuries après la Conquête, si ce n'est quelques rares exceptions[63]. La question seigneuriale n'a quasiment jamais été abordée dans les analyses de la crise agricole du Bas-Canada, qui a elle-même pourtant souvent été étudiée[64]. Presque tous les ouvrages d'histoire politique ou sociale

---

60. Wrong, *A Canadian Manor*, p. 44-45.
61. Morton, *The Kingdom of Canada*, p. 118 ; Samuel D. Clark, *Movements of Political Protest in Canada 1640-1840*, Toronto, UTP, 1959, p. 28.
62. William Wood, « The Story of the Province of Quebec », *The Storied Province of Quebec: Past and Present*, vol. I, Toronto, Dominion Publishing Company, 1931, p. 44 ; Vernon Fowke, *Canadian Agricultural Policy: The Historical Pattern*, Toronto, UTP, [1946] 1978, p. 16.
63. Easterbrook et Aitken, *Canadian Economic History* ; Archibald W. Currie, *Canadian Economic Development*, Toronto, Hunter Rose, 1963 ; Brian Young et John A. Dickinson, *A Short History of Quebec: A Socio-Economic Perspective*, Toronto, Copp Clark Pitman, 1988. L'exception nous est offerte par Graham D. Taylor et Peter A. Baskerville dans *A Concise History of Business in Canada*, Toronto, Oxford University Press, 1994.
64. Le Goff, *The Agricultural Crisis in Lower Canada* ; Frank Lewis et Marvin McInnis, « The Efficiency of the French-Canadian Farmer in the Nineteenth Century », *Journal of Economic History*, vol. XL, n° 3 (septembre 1980), p. 497-514.

ont signalé, peut-être un peu vite, le problème de la survivance du « régime seigneurial » après 1763, mais on ne lui a guère alloué de place dans le cadre chronologique général. Ainsi, dans une proposition de périodisation chronologique de l'histoire du Québec, John Dickinson et Brian Young ont défini les années 1650-1810 comme la période préindustrielle et ils ont décrit la société québécoise comme une « *rapidly maturing colonial preindustrial society based on farming, trade and artisanal production*[65] ». Ils ont ensuite mentionné son caractère spécifique dans le milieu nord-américain en vertu du « système seigneurial », mais sont tout de suite passés aux années 1810-1890, définies comme la période de la transition au capitalisme, sans jamais aborder la question des fiefs, si ce n'est pour signaler l'émigration «*out of the seigniorial lands*».

Ce constat n'est guère surprenant si l'on se rappelle que la question de la survivance du « régime seigneurial » après la Conquête n'a pas réellement intéressé les historiens canadiens-anglais, et ce, depuis la seconde moitié du XIXe siècle, alors qu'ils s'étaient contentés de signaler son abolition[66]. Dans les années succédant à la loi de 1854, une poignée d'entre eux seulement expliquèrent l'abrogation du régime par le fait que le système seigneurial entravait l'enrichissement des commerçants urbains qui avaient acquis des censives[67]. La rébellion des habitants fut au contraire considérée comme la cause première (et souvent la seule) de l'effondrement du « régime seigneurial[68] » : ce dernier devait ultimement

---

65. John A. Dickinson et Brian Young, «Periodization in Quebec History: A Reevaluation», *Québec Studies*, vol. 12, n° 1 (1991), p. 4. Il est à noter que Dickinson était un disciple d'Eccles et qu'il a repris, du moins dans ce domaine, les thèses du maître.
66. John George Hodgins, *The Geography and History of British America*, Toronto, McClear, 1857, p. 39 ; John George Hodgins, *A History of Canada and of the Other British Provinces in North America*, Montréal, Lowell, 1866, p. 206 ; John McMullen, *The History of Canada from Its First Discovery to the Present Time*, Brockville, McMullen and Co., 1868, p. 523-524.
67. Roger, *A History of Canada*, p. 400.
68. William H. Withrow, *A Popular History of the Dominion of Canada*, Toronto, Briggs, 1886, p. 427 ; Jeffers, *History of Canada*, p. 82-83 ; John G. Bourinot, *The Story of Canada*, Toronto, Copp, Clark and Company, 1896, p. 367 ; Roberts, *A History of Canada*, p. 324 ; Archer, *A History of Canada*, p. 410 ; William H. P. Clement, *The History of the Dominion of Canada*, Toronto, Briggs, 1897, p. 290-291.

disparaître parce qu'il était «*so restrictive and burdensome*» pour les censitaires[69].

À la fin du XIXe siècle, quelques historiens canadiens-anglais tentèrent cependant de comprendre pourquoi la survie du «régime seigneurial» après la Conquête avait entraîné une augmentation des cens et des rentes. Kingsford affirma, on l'a vu, que le poids des recettes seigneuriales était déjà notable avant la Conquête[70]. Il fit en outre observer que, sous la domination française, l'intendant exerçait son autorité sur les seigneurs, mais que personne ne remplissait plus ce rôle après la Conquête[71]. Pour Robinson, auteur d'un manuel d'histoire [N. D. É.], en revanche, les abus et l'exploitation étaient postérieurs à la Conquête, mais n'étaient pas étroitement liés à celle-ci puisqu'en réalité les cens et les rentes augmentèrent lorsque «*the Province became better settled and the land more valuable*[72]».

Là encore, Munro a été le premier à offrir une analyse complète de la survivance du «régime seigneurial[73]». À son avis, celui-ci fut maintenu par l'autorité britannique dans l'espoir de se garantir l'appui des Canadiens contre les colonies américaines. Ce choix politique fut lourd de conséquences, puisque les juges anglais ne connaissaient pas les lois qui régulaient le système foncier canadien. Leurs interprétations, souvent fautives, provoquèrent l'augmentation des cens et des rentes et le déraillement des mécanismes qui avaient par le passé protégé, ne serait-ce qu'un peu, les censitaires.

Cette transformation fut favorisée, selon Munro, par la disparition de la figure de l'intendant, mais aussi par l'aiguillon de l'évolution économique de la colonie. Après 1777, aucun nouveau fief ne fut concédé, «[*while*] *lands had risen in value so that the* lods et ventes *now amounted to a considerable payment when the land changed owners*». De plus, «*with*

---

69. George Bryce, «Canada from 1763 to 1867», dans Justin Winsor (dir.), *Narrative and Critical History of America*, vol. VIII, Boston, Houghton, Mifflin and Co., 1889, p. 166.
70. Kingsford, *History of Canada*, vol. VII, p. 304.
71. *Ibid.*, p. 302-303.
72. William John Robertson, *Public School History of England and Canada*, Toronto, Copp Clark and Company, [1892] 1902, p. 257. [N. D. É. La même conclusion se retrouve dans un autre manuel d'histoire de la même époque, Emily P. Weaver, *A Canadian History for Boys and Girls*, Toronto, Briggs, 1903, p. 238.]
73. Munro, *The Seigniorial System*.

the growth of population the banal right became very valuable to the seigneurs and an equally great inconvenience to the habitants[74] ». Désormais, le système féodal n'était plus qu'un lourd fardeau exerçant « *a paralysing influence upon the agricultural progress of the country*[75] ». Cette situation nourrit l'insatisfaction chez les censitaires, une insatisfaction qui s'étendit après 1790 à ceux qui voyaient dans le régime seigneurial la principale cause des retards économiques de la région[76].

L'interprétation de Munro a été reprise avec de légères variations dans les études, déjà mentionnées, de Guerin et de Heneker. Le premier précise que les seigneurs ne souhaitaient pas le maintien du système féodal[77], tandis que la seconde y ajoute une touche pathétique : c'est sous la domination anglaise que les seigneurs cessèrent d'être « *the friend and counsellor of the early days*[78] ». Dans les histoires du Canada qui ont suivi, on fait généralement allusion au « régime seigneurial » comme à un simple vestige du passé faisant obstacle au développement du Bas-Canada[79]. Dans ces textes, la survie du système est de manière quasi unanime attribuée à une erreur de stratégie politique commise par le gouverneur Carleton dans l'espoir de faire du Canada un bastion

---

74. Munro, *The Seigneurs of Old Canada*, p. 141.
75. Munro (dir.), *Documents Relating to the Seigniorial Tenure in Canada, 1598-1854*, p. cxi.
76. Pour une conclusion similaire, qui dérive d'une littérature favorable à l'abolition des fiefs, voir George J. Bourinot, *Canada under British Rule, 1760-1905* (édition revue avec un appendice de George M. Wrong), Cambridge, CAUP, 1909, p. 186-187.
77. Guerin, *Feudal Canada*, p. 141.
78. Heneker, *The Seigniorial Regime in Canada*, p. 251-351. [N. D. É. La page exacte est 314. Il semble pertinent de fournir le passage complet duquel cette citation est tirée : « *The habitant was in reality worse off at this period* [les années 1820 et 1830] *than before the Conquest. His farm was smaller and his family as numerous, while his church made the same demands upon him as before, and his seignior was infinitely more exacting, and in few cases the friend and counsellor of early days.* » Il est vrai que, hormis le passage exact que cite Sanfilippo, le long paragraphe des pages 313 à 314 de l'ouvrage de Heneker reprend presque mot pour mot le paragraphe du milieu de la page 235 de Munro, *The Seigniorial System in Canada*.]
79. Peu d'historiens ont défendu le « régime seigneurial » (voir John McCallum, *Unequal Beginnings: Agriculture and Economic Development in Quebec and Ontario until 1870*, Toronto, UTP, 1980, p. 32-33 ; J. M. S. Careless, *The Union of the Canada: The Growth of Canadian Institutions, 1841-1857*, Toronto McClelland and Stewart, 1967, p. 26 ; Morton, *A Short History of Canada*, p. 24).

anti-américain[80]. Les éléments d'analyse demeurent ceux de Munro, soit dans l'ordre : le chaos légal et l'augmentation du taux des cens et des rentes, l'exploitation croissante des paysans, le ralentissement du développement économique, puis les protestations des censitaires et des commerçants et, enfin, l'abolition[81].

À partir des années 1930, l'interprétation la plus courante des raisons ayant mené à la survie du régime seigneurial devient celle de Donald G. Creighton[82]. Selon lui, après la Conquête, les autorités britanniques comprirent mal la nature des institutions françaises. Carleton voyait dans les seigneurs *« the real political and social leaders of Quebec »* et non ce qu'ils étaient en fait, soit des *« decayed remnants of a feudal hierarchy*[83] *»*. Cette erreur n'était pas seulement imputable au gouverneur, mais aussi aux commerçants britanniques émigrés dans la colonie qui cherchaient à acquérir des fiefs, *« willing to accept the bulk of French-Canadians institutions because they were the superstructure of which the fur trade was the base*[84] *»*. Par conséquent, *« the Quebec Act was a revival of the old feudal and absolutist structure of New France*[85] *»*. Après la révolution américaine, l'arrivée des

---

80. Chester Martin, *Empire and Commonwealth: Studies in Governance and Self-Government in Canada*, Oxford, The Clarendon Press, 1929, p. 114-139 ; Chester Martin, *Foundations of Canadian Nationhood*, Toronto, UTP, 1955, p. 53-54 ; Alfred L. Burt, *The Old Province of Québec*, vol. I, Toronto, Ryerson Press, 1933, p. 147-148 ; Wade, *The French Canada Outlook*, p. 49-51 ; McInnis, *Canada : A Political and Social History*, p. 150 ; George P. de T. Glazebrook, *A History of Canadian Political Thought*, Toronto, McClelland and Stewart, 1966, p. 38 ; Kenneth McKnaught, *The History of Canada*, Londres, Penguin, 1976, p. 48. Cette position a en général été partagée par ceux qui travaillaient sur l'histoire comparée du Canada et des États-Unis (Burt, *A Short History of Canada for Americans*, p. 70-71 ; Kenneth D. McRae, « The Structure of Canadian History », dans Louis Hartz (dir.), *The Founding of New Societies*, New York, Harcourt, Brace and World Inc., 1964, p. 233).
81. Zoltvany, *The French Tradition in America*, p. 28-29. Pour une analyse des conséquences de la disparition de l'intendant, voir Robert Borden, *Canada in the Commonwealth*, Oxford, The Clarendon Press, 1929, p. 65 ; Eccles, *France in America*, p. 224. Voir aussi W. Stanford Reid, « The Habitant's Standard of Living on the Seigneurie des Mille Isles, 1820-1850 », *CHR*, vol. XXVIII, n° 3 (septembre 1947), p. 266-278.
82. Donald G. Creighton, *The Commercial Empire of the St. Lawrence, 1760-1850*, Toronto, Ryerson University Press, 1937.
83. *Ibid.*, p. 39, 51-52.
84. *Ibid.*, p. 96.
85. *Ibid.*, p. 74.

loyalistes, c'est-à-dire de ceux qui voulaient rester fidèles à la Couronne britannique, ainsi que les problèmes économiques et politiques qui s'en suivirent montrèrent toutefois à quel point «*feudalism and new frontier agriculture were in implacable opposition*[86]». Avec le développement d'un groupe de marchands particulièrement actif, le contraste entre le maintien d'une structure féodale et les nouveaux besoins résultant de la croissance commerciale devint insoutenable, et ce sont finalement les intérêts des commerçants qui prévalurent[87].

Dans l'analyse de Creighton, le «régime seigneurial» était considéré à la lumière d'un seul phénomène, le développement économique du Canada, sans que l'historien ne prête attention à l'opposition entre les nouveaux seigneurs anglophones et les censitaires francophones. Ce problème, qui occupait notamment les historiens canadiens-français Ivanhoé Caron et Maurice Séguin, a été soulevé – et avant que ces derniers ne le fassent – par l'historien anglo-canadien A. R. M. Lower, mais sans grand succès[88]. L'historiographie de la seconde moitié du XXe siècle a été plus sensible à l'exploitation des censitaires et au conflit ethnique entre les Canadiens et les Britanniques, en reprenant à ce sujet les thèmes qui avaient été développés au moment du débat parlementaire sur l'abolition en 1854[89]. Le plus intéressé à suivre ces pistes de recherche est Stanley B. Ryerson. Reprenant le débat contemporain sur la décapitation socioéconomique de la société canadienne-française après la Conquête, il affirme que les Français restés au Canada étaient pour la plupart des censitaires, tandis que leurs anciens seigneurs avaient vendu leurs propres possessions aux officiers ou aux commerçants anglais. Ceux-ci, «*more business like*» que les anciens feudataires, avaient «*increased the money exactions, until they totalled in many cases twice or three times the amount they had been under the Old Régime*[90]».

---

86. *Ibid.*, p. 111. L'idée a été reprise par Fowke, *Canadian Agricultural Policy*, p. 88.
87. Creighton, *The Commercial Empire*; Creighton, *Dominion of the North*, p. 213. La même analyse figure dans Careless, *Canada: A Story of Challenge*, p. 177.
88. Lower, *Canadians in the Making*, p. 121, 131.
89. Voir *The Anti-Seigneurial Convention of Montreal to the People (La convention anti-seigneuriale de Montréal au peuple)*, Montréal, Imprimerie de Montigny and Co., 1854.
90. Stanley B. Ryerson, *French Canada: A Study in Canadian Democracy*, Toronto, Progress Books, 1943, p. 112.

Ryerson s'est rapproché en quelques occasions des analyses de Creighton[91], cependant qu'il revenait plusieurs fois sur sa propre interprétation par l'ajout de considérations relatives aux facteurs ethniques[92]. Il tire finalement la conclusion que la lutte contre le « régime seigneurial » avait été conduite par deux mouvements différents, un mouvement « industrialiste », surtout anglophone, qui désirait la transformation des «*semi-feudal institutions into capitalist real estates*[93]», et une «*mass antiseigneurial campaign of the censitaires and the middle class radical democrats*», essentiellement francophone[94]. Si, pour cette dernière, le « régime seigneurial » écrasait les habitants, il avait, pour les premiers, encouragé le développement de manufactures locales et obligé les paysans à émigrer[95].

Les analyses de Creighton et de Ryerson ont ouvert la voie à des études sur les dommages causés par la permanence du « régime seigneurial[96] » et sur la résistance des censitaires par rapport à leurs seigneurs[97]. Elles ont

---

91. Un écho de ce rapprochement, dont Ryerson s'est repenti dans *Le capitalisme et la Confédération* (Montréal, Éditions Parti pris, 1972, p. 501-522), s'observe dans l'historiographie marxiste anglo-canadienne. Voir, par exemple, Robert Thomas Naylor, « The Rise and Fall of the Third Commercial Empire of the St. Lawrence », dans Gary Teeple (dir.), *Capitalism and the National Question in Canada*, Toronto, UTP, 1972, p. 7.
92. Stanley B. Ryerson, *Unequal Union*, Toronto, Progress Books, 1968, p. 32. Dans *The Founding of Canada* (p. 273-281), Ryerson souligne la réaction des censitaires francophones contre la bourgeoisie anglophone qui avait cherché à augmenter les cens et les rentes dans ses nouveaux fiefs.
93. Ryerson, *Unequal Union*, p. 32.
94. *Ibid.*, p. 289.
95. Ryerson, *Le capitalisme et la Confédération*, p. 358.
96. Burt, *The Old Province*, vol. II, p. 179-182 ; Morton, *The Kingdom of Canada*, p. 263 ; John S. Moir et Robert E. Saunders, *Northern Destiny: A History of Canada*, Toronto, J. M. Dent, 1970, p. 215 ; J. Arthur Lower, *Canada: An Outline History*, Toronto, McGraw-Hill et Ryerson, 1973, p. 31, 81 ; Ramsay Cook, John Richer et John Saywell, *Canada: A Modern Study*, Toronto, Clarke, Irwin and Co., 1971, p. 37. Voir aussi, dans une perspective un peu différente, William J. Eccles, *The Ordeal of New France*, Toronto, CBC, 1966, p. 153-154.
97. Isaac H. Gammel, *An Elementary History of Canada*, Montréal, Grafton and Sons, 1907, p. 224-225 ; Hugh E. Egerton, *A Historical Geography of the British Colonies*, t. V: *Canada – Part II: Historical*, Oxford, The Clarendon Press, 1908, p. 203 ; George Bryce, *A Short History of the Canadian People*, Londres, Low, Marsten and Co., 1914, p. 373 ; William L. Grant, *History of Canada*, Londres, Heinemann-Renouf, 1923, p. 121-122 ; Neil F. Morrison, Herbert

aussi stimulé ceux qui affirmaient que le « régime seigneurial » n'avait plus de réelle importance après 1763[98]. Ainsi, si J. M. S. Careless, S. D. Clark et Helen Taft Manning se sont limités à souligner la fragilité des seigneurs après la Conquête[99], Harris s'est éloigné de manière décisive de l'interprétation de Munro[100]. Il n'a pas considéré comme acquise l'idée de l'« *introduction of new charges* » et a affirmé que, si cela avait bien eu lieu, ce fut à cause de la croissance de la population alliée à la rareté des terres, et non des suites de la disparition de l'intendant ou des erreurs interprétatives des juges anglais[101] (Harris a cependant admis plus tard que les cens et les rentes avaient augmenté après la Conquête britannique et il a aussi changé d'idée sur la période française)[102].

La tendance à étudier le « régime seigneurial » dans la longue durée et à porter une attention renouvelée aux conditions des censitaires a amené les historiens canadiens-anglais à accepter quelques-unes des propositions de Ouellet et de Dechêne. Cette nouvelle ouverture historiographique est particulièrement évidente dans les premiers travaux d'Allan Greer, un historien proche de Dechêne d'un point de vue historiographique. Dans une étude d'histoire régionale, Greer traite de l'évolution économique de la vallée du Richelieu dans la période comprise entre 1740 et 1840 et montre que l'exploitation seigneuriale avait augmenté lorsque presque toutes les terres furent occupées. Il signale de surcroît que la condition des censitaires restait celle de dominés dans chaque aspect de

---

Heaton et James C. Bonar, *The Dominion of Canada*, Toronto, Ryerson Press, 1937, p. 185 ; Wrong, *The Canadians*, p. 332 ; Hilda Neatby, *Quebec: The Revolutionary Age 1760-1791*, Toronto, McClelland and Stewart, 1966, p. 231 ; Susan Mann, *The Dream of Nation: A Social and Intellectual History of Quebec*, Toronto, MacMillan, 1982, p. 50-51.

98. William P. Kennedy, *The Constitution of Canada, 1534-1937*, New York, Russel and Russel, 1938, p. 22.
99. Careless, *The Union*, p. 25 ; Clark, *Movements of Political Protest in Canada*, p. 38 ; Helen Taft Manning, *The Revolt of French Canada 1800-1835*, Toronto, MacMillan, 1962, p. 211-212.
100. Harris, *The Seigneurial System in Early Canada*, 1984, p. 192.
101. *Ibid.*, p. 197-198.
102. Harris et Warkentin, *Canada Before Confederation*, p. 70-79 ; Richard Cole Harris, « Of Poverty and Helplessness in Petite-Nation », *CHR*, vol. LII, n° 1 (1971), p. 23-50 ; Richard Cole Harris, « Presidential Address: The Pattern of Early Canada », *The Canadian Geographer = Le Géographe canadien*, vol. XXXI, n° 4 (1987), p. 290-298.

la vie économique. Les paysans étaient non seulement endettés auprès de leur seigneur, mais ils devaient aussi s'offrir comme main-d'œuvre bon marché pour le commerce des fourrures[103].

Greer revient sur ces questions dans son analyse des rébellions canadiennes de 1837-1838[104]. Selon lui, pendant les soulèvements, les paysans révélèrent leur capacité de mettre en péril l'équilibre colonial et donnèrent par là une plus grande force au mouvement antiseigneurial. Toutefois, dans le contexte « révolutionnaire », les revendications antiseigneuriales n'eurent pas la part belle. Papineau et les autres chefs étouffèrent l'enthousiasme antiféodal en soulignant que les problèmes n'étaient nés que de l'excessive avidité de quelques seigneurs d'origine britannique. Certes, certains « patriotes » diffusèrent des libelles antiseigneuriaux et certains politiciens pensèrent exploiter la rage antipatriote en agitant la question féodale comme un drapeau rouge, mais ils se rendirent rapidement compte que de telles actions incitaient les seigneurs et l'Église catholique, grande détentrice de fiefs, à soutenir le gouvernement britannique et à le renforcer. C'est pourquoi la ligne promue par Papineau triompha.

Greer réimpose dans l'historiographie anglo-canadienne l'idée de l'existence d'un Canada colonial d'Ancien Régime basé sur le « régime seigneurial[105] ». Il ne s'agit cependant pas d'un simple retour à la thèse de Parkman comparant le Canada français féodal à la modernité des États-Unis. Brian Young, qui consacre une recension enthousiaste à l'ouvrage de Greer, qui en fait selon lui le nouveau chef de file d'un courant décidé à rompre avec les thèses d'Eccles et de ses alliés[106], montre que, dans

---

103. Allan Greer, « Fur Trade Labours and Lower Canadian Agrarian Structures », *HP = CH*, vol. 16, n° 1 (1981), p. 197-214 ; Allan Greer, *Peasant, Lord and Merchant: Rural Society in Three Quebec Parishes 1740-1840*, Toronto, UTP, 1985. Pour une discussion approfondie du livre de Greer, voir Serge Courville, « Note critique », *RHAF*, vol. XXXIX, n° 3 (hiver 1986), p. 407-413.
104. Allan Greer, *The Patriots and the People: The Rebellion of 1837 in Rural Lower Canada*, Toronto, UTP, 1993, en particulier le chapitre IX. Voir aussi Allan Greer et Léon Robichaud, « La rébellion de 1837-1838 au Bas-Canada : une approche géographique », *CGQ*, vol. XXXIII, n° 90 (1989), p. 345-377.
105. Christopher Moore, « Colonization and Conflict: New France and Its Rivals 1600-1760 », dans Robert Craig Brown (dir.), *The Illustrated History of Canada*, Toronto, Lester and Orpen Denys, 1987, p. 172-174.
106. Brian Young, « Recension de Allan Greer, *Peasant, Lord and Merchant* », *Labour = Le Travail*, vol. 20 (1987), p. 250-251.

le Canada britannique, l'esprit d'initiative capitaliste naquit en fait de la gestion des patrimoines seigneuriaux[107]. Françoise Noël a cependant objecté à ce propos que, si l'on accepte de manière univoque une telle proposition, on finira par sous-évaluer le caractère graduel du passage d'une économie encore féodale à une économie principalement capitaliste et, du même coup, par ne plus comprendre le rôle de certains seigneurs, comme les membres de la famille Christie ainsi que leurs plus proches associés[108]. Elle a aussi rappelé que les seigneurs et leurs agents avaient fondé les manufactures rurales dans la vallée du Saint-Laurent et qu'ils avaient ainsi employé les privilèges seigneuriaux pour imposer la première industrialisation canadienne. Françoise Noël rejoignait ainsi les conclusions de David Schulze[109].

L'historiographie de langue anglaise n'a pas réellement adopté la perspective ouverte par Greer. Au début du nouveau millénaire, Peter N. Moogk, partisan d'Eccles, lance encore des critiques à l'endroit de Parkman et de Munro, coupables selon lui d'avoir mal compris le «régime seigneurial» en le peignant sous les couleurs du féodalisme. En réalité, il aurait été selon Moogk un «*convenient legal framework*», qui n'aurait pas

---

107. Brian Young, *In Its Corporate Capacity: The Seminary of Montreal as a Business Institution, 1816-1876*, Montréal, MGQUP, 1986.
108. Françoise Noël, «Chambly Mills, 1784-1815», *HP = CH*, vol. 20, n° 1 (1985), p. 102-116; Françoise Noël, «Seigneurial Survey and Land Granting Policies», *Canadian Papers in Rural History*, vol. V (1986), p. 150-180; Françoise Noël, «La gestion des seigneuries de Gabriel Christie dans la vallée du Richelieu (1760-1845)», *RHAF*, vol. XL, n° 4 (printemps 1987), p. 561-582; Françoise Noël, *The Christie Seigneuries: Estate Management and Settlement in the Upper Richelieu Valley, 1760-1854*, Montréal, MCQUP, 1992. [N. D. É. À noter les travaux de maîtrise de Raphaël Bergeron-Gauthier portant sur le seigneur-marchand Joseph Drapeau (1752-1810), individu «aux origines modestes qui a su se bâtir une fortune considérable» fondée sur «deux modes de production économiques»: le capitalisme et le féodalisme (Raphaël Bergeron-Gauthier, «Le Bas-Canada: histoires socioéconomiques et régime seigneurial», *RHUS*, vol. 12, n° 1 (2021), [En ligne], [https://rhus.historiamati.ca/volume12/le-concept-de-resistance-et-ses-manifestations-dans-le-regime-seigneurial-canadien/] (7 octobre 2021); Raphaël Bergeron-Gauthier, *Joseph Drapeau (1752-1810): les stratégies familiales, professionnelles et foncières d'un seigneur-marchand canadien*, mémoire de maîtrise (histoire), Sherbrooke, Université de Sherbrooke, 2021.]
109. David Schulze, «Rural Manufacture in Lower Canada: Understanding Seigneurial Privilege and the Transition in the Countryside», *Alternate Routes: A Critical Review*, vol. 7 (1984), p. 134-167.

eu la moindre influence sur les rapports sociaux et économiques de la colonie[110]. Au même moment, une importante étude de Colin M. Coates sur les métamorphoses du paysage dans les seigneuries de Batiscan et de Sainte-Anne-de-la-Pérade aux XVIIe et XVIIIe siècles, très influente et très bien reçue, favorise l'abandon de l'analyse du « régime seigneurial » basée sur des faits socioéconomiques au profit d'interprétations historiques inspirées par l'anthropologie culturelle[111].

Ce retournement de situation, qui a été favorisé par l'influence des travaux de Courville[112], entraîne la mise à l'écart de l'idée de l'exploitation des censitaires dans un cadre d'Ancien Régime. Dans l'une de ses synthèses sur la Nouvelle-France, Greer lui-même nuance sa pensée en proposant une version légèrement différente de ses conclusions précédentes. Tout en insistant sur les droits et les devoirs des seigneurs, il semble désormais plus ouvert à décréter que les paysans, c'est-à-dire les censitaires, étaient libres et non de condition servile[113]. Dans le même ordre d'idées, des spécialistes de l'histoire du XIXe siècle refusent la possibilité que les seigneurs se fussent enrichis au cours de ce siècle et montrent que les fiefs éloignés du Saint-Laurent ne garantissaient que de maigres revenus[114], tandis que certains économistes sous-évaluent le poids économique du système féodal, souvent en se basant seulement sur les travaux scientifiques favorables à leurs thèses, sans les confronter aux documents[115].

---

110. Peter N. Moogk, *La Nouvelle France: The Making of French Canada: A Cultural History*, East Lansing, Michigan State University Press, 2000, p. 211-213.
111. Colin M. Coates, *The Metamorphoses of Landscape and Community in Early Quebec*, Montréal, MGQUP, 2000 (traduit sous le titre *Les transformations du paysage et de la société au Québec sous le régime seigneurial*, Sillery, Éditions du Septentrion, 2003).
112. John Willis, « Landscape and Hinterland: A Recipe for Pre-Industrial Space on the Montréal Plain in the Early 19th Century », dans Yves Frenette, Martin Pâquet et Jean Lamarre (dir.), *Les parcours de l'histoire : hommage à Yves Roby*, Québec, PUL, 2002, p. 133-173.
113. Allan Greer, *The People of New France*, Toronto, UTP, 1997, p. 36-40.
114. D. Aidan McQuillan, « Returns on Investment: Seigneurial Land Development in Nineteenth Century Quebec », dans Serge Courville et Brian Osborne (dir.), *Histoire mythique et paysage symbolique*, Québec, CIEQ, 1997, p. 46-51.
115. Michael B. Percy et Rick Szostak, « The Political Economy of the Abolition of Seigneurial Tenure in Canada East », *Explorations in Economic History*, vol. 29, n° 1 (1992), p. 51-68.

Chapitre 4

Nouvelles perspectives ?

Les historiographies canadienne-française et canadienne-anglaise sur le féodalisme en Nouvelle-France présentent la même division : il y a, d'une part, les historiens qui définissent le « régime seigneurial » comme un instrument de colonisation du Canada et en soulignent la différence avec la France de la même époque et, d'autre part, ceux qui voient en lui la réplique plus ou moins fidèle du modèle français. Pour les premiers, le « régime seigneurial » fut un instrument de la politique royale qui n'impliquait pas d'exploitation économique des censitaires. Pour les seconds, il fut une structure de domination socioéconomique qui s'accompagna forcément d'exploitation lorsque les conditions devinrent favorables aux seigneurs. En effet, au début de la colonie, la nécessité de défricher et de peupler les fiefs obtenus en Nouvelle-France empêchait les seigneurs de maltraiter les censitaires.

La première approche domine largement l'historiographie francophone et, dans une moindre mesure peut-être, l'historiographie anglophone. Dans la seconde moitié du XXe siècle, cette thèse, actualisée à certains égards par les historiens québécois néonationalistes, devient prédominante chez les auteurs anglophones comme Adair et Eccles et ses alliés, tandis que l'historiographie francophone suit en quelque sorte un parcours inverse. Les recherches de Fernand Ouellet et de Louise Dechêne ont remis en question l'historiographie traditionnelle et ont postulé l'existence d'un féodalisme canadien similaire à celui en vigueur en France.

Néanmoins, les thèses de Ouellet et de Dechêne, même au zénith de leur importance dans le champ, n'ont pas réussi à supplanter complètement la vulgate classique. Celle-ci est demeurée particulièrement présente dans les textes destinés aux écoles et aux étudiants de premier cycle à l'université, ce qui a perpétué son existence dans l'esprit du vaste public[1]. Les nouvelles thèses se sont surtout imposées dans les études comparatives de la France et de la Nouvelle-France ainsi que dans les recherches sur la Nouvelle-France et le Bas-Canada. Les nouveaux apports de la recherche découlant des postures théoriques ouvertes par Ouellet et Dechêne ont également infusé une série de micro-analyses régionales, en particulier celles promues par l'Institut québécois de recherche sur la culture (IQRC). C'est peut-être davantage par l'entremise de ce domaine de la recherche historique que les nouvelles propositions ont gagné du terrain sur l'historiographie traditionnelle, car ce sont pour la plupart des histoires locales portant sur une seigneurie particulière et quelques thèses de doctorat qui critiquent la vision paternaliste du bon seigneur agissant comme le père de famille de ses censitaires.

Au-delà de la description des principales thèses historiographiques, il est intéressant de noter que, dans le débat historiographique sur le féodalisme, les parties en présence ne sont pas délimitées par la langue dans laquelle la recherche a été écrite, mais bien par les diverses interprétations qu'ont adoptées les chercheurs. Les historiographies francophone et anglophone ont été liées et se sont influencées réciproquement. Il suffit pour s'en convaincre de penser à la récupération des thèses néo-nationalistes par les auteurs canadiens-anglais et à l'excellente réception de Ryerson chez les marxistes canadiens-français[2]. Il est, par ailleurs, évident que les deux historiographies ont été très sensibles à l'évolution politique canadienne[3]. En ce sens, une étude plus approfondie de la perception du féodalisme chez les différents auteurs pourrait permettre une analyse plus fine de l'influence sur l'historiographie non seulement

---

1. Serge Jaumain et Matteo Sanfilippo, « Le régime seigneurial en Nouvelle-France vu par les manuels scolaires du Canada », *CCF*, n° 4 (1987), p. 23-24.
2. Matteo Sanfilippo, « Du féodalisme au capitalisme ? Essai d'interprétation des analyses marxistes de la Nouvelle-France », *HS = SH*, vol. XVIII, n° 35 (mai 1985), p. 85-98.
3. Désormais obsolète par endroits, voir Carl Berger, *The Writing of Canadian History: Aspects of English-Canadian Historical Writing, 1900-1970*, Toronto, UTP, 1986. À comparer avec le plus récent ouvrage de Gerald Hallowell (dir.), *The Oxford Companion to Canadian History*, Toronto, Oxford University Press, 2004, sans oublier la contribution de Ian McKay, « The Liberal Order Framework: A Prospectus for a Reconnaissance of Canadian History », *CHR*, vol. LXXXI, n° 4 (2000), p. 617-645.

des idéologies canadiennes à l'époque contemporaine, mais aussi, et surtout, des choix politiques des Canadiens. La réapparition cyclique dans les débats historiques des questions discutées au Parlement canadien de 1790 à 1854 peut être en somme considérée comme une perpétuelle remise en cause des choix politiques, économiques et sociaux du Canada. Dans le débat sans fin sur le féodalisme, la dualité ethnosociale conflictuelle qui caractérise la nation canadienne a souvent pris une telle importance que les chercheurs en ont oublié tout autre contraste ou opposition. Ce n'est pas un hasard si l'on n'a mis l'accent sur la dimension socioéconomique du « régime seigneurial » que dans les vingt années au cours desquelles Pierre Elliott Trudeau a réussi à apaiser, ne serait-ce que partiellement, la confrontation entre le Canada anglais et le Canada français en donnant la parole à ce dernier[4]. Le silence des dernières années sur l'importance du phénomène féodal et la relance des thèses sur la spécificité de la réalité canadienne (soutenue par Bouchard, mais corroborée aussi par les alliés d'Eccles ainsi que par Greer et Coates) paraissent, pour leur part, être le fruit de la séparation rigide entre le Canada anglophone et le Canada francophone, ce dernier étant souvent réduit au seul Québec[5].

Le cadre historiographique délimité dans cet ouvrage est bien loin d'être complet. Une meilleure évaluation des divers parcours historiographiques nécessiterait une analyse détaillée de l'évolution par siècles et par décennies de la perception des rapports entre les classes sociales et les groupes ethniques. De telles analyses devraient à leur tour être accompagnées d'une étude des perspectives politiques à l'intérieur desquelles les auteurs francophones et anglophones ont récupéré l'histoire de la Nouvelle-France et du Bas-Canada. Un travail de cet ordre offrirait cependant assez de matière pour un autre livre en entier, et ce n'est pas au terme de notre parcours le lieu de l'entreprendre.

---

4. Roberto Perin, « Answering the Quebec Question: Two Centuries of Equivocation », dans Daniel Drache et Roberto Perin (dir.), *Negotiating with a Sovereign Quebec*, Toronto, Lorimer, 1992, p. 30-46, en particulier aux p. 43-45.
5. Marcel Martel, *Le deuil d'un pays imaginé : rêves, luttes et déroute du Canada français*, Ottawa, PUO, 1997 ; Yves Frenette et Martin Pâquet, *Brève histoire des Canadiens français*, Montréal, Éditions du Boréal, 1998 ; Marcel Martel et Michael D. Behiels (dir.), *Nation, Ideas, Identities: Essays in Honour of Ramsay Cook*, Toronto, Oxford University Press, 2000.

Il nous apparaît en revanche fécond d'évoquer quelques développements récents de la recherche, qui rappellent parfois curieusement le XIXe siècle, comme en témoigne le regain d'intérêt d'historiens français pour la question féodale dans les colonies et l'accueil que leurs travaux ont reçu en Amérique du Nord[6]. À la différence des travaux écrits par des auteurs français dans la seconde moitié du XIXe siècle, ces recherches ne tentent plus de savoir si la société de la vallée du Saint-Laurent reflétait l'Ancien Régime européen ou encore si l'expérience coloniale des XVIIe et XVIIIe siècles pouvait être riche de leçons pour les autres tentatives de colonisation française. Elles cherchent plutôt à voir si l'histoire des Français de l'autre côté de l'Atlantique diverge de celle de la mère patrie.

Si les développements parallèles de la colonie et de la mère patrie sont au cœur des études récentes, celles-ci bloquent néanmoins toujours sur la définition du système canadien : était-il féodal ou seigneurial ? Les chercheurs français connaissent généralement peu l'historiographie canadienne et consultent une documentation d'archives parfois limitée ; ils sont de surcroît conquis par une vision « exotique » de la féodalité canadienne et tendent à revaloriser l'image du seigneur agent de peuplement[7]. Cette image a été particulièrement discutée dans les recherches québécoises sur les migrations dans l'Ancien Régime, un thème bien connu en France grâce à Gervais Carpin, qui a comparé le rôle des seigneurs en France et en Nouvelle-France dans son ouvrage sur la mobilité de l'Hexagone

---

6. Les réflexions sur ce phénomène sont peu nombreuses, mais on peut lire Gilles Havard, « L'historiographie de la Nouvelle-France en France au XXe siècle : nostalgie, oubli et renouveau », dans Thomas Wien, Cécile Vidal et Yves Frenette (dir.), *De Québec à l'Amérique française : histoire et mémoire*, Québec, PUL, 2006, p. 95-124 ; Gilles Havard, « Making New France New Again », *Commonplace: The Journal of Early American Life*, vol. 7, n° 4, 2007, [En ligne], [http://commonplace.online/article/making-new-france-new-again/] (17 février 2020). En outre Claude Fohlen, « Vingt-cinq ans d'histoire canadienne en France », dans Jean-Michel Lacroix (dir.), *État des lieux de la recherche sur le Canada en France*, Bordeaux, Association française d'études canadiennes, 2001, p. 27-46, et Mickaël Augeron, « Du comptoir à la ville coloniale : la France et ses Nouveaux Mondes américains. Bilan historiographique et perspectives de recherche (c. 1990-2001) », dans Manuel Lucena Giraldo (dir.), « Las tinieblas de la memoria: una reflexión sobre los imperios en la Edad Moderna », *Debate y perspectivas: cuadernos de historia y ciencias sociales*, vol. 2 (2002), p. 141-171.
7. Jean-François Niort, « Aspects juridiques du régime seigneurial en Nouvelle-France », *Revue générale de droit*, vol. 32, n° 2 (2002), p. 443-526.

vers le Nouveau Monde dans la première moitié du XVIIe siècle, et grâce aux recherches d'Yves Landry, qui portent elles aussi sur les deux côtés de l'Atlantique[8]. Mais, en dépit de ces nouveaux apports, la recherche française sur la Nouvelle-France ne semble pas sortir des chemins tracés par les deux principaux courants historiographiques sur le féodalisme laurentien.

Il faut toutefois souligner que certains chercheurs français ont proposé de nouveaux angles d'observation intéressants. Fabienne Massard, par exemple, a insisté sur la nécessité d'étudier la formation du groupe nobiliaire en Nouvelle-France[9]. Laurent Marien, dans une étude publiée une dizaine d'années après sa recherche (ce qui s'en ressent un peu du point de vue historiographique), a montré que l'arrière-fief avait été utilisé comme une récompense au cours de la première phase de colonisation et qu'il avait joué un rôle « d'ascenseur social » pour les roturiers cherchant à améliorer leur sort. Selon Marien, c'est précisément ce rôle d'ascenseur propre à l'arrière-fief canadien qui explique pourquoi la France ne connut pas le même genre de phénomène de sous-inféodation : en France, il était

---

8. Gervais Carpin, *Le réseau du Canada : étude du mode migratoire de la France vers la Nouvelle-France (1628-1662)*, Sillery, Éditions du Septentrion ; Paris, Presses de l'Université Paris-Sorbonne, 2001 ; Yves Landry, *Orphelines en France, pionnières au Canada : les Filles du roi au XVIIe siècle*, Montréal, Leméac Éditeur, 1992 ; Yves Landry (dir.), *Pour le Christ et le Roi : la vie au temps des premiers Montréalais*, Montréal, Libre Expression et Art global, 1992 ; Yves Landry et al. (dir.), *Les chemins de la migration en Belgique et au Québec du XVIIe au XXe siècle*, Louvain-la-Neuve, Éditions Academia-Érasme ; Beauport, MNH, 1995 ; Yves Landry (dir.), *Peuplement du Canada aux XVIIe et XVIIIe siècles : actes des premières journées d'étude*, Caen, Centre de recherche d'histoire quantitative, 2004 ; Yves Landry (dir.), *Registres paroissiaux, actes notariés et bases de données : informatisation de sources de l'histoire moderne, de la démographie historique et de la généalogie*, Caen, Centre de recherche d'histoire quantitative, 2005. Voir enfin, pour un cadre historiographique, Yves Landry, « Les Français passés au Canada avant 1760 : le regard de l'émigrant », *RHAF*, vol. LIX, n° 4 (printemps 2006), p. 481-500 et aussi Daniel Hickey, « Partir en Amérique française aux XVIIe et XVIIIe siècles : un bilan historiographique des processus et mécanismes de colonisation », dans André Magord (dir.), *L'Acadie plurielle*, Poitiers, Institut d'études acadiennes et québécoises ; Moncton, Centre d'études acadiennes, 2003, p. 29-41.

9. Fabienne Massard, « Propriété seigneuriale et noblesse dans le gouvernement de Québec (1626-1759) », *Études canadiennes = Canadian Studies*, vol. 38 (1995), p. 7-15. [N. D. É. Massard a effectué la rédaction de son mémoire de maîtrise sous la supervision de Jacques Mathieu et d'Alain Laberge.]

très difficile de gravir l'échelle sociale au milieu du XVIIe siècle, tandis qu'il y avait encore des possibilités d'ascension sociale au Canada[10]. En 2003, Gilles Havard et Cécile Vidal ont publié une synthèse sur les colonies françaises en Amérique, dans laquelle ils soutiennent que la Nouvelle-France était une société d'Ancien Régime[11], tout en spécifiant que le « système seigneurial » avait été implanté pour des raisons de colonisation et qu'il servait à son avancement ainsi qu'à la gestion de la pêche et du commerce des peaux. Leur schéma s'inspire donc largement des réflexions de Courville et de Mathieu, bien qu'ils y aient ajouté l'idée que le système seigneurial canadien était plus vigoureux que le système français et qu'il s'était renforcé au cours du XVIIIe siècle.

Dans les mêmes années, l'historien québécois Benoît Grenier, dont les thèses font quelques concessions à l'idée de l'exotisme de la colonie par rapport à la mère patrie, propose lui aussi des pistes d'étude inédites. Grenier explore en profondeur les spécificités du système seigneurial de la Nouvelle-France en insistant sur deux éléments centraux : 1) la pauvreté relative des détenteurs de fiefs et 2) leur absentéisme, les seigneurs étant affairés à obtenir des offices et des subventions publiques[12]. On doit aussi

---

10. Laurent Marien, « Les arrière-fiefs au Canada de 1632 à 1760 : un maillon socio-économique du régime seigneurial », *H&SR*, vol. 19, n° 1 (2003), p. 159-191. [N. D. É. Voir aussi Laurent Marien, « Les arrière-fiefs au Canada sous le Régime français : des expressions d'enjeux socio-économiques », *Proceedings of the Meeting of the French Colonial Historical Society*, vol. 22 (1998), p. 151-161 ; Laurent Marien, « Le régime seigneurial au Canada : territoires, pouvoirs et régulation socio-économique (XVIIe-XVIIIe siècles) », dans Frédéric Chauvaud et Jacques Péret (dir.), *Terres marines : études en hommage à Dominique Guillemet*, Rennes, PUR, 2006, p. 323-331. À noter que Marien a effectué la rédaction de son mémoire de maîtrise sous la supervision de Jacques Mathieu et d'Alain Laberge.]
11. Gilles Havard et Cécile Vidal, *Histoire de l'Amérique française*, Paris, Flammarion, 2003. Vidal a également participé à d'autres projets communs et notamment à *De Québec à l'Amérique française*, piloté par Thomas Wien et Yves Frenette.
12. Benoît Grenier, « Seigneurs résidants et notabilité dans la vallée du Saint-Laurent (XVIIe-XIXe siècle) », *Annales de Bretagne et des Pays de l'Ouest*, vol. 110, n° 2 (2003), p. 59-75 ; Benoît Grenier, « "Nulle terre sans seigneur ?" : une étude comparative de la présence seigneuriale (France-Canada), XVIIe-XIXe siècles », *French Colonial History*, vol. 5 (2004), p. 7-24 ; Benoît Grenier, « "Gentilshommes campagnards" : la présence seigneuriale dans la vallée du Saint-Laurent (XVIIe-XIXe siècle) », *RHAF*, vol. LIX, n° 4 (printemps 2006), p. 409-449 ; Benoît Grenier, « Gentilshommes campagnards de la Nouvelle-France, XVIIe-XIXe siècle :

à Grenier d'avoir reformulé le problème de l'émigration en rappelant que les seigneurs eux-mêmes étaient des migrants. Il s'est par ailleurs intéressé à la double question des stratégies matrimoniales et du genre, travaillant non seulement sur les alliances familiales, mais aussi sur le rôle des femmes dans les familles aristocratiques et dans la défense des privilèges de leur propre clan[13].

Le renouvellement de l'historiographie francophone s'est notamment effectué par l'entremise d'entreprises collectives comme celles sur la démographie et les sociétés rurales dont on a discuté dans le chapitre II. Cela a entraîné une collaboration plus étroite entre historiens situés des deux côtés de l'Atlantique, comme en témoigne le colloque « Le régime seigneurial au Québec 150 ans après : bilans et perspectives de recherches à l'occasion de la commémoration du 150e anniversaire de l'abolition du régime seigneurial », dirigé par Alain Laberge et Benoît Grenier à l'Université Laval, tous deux membres réguliers du CIEQ[14].

Ce colloque, par le biais des communications retenues et de la recherche personnelle des deux organisateurs, défendait la thèse voulant qu'un système globalement similaire à celui de la métropole, mais relativement autonome sur le plan socioculturel avait été créé dans la vallée du Saint-Laurent[15]. Il s'agit certes d'un écho des idées qui ont incité Bouchard à exalter les spécificités des nouvelles nations (avec tout ce que

---

une autre seigneurie laurentienne ? », *French Colonial History*, vol. 7 (2006), p. 21-43.

13. Benoît Grenier, « Le seigneur est mort… Vive la seigneuresse ? Regard sur le veuvage des épouses de seigneurs en Nouvelle-France », dans *Actes du 2ᵉ Colloque étudiant du département d'histoire (Université Laval)*, Québec, CÉLAT, 2003, p. 7-19 ; Benoît Grenier, *Marie-Catherine Peuvret : veuve et seigneuresse en Nouvelle-France (1667-1739)*, Sillery, Éditions du Septentrion, 2005 ; Benoît Grenier, *Seigneurs campagnards de la Nouvelle France : présence seigneuriale et sociabilité rurale dans la vallée du Saint-Laurent à l'époque préindustrielle*, Rennes, PUR, 2007. [N. D. É. La *Brève histoire du régime seigneurial* (Montréal, Éditions du Boréal, 2012) de Grenier sera abordée dans la postface.]

14. N. D. É. Pour les actes de ce colloque, voir Alain Laberge et Benoît Grenier (dir.), *Le régime seigneurial au Québec 150 ans après : bilans et perspectives de recherches à l'occasion de la commémoration du 150ᵉ anniversaire de l'abolition du régime seigneurial*, Québec, CIEQ, 2009, coll. « Cheminements ».

15. Thierry Berthet, *Seigneurs et colons de Nouvelle-France : l'émergence d'une société distincte au XVIIIᵉ siècle*, Cachan, Les Éditions de l'École normale supérieure, 1992.

cela implique et dont il a déjà été question plus haut), mais c'est aussi un élément de réflexion historique réel qui ne peut être ignoré : le système seigneurial canadien ne fut pas exactement à l'image de celui en vigueur dans la mère patrie, ne serait-ce que parce qu'il avait en fait eu deux mères patries, d'abord la France, puis l'Angleterre. La proposition du particularisme socioculturel de la société laurentienne était nouvelle, en ce sens qu'en réalité, le thème du particularisme nord-américain n'a jamais été vraiment abordé en dehors des références au contexte géographique de la part de ceux qui ont soutenu l'importance de la frontière, de Turner à Bouchard. L'une des rares explications du particularisme qui tienne compte de l'expérience européenne et du contexte nord-américain a d'ailleurs été offerte par le géographe Louis-Edmond Hamelin, qui a suggéré que la différence entre le Vieux et le Nouveau Monde naquit précisément de l'application au Nouveau Monde du système féodal ou, du moins, du mécanisme de subdivision et d'assignation des terres. La division des terres en rangs faisant face au fleuve, la voie de communication la plus rapide, et non en bourgs (comme il y en avait en France et comme l'aurait voulu l'intendant Talon) fut l'élément décisif qui entraîna des distinctions entre la société de la Nouvelle-France et celle de la mère patrie[16].

Louis-Edmond Hamelin, de même que Courville[17] ont montré avec cette hypothèse que de nouvelles réponses pouvaient être offertes à d'anciens thèmes de recherche. Depuis le début des années 1990, il y a eu d'autres tentatives, peut-être insuffisamment publiées ou publicisées, de réaliser le même genre de renouvellement historiographique. Les dernières pages du présent ouvrage seront consacrées à présenter quelques-unes d'entre elles.

La question de la formation et des pratiques de la noblesse coloniale, déjà évoquée par la recherche de Massard, est consubstantielle à l'institution des fiefs. Entre le XIXe siècle et l'après-guerre, elle a souvent été abordée dans les études qui discutaient des différents aspects du « régime

---

16. Louis-Edmond Hamelin, *Le rang d'habitat : le réel et l'imaginaire*, Montréal, Hurtubise HMH, 1993.
17. Le sujet du rang est aussi évoqué dans Serge Courville, « Contribution à l'étude de l'origine du rang au Québec : la politique spatiale des Cent-Associés », *CGQ*, vol. XXV, n° 65 (1981), p. 197-235 ; Serge Courville, *Le Québec : genèses et mutations du territoire : synthèse de géographie historique*, Sainte-Foy, PUL ; Paris, L'Harmattan, 2000.

seigneurial[18] ». Mais la lentille des chercheurs a ensuite dirigé son point focal sur la bourgeoisie et, plus précisément, sur les phénomènes de la naissance d'une bourgeoisie coloniale, sur la transformation des élites bourgeoises après la Conquête et sur la cohabitation des bourgeoisies d'origines française et britannique[19]. Ouellet a rouvert la discussion sans trop de succès en comparant la présence aristocratique dans la milice canadienne sous le Régime français et sous le Régime britannique. Cette piste a cependant été suivie ultérieurement par quelques chercheurs, surtout en ce qui concerne le rapport entre l'aristocratie locale et le service militaire[20]. Dans les années 1990, Lorraine Gadoury s'est intéressée en

---

18. Benjamin Sulte, « L'ancienne noblesse du Canada », *Revue canadienne*, nouvelle série, vol. 5, nos 5-6-7 (juillet 1885), p. 298-306, 341-348, 396-405 ; Benjamin Sulte, « La noblesse au Canada avant 1760 », *MSRC*, troisième série, vol. VIII (1914), p. 103-135 ; J. D. Edgar, « Titles of Honour in Canada », *University [of Toronto] Quarterly Review* (février 1890), p. 88-104 ; Léon Gérin, « Le gentilhomme français et la colonisation du Canada », *MSRC*, deuxième série, vol. II (1896), p. 65-94 ; William B. Munro, *The Seigniorial System in Canada: A Study in French Colonial Policy*, New York, Longmans, Green and Company, 1907, p. 159-177 ; Azarie Couillard-Després, *La noblesse de France et du Canada*, Montréal, Le Pays laurentien, 1915 ; Charles E. Lart, « The Noblesse of Canada », *CHR*, vol. III, n° 3 (1922), p. 222-232 ; Régis Roy, « La noblesse au Canada avant 1760 », *BRH*, vol. L, n° 1 (1944), p. 16-19 ; Guy Frégault, *La société canadienne sous le régime français*, Ottawa, Société historique du Canada, Brochure historique n° 3, 1954.

19. Ces études ont connu une grande fortune dans les années 1960 et 1970. Voir Cameron Nish, « La bourgeoisie et le système seigneurial », *L'Actualité économique*, vol. XLIII, n° 3 (1967), p. 507-535 ; Robert Comeau et Paul-André Linteau, « Une question historiographique : une bourgeoisie en Nouvelle-France ? », dans Robert Comeau (dir.), *Économie québécoise*, Montréal, UQAM, 1969, p. 311-323 ; Dale Miquelon (dir.), *Society and Conquest: The Debate on the Bourgeoisie and Social Change in French Canada*, Toronto, Copp Clark, 1977. Elles ont repris dans les dernières années, mais dans une perspective plus ingénieuse, tels Colin M. Coates, « The Rebellions of 1837-1838, and Other Bourgeois Revolutions in Quebec Historiography », *International Journal of Canadian Studies*, vol. 20 (1999), p. 19-34, et Marie-Frédérique Desbiens, « Les Patriotes de 1837-1838 : modèles et représentations », *BHP*, vol. 12, n° 1 (automne 2003), p. 9-15.

20. Fernand Ouellet, « Officiers de milice et structure sociale au Québec (1660-1815) », *HS = SH*, vol. XII, n° 23 (1979), p. 37-65. Ce travail pionnier a été repris par Roch Legault, dans « Le rôle militaire assigné à la gentilhommerie canadienne sous le régime britannique, 1775-1815 », *RHAF*, vol. XLV, n° 2 (automne 1991), p. 229-249 ; Christian Dessureault et Roch Legault, « Évolution

détail à certains aspects sociaux et culturels (comme la famille ou les pratiques épistolaires) de la noblesse d'origine française[21]. Enfin, une monographie familiale de Sophie Imbeault a dépassé la période française pour étudier ce qu'il advint des nobles d'origine française pendant la période britannique[22]. Comme l'avait suggéré Lorraine Gadoury, Benoît Grenier a croisé ces questions de recherche avec une étude des stratégies matrimoniales[23] : qui les membres des familles seigneuriales épousaient-ils ? Des représentations aristocratiques influençaient-elles ces choix ? Ces questions s'inscrivaient alors dans un courant plus large d'étude de l'histoire des pratiques matrimoniales, qui a permis, par exemple, à Jacques Vanderlinden de montrer qu'il y avait en Acadie des mariages entre des familles seigneuriales et des familles de roturiers en phase d'ascension sociale, mais qui n'étaient pas détentrices de fiefs[24].

L'importance du commerce des fourrures par rapport aux autres affaires seigneuriales est un autre des sujets intéressants repris récemment et qui a particulièrement fasciné certains chercheurs français[25]. D'importantes recherches locales ont montré que cette relation évolutive

---

organisationnelle et sociale de la milice sédentaire canadienne : le cas du bataillon de Saint-Hyacinthe, 1808-1830 », *JCHA = RSHC*, vol. 8, n° 1 (1997), p. 87-112 ; Roch Legault, *Une élite en déroute : les militaires canadiens après la Conquête*, Outremont, Athéna éditions, 2002.

21. Lorraine Gadoury, *La noblesse de la Nouvelle-France : famille et alliances*, Montréal, Hurtubise HMH, 1991 ; Lorraine Gadoury, *La famille dans son intimité : échanges épistolaires au sein de l'élite canadienne du XVIIIe siècle*, Montréal, Hurtubise HMH, 1998.
22. Sophie Imbeault, *Les Tarieu de Lanaudière : une famille noble après la Conquête, 1760-1791*, Sillery, Éditions du Septentrion, 2004.
23. Benoît Grenier, *Marie-Catherine Peuvret : veuve et seigneuresse en Nouvelle-France (1667-1739)*, Sillery, Éditions du Septentrion, 2005 ; Benoît Grenier, *Seigneurs campagnards de la Nouvelle France : présence seigneuriale et sociabilité rurale dans la vallée du Saint-Laurent à l'époque préindustrielle*, Rennes, PUR, 2007 ; Gadoury, *La noblesse de la Nouvelle-France*.
24. Jacques Vanderlinden, *Se marier en Acadie française, XVIIe et XVIIIe siècles*, Moncton, Chaire d'études acadiennes et Éditions d'Acadie, 1998.
25. Mis à part ceux que l'on a cités dans les notes précédentes à propos des chercheurs français, voir Thierry Lefrançois *et al.*, *La traite de la fourrure : les Français et la découverte de l'Amérique du Nord*, La Rochelle, Musée du Nouveau Monde, 1992, et Bernard Allaire, *Pelleteries, manchons et chapeaux de castor : les fourrures nord-américaines à Paris 1500-1632*, Sillery, Éditions du Septentrion ; Paris, Presses de l'Université de Paris-Sorbonne, 1999.

changea avec le temps et que l'agriculture fut certainement l'activité la plus importante à la fin du Régime français[26]. Cette reconnaissance de l'importance réelle du cadre seigneurial pour les seigneurs comme pour l'activité économique dans la colonie, visible notamment chez Grenier, a incité les historiens à réévaluer l'influence de l'institution féodale sur la société laurentienne. Alain Laberge, directeur de thèse de Benoît Grenier, a notamment consacré quelques pages à la mise en œuvre de l'institution seigneuriale et à la construction des cadres fondamentaux de la société de la Côte-du-Sud. Ce thème est ressorti dans plusieurs études régionales promues par l'IQRC dans les années 1990[27] : tous les auteurs de ces études ont abordé le problème du rapport entre les concessions féodales et le peuplement, un problème qui reste d'actualité dans la première décennie des années 2000[28]. Ils se sont de surcroît intéressés à l'évolution du système féodal dans les espaces marginaux de la colonie sous le Régime britannique aussi bien qu'à l'expansion, alors contemporaine, des villages seigneuriaux et de la croissance économique[29].

L'attention portée à l'échelle locale dans le sillage des travaux évoqués plus haut offre de nouvelles clés d'interprétation pour le développement d'un schéma plus général. À la toute fin du dernier millénaire, Christian Dessureault a repris le problème de la dynamique du monde rural en utilisant la seigneurie de Saint-Hyacinthe comme un microcosme explicatif[30]. En 2004, Pierre Nadon a exploré le cas d'un fief qui était aussi un

---

26. Alain Laberge *et al.*, *Histoire de la Côte-du-Sud*, Québec, IQRC, 1993, chapitre III ; Serge Laurin, *Histoire des Laurentides*, Québec, IQRC, 1995, chapitres III-IV ; Mario Filion *et al.*, *Histoire du Haut-Saint-Laurent*, Québec, IQRC, 2000, chapitres IV-V.
27. Laberge *et al.*, *Histoire de la Côte-du-Sud*, chapitre IV ; Roch Samson *et al.*, *Histoire de Lévis-Lotbinière*, Québec, PUL et IQRC, 1996, chapitre VIII.
28. Mario Filion *et al.*, *Histoire du Richelieu-Yamaska-Rive-Sud*, Québec, PUL et IQRC, 2000, chapitres IV et VI ; Normand Séguin et René Hardy, *Histoire de la Mauricie*, Québec, PUL et IQRC, 2004, chapitre II ; Pierre C. Poulin, Barry Rodrigue et Serge Courville, *Histoire de Beauce-Etchemin-Amiante*, Québec, PUL et IQRC, 2003, chapitre V.
29. Jean-Charles Fortin *et al.*, *Histoire du Bas-Saint-Laurent*, Québec, IQRC, 1993, chapitres III et IV ; Poulin, Rodrigue et Courville, *Histoire de Beauce-Etchemin-Amiante*.
30. Christian Dessureault, « Fortune paysanne et cycle de vie : le cas de la seigneurie de Saint-Hyacinthe (1795-1844) », *Histoire et sociétés rurales*, vol. 7, n° 1 (1997), p. 73-96.

poste-frontière[31]. Deux ans plus tard, Jean-Claude Massé s'est servi de la trajectoire biographique d'un militaire britannique devenu seigneur pour montrer les mécanismes derrière l'acquisition de multiples fiefs et le rapport entre ce phénomène et le commerce des fourrures[32]. Le traitement de cas spécifiques a soulevé des questions thématiques d'un grand intérêt, comme en témoignent le cas des moulins étudiés par Denis Gravel et celui des corvées, par Jeanne Pomerleau[33]. Ces livres ont souvent dépassé les confins chronologiques de la Nouvelle-France et du Canada colonial, mais ils ont offert des idées et des hypothèses dont on aurait tort de se priver.

Les intellectuels et les chercheurs réunis autour d'Alain Laberge ont eu un rôle déterminant dans le renouvellement des projets de recherche sur la Nouvelle-France. Laberge a en effet dirigé une série de projets, qui ne se sont pas encore tous traduits par des publications[34]. Ainsi, au cours du colloque « Espaces et familles » (18 novembre 2006) de la Société de généalogie de Québec, il a présenté une recherche sur la vie et les sources de la société féodale dans la vallée du Saint-Laurent[35]. Sur la Toile, le site

---

31. Pierre Nadon, *La baie du Grand Pabos: une seigneurie gaspésienne en Nouvelle-France au XVIIIe siècle*, Québec, Association des archéologues du Québec, 2004.
32. Jean-Claude Massé, *Malcolm Fraser: de soldat écossais à seigneur canadien (1733-1815)*, Sillery, Éditions du Septentrion, 2006.
33. Denis Gravel, *Moulins et meuniers du Bas-Lachine 1667-1890*, Sillery, Éditions du Septentrion, 1995 ; Jeanne Pomerleau, *Corvées et quêtes: un parcours au Canada français*, Montréal, Hurtubise HMH, 2002. Sur ces angles particuliers, voir aussi Georges Bellemare, « Le moulin banal de Cournoyer », *Les Cahiers d'histoire de la Société d'histoire de Belœil – Mont-Saint-Hilaire*, n° 46 (1995), p. 17-23 ; François Cantara, « Les routes à Sillery sous le Régime français », *RHAF*, vol. IL, n° 4 (printemps 1996), p. 551-566 ; Solange De Blois, « Les moulins de Terrebonne (1720-1775) ou les hauts et les bas d'une entreprise seigneuriale », *RHAF*, vol. LI, n° 1 (été 1997), p. 3970 ; Roch Samson, *Les Forges du Saint-Maurice: les débuts de l'industrie sidérurgique au Canada, 1730-1883*, Sainte-Foy, PUL, 1998. [N. D. É. Sur les corvées en Nouvelle-France, voir aussi Richard H. Tomczak, « Corvée Labour and the Habitant "Spirit of Mutiny" in New France, 1688-1731 », *Labour = Le Travail*, n° 87 (printemps 2021), p. 19-47.]
34. N. D. É. Sera abordé dans la postface l'ouvrage suivant: Alain Laberge (avec la collaboration de Jacques Mathieu et de Lina Gouger), *Portraits de campagnes: la formation du monde rural laurentien au XVIIIe siècle*, Québec, PUL et CIEQ, 2010.
35. Voir la recension de Gilles Durand, « Le côté plus caché de l'aventure française en Amérique du Nord: la localisation des familles dans l'espace, sous le signe du partenariat et de la continuité des sources. Colloque du 18 novembre 2006 »,

de l'Université Laval mentionne également la création du *Répertoire des seigneuries du Québec*[36], financé par le Conseil de recherches en sciences humaines du Canada (2004-2007), et de la recherche *Fleuve et seigneuries : occupation et aménagement du littoral laurentien au Canada sous le régime français* (2007-2008), qui a donné lieu à la présentation d'une communication au XXXIIIe Congrès international de la French Colonial Society (La Rochelle, 6-9 juin 2007)[37].

---

dans Commission franco-québécoise sur les lieux de mémoire communs, *Bulletin Mémoires Vives*, vol. 19 (novembre 2006), [En ligne], [http://www.cfqlmc.org/index.php?option=com_k2&view=item&layout=item&id=1483&Itemid=352] (28 septembre 2021).

36. Alain Laberge et Benoît Grenier (dir.), *Répertoire des seigneuries du Québec*, Québec, CIEQ, 2020, [En ligne], [https://espace.cieq.ca/] (28 septembre 2021).

37. N. D. É. Laberge, acteur central du dynamisme de l'histoire seigneuriale au Québec, a prononcé un bon nombre d'autres conférences après 2008. Voir, par exemple, Alain Laberge, « "… Et sur lequel fief ledit comparant déclare posséder un domaine…" : exploitations agricoles et pouvoir seigneurial au XVIIIe siècle dans la vallée du Saint-Laurent », 63e congrès de l'IHAF, Ottawa, 23 octobre 2010 ; Alain Laberge, « Quand le seigneur n'est pas là : fermiers et procureurs seigneuriaux sur la Côte-du-Sud, 1670-1750 », 65e congrès de l'IHAF, Sherbrooke, 19 octobre 2012 ; Alain Laberge, « "Seigneuries à vendre" : la publicité du marché foncier dans la *Gazette de Québec*, 1764-1774 », 66e congrès de l'IHAF, Rimouski, 12 octobre 2013 ; Alain Laberge, « L'Acte de Québec et le régime seigneurial laurentien : la mise en perspective d'une reconnaissance », Colloque international « The Quebec Act of 1774 : Transnational Contexts, Meanings, and Legacies = 1774 : l'Acte de Québec : contextes transnationaux, interprétations et héritages », Omohundro Institute of Early American History and Culture, Montréal, 4-5 octobre 2013 ; Alain Laberge, « Vassaux et suzerain de la vallée du Saint-Laurent après la Conquête : les actes de foi et hommage et d'aveux et dénombrements durant la guerre d'indépendance américaine, 1777-1782 », French Colonial Historical Society = Société d'histoire coloniale française, Louisbourg (Nouvelle-Écosse), 14 juin 2013 ; Alain Laberge, « Les seigneuries concédées aux officiers de Carignan-Salières : officiers-seigneurs et/ou seigneurs-officiers ? », Fédération Histoire-Québec (Fédération des Sociétés d'histoire du Québec), Colloque « Le régiment de Carignan-Salières : les premières troupes françaises de la Nouvelle-France 1665-1668 », Montréal, 7 novembre 2015 ; Alain Laberge, « Pouvoir royal et privilège foncier : une lecture "absolutiste" du régime seigneurial au Canada (XVIIe-XVIIIe s.) », Colloque international « L'"absolutisme" dans les territoires français d'Amérique à l'époque moderne », Nantes (France), 26 octobre 2017 ; Alain Laberge, « Les seigneuries de la Côte-du-Sud », Colloque « Histoire et patrimoine seigneurial », Saint-Roch-des-Aulnaies, 14 septembre 2019 ; Alain Laberge et Benoît Grenier, « Vers un *Répertoire des seigneuries du*

Le développement rapide d'Internet s'est traduit par l'apparition de sites présentant des informations sur le « régime seigneurial », et il semble aujourd'hui nécessaire de tenir compte de ce nouveau support historiographique. L'offre d'informations en ligne est considérable sur le plan quantitatif, bien qu'elle se résume la plupart du temps à quelques faits et données répétés à l'infini, d'ailleurs tirés de travaux publiés en version papier. Ainsi, Wikipédia, la plus grande et la plus fameuse encyclopédie collaborative en ligne, affirmait catégoriquement en 2008 que « [t]*he seigneurial system of New France was the semi-feudal system of land distribution used in the colonies of New France*» et signale qu'il fut introduit en Amérique en 1627[38]. Cette affirmation est reprise de l'entrée sur le régime seigneurial de Jacques Mathieu, dans *The Canadian Encyclopedia*, elle-même plus ou moins tirée de sa version française sur le Web[39].

De manière similaire, le site proposant la visite touristique de la seigneurie des Aulnaies présentait en 2008 la description suivante, très traditionnelle, du fief laurentien : « La seigneurie n'est pas un pur don de l'État pour récompenser un individu, elle n'est pas donnée au [s]eigneur pour le plaisir d'en faire un grand propriétaire terrien : celui qui devient [s]eigneur, devient entrepreneur en peuplement et toute une série de devoirs a été prévue pour lui[40] ». Les devoirs en question, auxquels on renvoyait habilement par un lien hypertexte, étaient ensuite rappelés sur

Québec, des origines à 1940 », 71ᵉ congrès de l'IHAF, Drummondville, 19 octobre 2018.
38. Voir [En ligne], [http://en.wikipedia.org/wiki/Seigneurial_system_of_New_France]. [N. D. É. Au 28 septembre 2021, la citation gardait le même esprit, mais sa portée était étendue à toutes les colonies américaines de la France : « *The manorial system of New France, known as the seigneurial system, was the semi-feudal system of land tenure used in the North American French colonial empire.* » Par ailleurs, on mentionne désormais 1628, et non plus 1627, comme date d'implantation du système seigneurial en Nouvelle-France.]
39. Jacques Mathieu, « Régime seigneurial », dans *The Canadian Encyclopedia Plus*, Toronto, McClelland & Stewart, 1996. (N. D. É. Voir la version Web, donnée en bibliographie, Jacques Mathieu, « Régime seigneurial », dans *L'Encyclopédie canadienne*, publié le 25 août 2013 [dernière modification le 4 mars 2015], [En ligne], [https://www.thecanadianencyclopedia.ca/fr/article/regime-seigneurial]. La version anglaise est également disponible : [https://www.thecanadianencyclopedia.ca/en/article/seigneurial-system]).
40. Voir le site [https://www.laseigneuriedesaulnaies.qc.ca/] ; [N. D. É. La citation est introuvable sur le site Web en date du 30 octobre 2020].

Nouvelles perspectives ? 101

la page correspondante, où l'on trouvait un discours sur l'obligation de
« tenir feu et lieu » et de faire bâtir un moulin banal[41]. Il est stupéfiant
qu'un site bien fait, qui a obtenu un prix et qui comporte une ample
section historique, se fasse de cette manière le relais de l'historiographie
traditionnelle[42].

L'intérêt d'Internet est qu'il ouvre la porte à l'intégration des deux
dimensions textuelles que sont, d'une part, la narration et, d'autre part,
l'illustration ou l'exemple. Le texte imprimé n'autorise qu'avec difficulté
la combinaison d'une réflexion à l'échelle générale et d'une réflexion
de type monographique, comme l'a tenté Benoît Grenier en insérant
des encadrés dans son texte pour lier la trajectoire de Marie-Catherine
Peuvret à des éléments conjoncturels plus larges de l'histoire seigneuriale[43]. À l'inverse, la présentation quasi anthologique dans un ouvrage
imprimé d'un trop grand nombre de documents appartenant à des typo-
logies variées fait perdre de vue le fil de l'argumentation scientifique. Du
reste, la reproduction iconographique et le support visuel sont presque
toujours négligés dans les publications en version papier. Ce problème
est résolu par le mécanisme du lien hypertexte. Dans le projet *Inventaire
des lieux de mémoire de la Nouvelle-France* dirigé par Marc Saint-Hilaire,
par exemple, la section dédiée à la gestion de l'espace renvoie, au moyen
de liens hypertextes, à un grand nombre de pages présentant des plaques

---

41. [En ligne], [http://www.laseigneuriedesaulnaies.qc.ca/historique_lesDevoirs-DuSeigneurEnversLesCensitaires.htm]. [N. D. É. Cette page n'existait plus en date du 30 octobre 2020. Voir notre commentaire dans la note précédente. Par contre, il est à noter que les plaques explicatives encore présentes sur le site de la seigneurie des Aulnaies à l'été 2019 mettent l'accent, entre autres, sur l'idée d'une certaine égalité entre « les habitants et le seigneur », ce dernier jouissant essentiellement d'une autorité symbolique.]

42. N. D. É. Sur la vision du régime seigneurial que véhicule le site patrimonial de la seigneurie des Aulnaies, nous suggérons de consulter Mathieu Lévesque-Dupéré, *« Vieux manoirs, vieilles maisons » : la patrimonialisation des résidences seigneuriales sur la Côte-du-Sud*, mémoire de maîtrise (histoire), Sherbrooke, Université de Sherbrooke, 2018 ; Jean-René Thuot, « L'imaginaire seigneurial : les points de convergence entre recherche fondamentale, initiatives touristiques et mémoires communautaires », dans Benoît Grenier et Michel Morissette (dir.), *Nouveaux regards en histoire seigneuriale au Québec*, Québec, Éditions du Septentrion, 2016, p. 364-397. Sur les paradoxes de la mémoire seigneuriale au Québec, voir notre postface *infra*.

43. Grenier, *Marie-Catherine Peuvret*.

commémoratives, des résidences féodales et d'autres monuments témoignant des réalités féodales du passé[44].

La principale promesse de la Toile comme plateforme demeure toutefois celle d'arriver à présenter de manière holistique l'ensemble des différents éléments historiques de l'expérience féodale laurentienne. Une telle expérience a été tentée sur le site du Musée canadien de l'histoire. On y trouvait une page consacrée au « régime seigneurial » avec glossaires et renvois aux sources bibliographiques (essentiellement les ouvrages majeurs de Courville, de Dechêne, de Harris, de Ouellet, de Trudel et de Wallot)[45]. Le texte, publié par Suzanne Marchand, prévoyait une série de liens hypertextes : tentatives de peuplement ; la Nouvelle-France, une grande seigneurie ; portrait du seigneur de Beauport ; à propos d'un manoir (celui de Giffard à Beauport) ; la division des terres ; les droits

---

44. Voir [En ligne], [http://inventairenf.cieq.ulaval.ca:8080/inventaire/home.do;jsessionid=9AD780683354B913DBA9BDB7CE41C7B7do?refTheme=39]. [N. D. É. Lien inaccessible au 30 octobre 2020. Nous renvoyons plutôt aux articles suivants : Daniel Lauzon et Alain Roy, « L'inventaire des lieux de mémoire de la Nouvelle-France au Québec », *In Situ : revue des patrimoines*, vol. 3 (2003), [En ligne], [https://journals.openedition.org/insitu/1257] (28 septembre 2021) ; Georges Coste, « L'inventaire des lieux de mémoire de la Nouvelle-France en Poitou-Charentes », *In Situ : revue des patrimoines*, vol. 3 (2003), [En ligne], [https://journals.openedition.org/insitu/1264] (28 septembre 2021) ; Aline Carpentier et Elsa Guerry, « L'inventaire des lieux de mémoire de la Nouvelle-France en Poitou-Charentes : patrimoine(s) et identité(s) », dans Frédéric Chauvaud et Jacques Péret (dir.), *Terres marines : études en hommage à Dominique Guillemet*, Rennes, PUR, 2006, p. 333-340 ; Aline Carpentier et Elsa Guerry, « Mémoires de la Nouvelle-France en Poitou-Charentes : état de l'inventaire 2002-2003 », dans Wien, Vidal et Frenette (dir.), *De Québec à l'Amérique française*, p. 375-386 ; Samantha Rompillon et Alain Roy, « Le projet *Inventaire des lieux de mémoire de la Nouvelle-France* : présentation », dans Wien, Vidal et Frenette (dir.), *De Québec à l'Amérique française*, p. 371-374 ; Samantha Rompillon *et al.*, « De la banque de données à l'exploitation : les lieux de mémoire de la Nouvelle-France au Québec », dans Wien, Vidal et Frenette (dir.), *De Québec à l'Amérique française*, p. 387-399.]
45. À l'adresse [http://www.civilisations.ca/vmnf/popul/seigneurs/seign-fr.htm]. [N. D. É. Inactive au 30 octobre 2020. On se reportera toutefois au *Musée virtuel de la Nouvelle-France*, hébergé sur le site Web du Musée canadien de l'histoire, qui rassemble nombre d'informations sur le régime seigneurial laurentien [https://www.museedelhistoire.ca/musee-virtuel-de-la-nouvelle-france/introduction/].]

d'exaction des seigneurs; la résistance des censitaires; la seigneurie; Jean Talon; vivre de ses rentes; la fin du régime seigneurial.

Les références permettaient avec succès de visualiser des extraits de documents et des sources iconographiques. Mais ce nouveau format de présentation ne réglait pas le problème de la définition générale du phénomène seigneurial. Selon l'autrice, en Nouvelle-France, le seigneur était celui à qui les autorités avaient vendu ou concédé une grande portion de terre en échange du devoir de la faire exploiter, d'y construire un manoir et de peupler les concessions. Pour y parvenir, le seigneur recourait aux engagés, qui restaient souvent dans la seigneurie au terme de la période de travail après laquelle ils avaient la possibilité de retraverser l'océan. Une parcelle de terre leur était ainsi vendue, et le seigneur s'affairait à veiller sur leur sécurité et sur leur bien-être. Quelques obligations envers le seigneur étaient toutefois maintenues, comme celle de lui offrir une toute petite part de la récolte. Dans cette explication, non seulement les traces de l'origine féodale du système avaient-elles disparu, mais l'accent était mis sur les mécanismes de vente de la terre, sans spécifier comment se faisait une concession à un feudataire ou à un censitaire et comment celle-ci pouvait être vendue, et sans aucun égard pour les liens sociaux inégaux et les mécanismes d'attachement des censitaires à la terre. Le système seigneurial était ici complètement neutralisé sur le plan conceptuel.

En conclusion, les recherches ponctuelles menées dans les décennies 1990-2000 et 2000-2010 ont été riches sur le plan de la production de données et de faits, mais n'ont pas réussi à enterrer un certain nombre d'*a priori* sur le « régime seigneurial », qui sont devenus des poncifs menaçant d'obstruer toute perception des différences historiques. Internet est d'ailleurs le médium dans lequel on tend le plus à se réapproprier le passé en le ramenant à des réalités contemporaines et en le décrivant avec le langage conceptuel et décontextualisé de notre présent. Cette tendance semble aussi avoir touché une bonne part de la littérature historiographique en version papier sur la question qui nous a animés jusqu'ici. Il serait nécessaire, voire salutaire, de récupérer le sens du passé, que l'on ne peut certes aborder qu'à partir du présent, mais dont on ne doit pas oublier l'irrémédiable différence qu'il tire, précisément, du fait qu'il est révolu. On doit donc s'assurer de retourner aux documents d'époque, comme l'ont fait récemment, on l'a vu, les archéologues et les historiens à l'échelle locale.

Enfin, personne ne semble avoir réfléchi au portrait de la vallée du Saint-Laurent et de l'ensemble du Canada britannique que les Européens tracèrent dans les années 1830. On connaît certes les observations d'Alexis de Tocqueville, qui décrivit le Canada comme une sorte de France d'Ancien Régime, observations basées sur une visite un peu hâtive de la colonie[46]. Mais au moins trois voyageurs européens, deux Français et un Italien, décrivirent le Bas-Canada comme un monde dans lequel étaient encore en vigueur les lois féodales et dans lequel on vivait comme dans les campagnes sous Louis XIV[47]. Aux yeux de celui qui venait du Vieux Monde et qui avait une expérience directe de l'Ancien Régime, même agonisant, le Bas-Canada semblait une réalité féodale qui n'avait pas grand-chose à voir avec celle qui s'érigeait alors ailleurs au Canada et aux États-Unis[48]. Une recherche plus approfondie dans ce genre de sources pourrait nous aider à avoir une idée plus précise de la manière dont le débat historiographique et politique sur l'abolition du «régime seigneurial» a pu, à la longue, éloigner les chercheurs de ce qui semblait pourtant si évident aux hommes de cette époque.

---

46. Alexis de Tocqueville, *Regards sur le Bas-Canada*, édité par Claude Corbo, Louisville, Typo, 2004.
47. Voir Barker, «Essai historique et politique sur le Canada», *Revue des Deux Mondes*, t. 1 (mars 1831), p. 376-412 [N. D. É. Disponible en ligne, [https://fr.wikisource.org/wiki/Essai_sur_le_Canada]; Cesare Balbo (dir.), *Lettere del conte Carlo Vidua*, vol. IV, Turin, Pomba, 1834, p. 105-151. Les deux textes sont abordés dans Yvan Lamonde, *Histoire sociale des idées au Québec*, t. 1 : *1760-1896*, Montréal, Éditions Fides, 2000, p. 140-141, et dans Matteo Sanfilippo, «Images of Canadian Cities in Italy: Then and Now», *Quaderni d'italianistica*, vol. XXVIII, n° 1 (2007), p. 33-64. Lamonde souligne aussi qu'en 1837, l'ambassadeur français à Washington visita le Bas-Canada et le trouva «soumis au féodalisme» (Lamonde, *Histoire sociale des idées au Québec*, t. 1 : *1760-1896*, p. 257-258).
48. Les voyageurs européens en Amérique du Nord n'ont pas été étudiés systématiquement, mais pour un tableau général des voyageurs italiens au Canada et aux États-Unis, voir Matteo Sanfilippo et Giovanni Pizzorusso, *Viaggiatori ed emigranti: Gli italiani in Nord America*, Viterbe, Sette Città, 2004.

Postface

L'historiographie seigneuriale, 2000-2020[1]

Par Olivier Guimond et Arnaud Montreuil

*L*orsque Matteo Sanfilippo a publié *Il feudalesimo nella valle del San Lorenzo*, en 2008, sa thèse de doctorat (1989) avait déjà été soutenue une vingtaine d'années auparavant. La production historiographique sur le régime seigneurial n'a cependant pas cessé d'évoluer pendant cet intervalle de deux décennies. Sanfilippo s'est donc affairé à explorer vingt ans de travaux d'histoire du régime seigneurial afin de mettre à jour le manuscrit de sa thèse et d'intégrer à son interprétation originale de l'historiographie du féodalisme laurentien les recherches les plus récentes (le résultat de cet *aggiornamento* constitue notamment le quatrième chapitre du présent essai).

Dans l'esprit de la démarche de Sanfilippo et avec sa bénédiction, nous avons entrepris de combler à notre tour la douzaine d'années qui sépare la parution d'*Il feudalesimo* de celle de sa traduction française. Comme l'indique le titre de cette postface, notre propos recoupera en partie celui de Sanfilippo pour la période 2000 à 2008, car nous avons jugé pertinent d'ajouter quelques exemples à ceux offerts par l'auteur. Notre objectif, plus modeste que celui de l'historien italien dans le reste de l'ouvrage, est de présenter les grandes lignes du développement de l'historiographie seigneuriale au XXIe siècle, avec une insistance particulière sur les recherches francophones parues entre 2008 et 2020. Comme certaines questions fondamentales formant le fil conducteur de

---

1. Le présent texte reprend en partie les propos d'Olivier Guimond, «L'histoire seigneuriale laurentienne: à propos de tendances récentes de la recherche», *RHAF*, vol. 74, n°s 1-2 (été-automne 2020), p. 185-213. Nous remercions la RHAF d'avoir accepté la reproduction des grandes lignes de cet article.

Le féodalisme dans la vallée du Saint-Laurent ne retiennent dorénavant plus l'attention des spécialistes québécois – nous pensons, entre autres, au débat sur le caractère « positif » ou « négatif » de la seigneurie, caduque depuis que la vision onirique de Philippe Aubert de Gaspé n'a plus de partisan dans le monde scientifique –, nous avons développé notre propos autour de quelques axes thématiques : l'administration seigneuriale au féminin, les Autochtones dans le régime seigneurial, les persistances et les mémoires du régime seigneurial. Ces thèmes, qui montrent que la recherche n'a pas cessé de se diversifier après la publication de l'essai italien de Sanfilippo, seront abordés successivement. Cette postface se terminera par un débat concernant la nature du « système » seigneurial. Il nous a toutefois paru opportun d'entrer dans le vif du sujet par un commentaire portant sur le regain d'intérêt que connaît l'histoire seigneuriale depuis le début du XXIe siècle.

Un regain d'intérêt

Matteo Sanfilippo a cerné avec justesse un certain nombre de particularités du développement de l'historiographie du régime seigneurial au tournant du XXe siècle. Il fait remarquer, par exemple, que la fin du XXe siècle a vu, sur le plan historiographique, une relative occultation de la « question féodale », c'est-à-dire que « les auteurs [de monographies locales ou de biographies de seigneurs] ne voient l'élément seigneurial que comme une caractéristique relativement peu importante du territoire ou du personnage qu'ils étudient[2] ». Cette marginalisation de l'« élément seigneurial » est la conséquence de l'atteinte d'un consensus scientifique sur le caractère fondamentalement inégalitaire de l'institution seigneuriale dans la lignée des travaux de Dechêne et de Ouellet. C'est aussi le résultat de l'adoption d'un nouveau cadre d'analyse par les historiens : celui du monde rural considéré dans toutes ses dimensions (la seigneurie n'étant qu'une dimension parmi d'autres)[3]. Enfin, la

---

2. Voir *supra*, p. 63-64.
3. Voir le commentaire d'Alain Laberge et de Benoît Grenier, « Conclusion », dans Laberge et Grenier (dir.), *Le régime seigneurial au Québec 150 ans après : bilans et perspectives de recherches à l'occasion de la commémoration du 150e anniversaire de l'abolition du régime seigneurial*, Québec, CIEQ, 2009, p. 91, coll. « Cheminements ». L'ouvrage qui rassemble les meilleurs textes de Christian

remise en question des modèles d'analyse marxiste au courant des années 1990, qui s'est traduite un peu partout en Occident par la désaffection de l'étude des modes de production au profit de l'histoire culturelle et d'une histoire politique renouvelée, a sans doute contribué à ce que les chercheurs délaissent le vocabulaire de la féodalité.

Dans une perspective complémentaire, Sanfilippo observe que les travaux d'histoire seigneuriale du début des années 2000 n'empruntent plus toujours la voie de l'étude des dynamiques socioéconomiques chères à l'historiographie des années 1970 à 1990, portée notamment par les travaux de Fernand Ouellet et de Louise Dechêne, puis poursuivie entre autres par Allan Greer, Thomas Wien et Sylvie Dépatie[4]. L'historien italien donne, à juste titre, l'exemple de l'étude d'histoire culturelle de Colin M. Coates sur les transformations du paysage dans

---

Dessureault constitue sans doute le point d'entrée idéal dans l'historiographie du monde rural (*Le monde rural québécois aux XVIIIe et XIXe siècles : cultures, hiérarchies, pouvoirs*, Montréal, Éditions Fides, 2018).

4. Pour une liste non exhaustive, voir Allan Greer, *Habitants, marchands et seigneurs : la société rurale du bas Richelieu, 1740-1840*, Québec, Éditions du Septentrion, 2000 ; Allan Greer, *Brève histoire des peuples de la Nouvelle-France*, Montréal, Éditions du Boréal, 1998 (version anglaise : Greer, *The People of New France*, Toronto, UTP, 1997) ; Thomas Wien, *Peasant Accumulation in a Context of Colonization: Rivière-du-Sud, Canada, 1720-1775*, thèse de doctorat (histoire), Montréal, Université McGill, 1988 ; Thomas Wien, « "Les travaux pressants" : calendrier agricole, assolement et productivité au Canada au XVIIIe siècle », *RHAF*, vol. 43, n° 4 (printemps 1990), p. 535-558 ; Thomas Wien, « Les conflits sociaux dans une seigneurie canadienne au XVIIe siècle : les moulins de Couillard », dans Gérard Bouchard et Joseph Goy (dir.), *Famille, économie et société rurale en contexte d'urbanisation (XVIIe-XXe siècle)*, Montréal, PUM ; Paris, EHESS, 1990, p. 225-236 ; Thomas Wien, « 1974 : Louise Dechêne, *Habitants et marchands de Montréal au XVIIe siècle* », dans Claude Corbo (dir.), *Monuments intellectuels québécois du XXe siècle*, Sillery, Éditions du Septentrion, 2006, p. 249-259 ; Sylvie Dépatie, « La structure agraire au Canada : le cas de l'Île Jésus au XVIIIe siècle », *HP = CH*, vol. 21, n° 1 (1986), p. 56-85 ; Sylvie Dépatie, *L'évolution d'une société rurale : l'île Jésus au XVIIIe siècle*, thèse de doctorat (histoire), Montréal, Université McGill, 1988 ; Sylvie Dépatie, « Commerce et crédit à l'île Jésus, 1734-75 : le rôle des marchands ruraux dans l'économie des campagnes montréalaises », *CHR*, vol. 84, n° 2 (2003), p. 147-176 ; Sylvie Dépatie, Mario Lalancette et Christian Dessureault, *Contributions à l'étude du régime seigneurial*, Montréal, Hurtubise HMH, 1987.

les seigneuries de Batiscan et de Sainte-Anne-de-la-Pérade aux XVIIe et XVIIIe siècles comme illustration de ce tournant[5]. Répondant à l'appel de Christian Dessureault, l'histoire seigneuriale a fait de la culture l'un de ses objets d'étude[6], et elle a en même temps investi les domaines du droit et des idées ainsi que les méthodes comparatives et prosopographiques. L'histoire sociale et économique n'a pas été délaissée pour autant : l'étude de la société conçue comme un ensemble de classes (p. ex., les censitaires et les habitants) a été revue pour tenir compte des variables intersectionnelles comme le sexe ou le genre et les rapports entre Autochtones et Français dans le régime seigneurial.

L'historiographie ne creuse plus les sillons tracés par le soc des débats politiques et historiques ayant enflammé les années 1970-1990, qui ont opposé l'historiographie traditionnelle et l'historiographie critique que l'on retrouve dans la plupart des travaux universitaires depuis ceux de Ouellet et de Dechêne[7]. Tout se passe en fait comme si la fin du

---

5. Colin M. Coates, *Les transformations du paysage et de la société au Québec sous le régime seigneurial*, Sillery, Éditions du Septentrion, 2003. Voir *supra*, p. 86.
6. Christian Dessureault indiquait la nécessité pour l'histoire seigneuriale d'investir le culturel, en 2004 («L'évolution du régime seigneurial canadien de 1760 à 1854: essai de synthèse», dans Laberge et Grenier (dir.), *Le régime seigneurial au Québec 150 ans après*, p. 23-37).
7. En histoire économique, notons toutefois les travaux méconnus au Québec de l'économiste Vincent Geloso qui reprennent l'analyse de la dimension «prédatrice» de la tenure seigneuriale. Cette dimension, forgée notamment par les pouvoirs économiques des seigneurs, selon Geloso, a fait du Canada sous le Régime français la plus pauvre des colonies nord-américaines (Vincent Geloso, «Predation, Seigneurial Tenure, and Development in French Colonial America», *SSH*, vol. 44, n° 4 (2020), p. 747-770). Ailleurs, Geloso argue que le régime seigneurial contribuait à maintenir le niveau de vie des habitants relativement bas et, par conséquent, entraînait un taux de mortalité infantile plus élevé dans l'aire seigneuriale qu'ailleurs dans la vallée du Saint-Laurent (Alex Arsenault Morin, Vincent Geloso et Vadim Kufenko, «Infant Mortality and the Role of Seigneurial Tenure in Canada East, 1851», *Schriftenreihe des Promotionsschwerpunkts Globalisierung und Beschäftigung, Evangelisches Studienwerk e.V.*, n° 47 (2015), [En ligne], [http://opus.uni-hohenheim.de/volltexte/2015/1166/pdf/47_2015.pdf] (8 octobre 2021). Pour d'autres travaux qui tendent à montrer l'impact sous-estimé de l'institution seigneuriale sur le développement économique du Québec: Vincent Geloso, «Measuring Away the Importance of Institutions: The Case of Seigneurial Tenure and Agriculture Output in Canada East, 1851», *SSQ*, vol. 100, n° 3 (mai 2019), p. 897-910; Vincent Geloso et Gonzalo Macera,

primat accordé par les chercheurs à l'histoire sociale et économique dans les années 1990 et la multiplication corollaire des objets d'étude et des angles d'approche avaient progressivement entraîné la formation de deux champs académiques distincts, qui étudient certes tous deux les seigneuries dans la vallée du Saint-Laurent, mais dont les frontières sont tantôt poreuses, tantôt hermétiques. D'un côté, les historiens francophones et anglophones de la Nouvelle-France ont délaissé la forme canonique de la monographie régionale et ont enrichi leur questionnaire par de nouveaux objets de recherche (les transferts culturels, l'ethnohistoire des Autochtones en Nouvelle-France, la mobilité atlantique) ainsi que par l'adoption d'échelles d'observation (le monde atlantique, l'Amérique française) relativisant l'importance du territoire laurentien et de la seigneurie[8]. D'un autre côté, des historiens de l'Université Laval et de l'Université de Sherbrooke, réunis autour d'Alain Laberge et de Benoît Grenier, ont voulu redonner une forte impulsion à la discussion sur le régime seigneurial. Leur projet scientifique est de remettre au centre du propos la seigneurie – « milieu de vie des anciens Canadiens[9] » comme l'écrivait Laberge en 1999 – en tant que réalité significative de la société laurentienne et en tant qu'« institution fondamentale de l'histoire du Québec et du Canada[10] » méritant d'être étudiée sous toutes ses

---

« How Poor Were Quebec and Canada During the 1840s ? », *SSQ*, vol. 101, n° 2 (mars 2020), p. 792-810.

8. Voir les contributions d'Allan Greer rassemblées dans *La Nouvelle-France et le Monde*, Montréal, Éditions du Boréal, 2009 et « National, Transnational, and Hypernational Historiographies: New France Meets Early American History », *CHR*, vol. 91, n° 4 (2010), p. 695-724. Voir également Catherine Desbarats et Thomas Wien (dir.), *RHAF*, vol. 64, n°s 3-4 (hiver-printemps 2011), dossier « La Nouvelle-France et l'Atlantique », p. 5-174 ; Aline Charles et Thomas Wien, « Le Québec : entre histoire connectée et histoire transnationale », *Globe*, vol. 14, n° 2 (2011), p. 199-211 ; Robert Englebert et Andrew N. Wegmann (dir.), *French Connections: Cultural Mobility in North American and the Atlantic World, 1600-1875*, Bâton-Rouge, Louisiana State University Press, 2020 ; Gilles Havard et Cécile Vidal, *Histoire de l'Amérique française*, Paris, Flammarion, 2003 ; Thomas Wien, Cécile Vidal et Yves Frenette (dir.), *De Québec à l'Amérique française : histoire et mémoire*, Québec, PUL, 2006.

9. Alain Laberge, « La seigneurie : milieu de vie des anciens Canadiens », *CAD*, vol. 58 (1999), p. 10-13.

10. Alain Laberge et Benoît Grenier, « Introduction », dans Laberge et Grenier (dir.), *Le régime seigneurial au Québec 150 ans après*, p. 5.

facettes[11]. L'événement fondateur de cette nouvelle histoire seigneuriale est le colloque de 2004, évoqué par Sanfilippo, soulignant le 150e anniversaire de l'abolition du régime seigneurial au Canada, dont les actes ont paru tout juste après la publication d'*Il feudalesimo*, en 2009[12]. Dans la foulée, Laberge a fait paraître *Portraits de campagnes*, un ouvrage majeur de type atlas historique dressant le portrait complet, à diverses échelles, de la projection institutionnelle de l'occupation du territoire seigneurial laurentien au début du XVIIIe siècle à l'aide des aveux et dénombrements

---

11. Cela a entraîné notamment un certain éloignement de l'étude des seigneuries ecclésiastiques et un plus grand intérêt porté aux fiefs détenus par des seigneurs laïcs et leurs familles. Voir, en premier lieu, Benoît Grenier, *Seigneurs campagnards de la Nouvelle France : présence seigneuriale et sociabilité rurale dans la vallée du Saint-Laurent à l'époque préindustrielle*, Rennes, PUR, 2007; Benoît Grenier, *Devenir seigneur en Nouvelle-France : mobilité sociale et propriété seigneuriale dans le gouvernement de Québec sous le Régime français*, mémoire de maîtrise (histoire), Québec, Université Laval, 2000; Benoît Grenier, « "Écuyer, cultivateur" : des paysans devenus seigneurs en Nouvelle-France ou de l'ascension à l'exclusion du groupe seigneurial (XVIIe-XIXe siècles) », dans Jean-Marc Moriceau et Philippe Madeline (dir.), *Les petites gens de la terre : paysans, ouvriers et domestiques (Moyen Âge-XXIe siècle)*, Caen, Presses universitaires de Caen, 2017, p. 91-102. Pour un autre exemple, voir Olivier Guimond, « Seigneur absent, seigneur effacé ? Les frères Papineau et la gestion seigneuriale à la Petite-Nation (1817-1854) », dans Marie-Laurence B. Beaumier et Jacinthe De Montigny (dir.), *Façonner le Québec : populations, pouvoir et territoire : actes des 21e et 22e colloques étudiants du CIEQ*, Québec, CIEQ, 2017, p. 15-26. D'autres études avaient auparavant montré l'intérêt de se pencher sur la gestion seigneuriale par des laïcs et leurs familles, par exemple, Françoise Noël, *The Christie Seigneuries: Estate Management and Settlement in the Upper Richelieu Valley, 1760-1854*, Montréal, MGQUP, 1992; André LaRose, *La seigneurie de Beauharnois, 1729-1867 : les seigneurs, l'espace et l'argent*, thèse de doctorat (histoire), Ottawa, Université d'Ottawa, 1987. Les seigneuries détenues par des communautés religieuses n'ont pas été complètement délaissées. D'autres exemples en témoigneront plus bas, mais mentionnons également John A. Dickinson, « Seigneurs et propriétaires : une logique ecclésiastique de l'économie », dans Dominique Deslandres, John A. Dickinson et Ollivier Hubert (dir.), *Les Sulpiciens de Montréal : une histoire de pouvoir et de discrétion, 1657-2007*, Montréal, Éditions Fides, 2007, p. 179-213; Alain Laberge, « Une pauvreté relative : les Récollets et la propriété foncière au Canada sous le Régime français », dans Paul-André Dubois (dir.), *Les Récollets en Nouvelle-France : traces et mémoire*, Québec, PUL, 2018, p. 413-425.

12. Laberge et Grenier (dir.), *Le régime seigneurial au Québec 150 ans après*.

produits entre 1723 et 1745[13]. En 2012, Grenier a publié sa *Brève histoire du régime seigneurial*, la première synthèse en français de l'histoire du régime seigneurial depuis la brochure obsolète de Marcel Trudel publiée plus de 55 ans auparavant[14]. De manière assez originale, Grenier a consacré un des chapitres de son essai aux persistances du régime seigneurial après son abolition légale.

Le cadre spatio-temporel du champ de l'« histoire seigneuriale » (un nom qui la distingue des études coloniales et des études sur la Nouvelle-France) a dès lors été précisé : sa dimension spatiale est résolument locale et nationale, dans la mesure où les échelles sollicitées correspondent aux seigneuries situées dans le territoire de l'État québécois, cependant que la dimension temporelle de son enquête est considérablement élargie. À cheval sur les périodes moderne et contemporaine, cette dernière s'étend, en effet, de la formation de la première seigneurie en sol laurentien jusqu'à aujourd'hui. Dans l'introduction des actes d'un colloque tenu pour souligner les 150 ans de la fin de la rédaction des cadastres seigneuriaux commandée par la loi d'abolition de 1854[15] – un colloque qui réunissait surtout des chercheurs de la relève issus des universités Laval et de Sherbrooke –, Benoît Grenier et Michel Morissette ont eux-mêmes proposé d'adopter la dénomination « histoire seigneuriale » pour souligner l'existence d'un « champ d'études à part entière au Québec[16] ». Le *Répertoire des seigneuries du Québec*, annoncé par Sanfilippo dans son dernier chapitre et lancé lors du congrès de l'Institut d'histoire de l'Amérique française (IHAF) de 2018, témoigne des efforts documentaires déployés

---

13. Alain Laberge *et al.*, *Portraits de campagnes : la formation du monde rural laurentien au XVIIIe siècle*, Québec, PUL et CIEQ, 2010.
14. Benoît Grenier, *Brève histoire du régime seigneurial*, Montréal, Éditions du Boréal, 2012. Voir aussi Benoît Grenier, « Le régime seigneurial au Québec », *BHP*, vol. 23, n° 2 (2015), p. 141-156 ; Marcel Trudel, *Le régime seigneurial*, Ottawa, Société historique du Canada, 1956.
15. « Histoire et patrimoine seigneurial », colloque, Seigneurie des Aulnaies (14 et 15 septembre 2019), [En ligne], [https://www.laseigneuriedesaulnaies.qc.ca/decouvrez-votre-heritage-seigneurial/] (28 septembre 2021) ; « Seigneurie et sociétés rurales : vers de nouvelles perspectives croisées (France-Québec) », colloque, Université de Sherbrooke (19 juin 2019).
16. Michel Morissette et Benoît Grenier, « Introduction », dans Grenier et Morissette (dir.), *Nouveaux regards en histoire seigneuriale au Québec*, Québec, Éditions du Septentrion, 2016, p. 13, note 1.

pour constituer des bases de données pouvant servir au développement du champ de l'histoire seigneuriale, puisque ce répertoire rend facilement disponible en ligne « les informations fondamentales sur l'histoire seigneuriale laurentienne des origines jusqu'à 1940[17] ».

Comme l'avait entrevu Sanfilippo, l'histoire de la féodalité laurentienne connaît donc depuis le début du XXIe siècle un solide regain d'intérêt, mais elle se trouve en quelque sorte scindée en deux selon qu'on l'aborde dans une perspective atlantique ou transnationale dans le contexte des études coloniales et des études sur la Nouvelle-France, ou selon qu'on pense l'histoire seigneuriale dans la longue durée, mais dans les limites du Québec contemporain.

Nous avons tenté, dans les pages qui suivent, de faire une place aux travaux issus des deux tendances de la recherche. Les travaux émanant du champ de l'histoire seigneuriale sont davantage représentés, mais cela s'explique par le fait qu'ils ont le même cadre que ceux sur lesquels Sanfilippo a originalement fondé son essai.

L'administration seigneuriale au féminin

Les femmes et le genre n'ont pas occupé une place de choix dans l'historiographie seigneuriale québécoise[18]. Cependant, un nombre grandissant de travaux s'intéressent désormais à des cas d'administration seigneuriale au féminin. Si Colin M. Coates a fait œuvre de pionnier dans l'étude des seigneuresses et, plus largement, du pouvoir des femmes dans le monde seigneurial[19], Benoît Grenier, avec sa biographie de la

---

17. Alain Laberge et Benoît Grenier (dir.), *Répertoire des seigneuries du Québec*. Ce répertoire recense tous les propriétaires de seigneuries ainsi que l'historique des fiefs et des seigneuries. Pour la citation, voir [En ligne], [https://congresihaf2018.cieq.ca/wp-content/uploads/2018/10/PROG-IHAF18-2018-10-03-WEB.pdf].
18. Benoît Grenier, « Femmes et propriété seigneuriale au Canada (XVIIe-XIXe siècles) : les formes de l'autorité des "seigneuresses" », *HÉ&S*, vol. 4 (2019), p. 7-8.
19. Colin M. Coates, « Authority and Illegitimacy in New France: The Burial of Bishop Saint-Vallier and Madeleine de Verchères vs. the Priest of Batiscan », *HS = SH*, vol. 22, n° 43 (1989), p. 65-90 ; Colin M. Coates, « Like "The Thames towards Putney": The Appropriation of Landscape in Lower Canada », *CHR*, vol. 74, n° 3 (1993), p. 317-343 ; Colin M. Coates, *Les transformations du paysage* ; Colin M. Coates et Cecilia Morgan, *Heroines and History: Representations of Madeleine de Verchères and Laura Secord*, Toronto, UTP, 2002. Mentionnons

seigneuresse Marie-Catherine Peuvret (1667-1739), parue en 2005 et déjà évoquée par Sanfilippo, a fait du rôle des femmes dans la gestion seigneuriale un objet d'étude à part entière[20]. La trajectoire de cette seigneuresse illustre la part de contrainte et de liberté qui marqua le cheminement d'une femme qui se retrouvait à cheval entre le « privilège » de sa situation (une élite, veuve et seigneuresse) et l'infériorisation sociale qu'accompagnait la condition féminine dans un système patriarcal où les rôles des genres n'étaient que difficilement remis en cause[21]. Dans un article programmatique publié en 2009, Benoît Grenier est d'ailleurs reparti de la trajectoire biographique de Marie-Catherine Peuvret pour lancer une invitation à cartographier les « formes du pouvoir seigneurial féminin » du XVIIe au XIXe siècle en croisant l'histoire du genre, de la famille et de la seigneurie[22]. Deux mémoires de maîtrise

---

également le cas de Maurice Basque qui, dans un court article, analyse la parole identitaire d'Agathe de Saint-Étienne de La Tour (c. 1690 à c. 1765), seigneuresse acadienne (« Seigneuresse, mère et veuve : analyse d'une parole identitaire féminine en Acadie coloniale du XVIIIe siècle », *DFS*, vol. 62 (2003), p. 73-80).

20. Benoît Grenier, *Marie-Catherine Peuvret : veuve et seigneuresse en Nouvelle-France (1667-1739)*, Sillery, Éditions du Septentrion, 2005. Une courte enquête dans le *Dictionnaire biographique du Canada* ([En ligne], [http://www.biographi.ca/fr/]), effectuée le 22 septembre 2020 à l'aide du mot-clé « seigneuresse », indique le peu d'intérêt des historiens et des historiennes pour le rôle des femmes dans le régime seigneurial. Pour un total de 18 occurrences seulement, cinq dirigent les chercheurs vers des biographies de seigneuresses, alors que 16 les renseignent très brièvement sur le rôle d'une femme en tant que seigneuresse. D'autres études sur les seigneuresses ont plutôt mis l'accent sur la culture, dont Marcel Ducharme, *Louise-Amélie Panet : seigneuresse, artiste-peintre, poétesse*, L'Assomption, Éditions Point du jour, 2016.

21. Benoît Grenier, « Réflexion sur le pouvoir féminin en Nouvelle-France : le cas de la seigneuresse Marie-Catherine Peuvret (1667-1739) », *HS = SH*, vol. 42, n° 84 (2009), p. 301.

22. *Ibid*. Voir également l'étude originale de Mairi Cowan sur les actions de la première seigneuresse de Beauport, Marie Regnouard (1599-1663), dans une affaire de possession démoniaque concernant l'une de ses servantes, Barbe Hallay. Le rôle de la seigneuresse dans la délivrance du « maléfice » qui s'était emparé de Hallay permet, selon Cowan, d'évaluer l'évolution dans un contexte colonial des notions de genre associées notamment au pouvoir féminin et aux responsabilités sociales d'une femme noble (« A Deliverance from Demons : Possession and Healing at the Seigneurie of Beauport », dans Englebert et Wegmann, (dir.) *French Connections*, p. 11-34).

dirigés par Benoît Grenier en 2015 et en 2016 ont suivi la même veine en étudiant la gestion seigneuriale de deux institutions monastiques féminines : les Ursulines et les Augustines de Québec[23]. Les contraintes du genre et de la clôture auxquelles ces religieuses devaient faire face les incitèrent à développer un certain nombre « d'outils seigneuriaux[24] », tel le « parloir seigneurial[25] ». Ces travaux sur la gestion seigneuriale par des moniales font contrepoint aux recherches antérieures qui portaient surtout sur des communautés masculines, mieux pourvues en terres[26]. Si l'historiographie des années 1970-1980 a mis en évidence l'importance de seigneuries ecclésiastiques (masculines), il faut peut-être « émettre d'importantes nuances en ce qui concerne les seigneuresses-religieuses[27] ». Patrick Blais a ainsi souligné que la gestion des Augustines avait potentiellement été marquée par une tolérance envers des censitaires peu diligents, dont certains abusaient parfois de la réclusion de leurs seigneuresses[28]. De son côté, Jessica Barthe s'est demandé si les censitaires n'avaient pas avantage à avoir comme seigneuresses des religieuses telles que les Ursulines, peut-être moins vigilantes et plus accommodantes que leurs homologues masculins[29]. Soulignons enfin que Barthe et Blais ont attiré l'attention sur les limites de l'autonomie des seigneuresses-religieuses, cloîtrées et sous tutelle masculine d'une

---

23. Jessica Barthe, *L'administration seigneuriale derrière la clôture : les Ursulines de Québec et la seigneurie de Sainte-Croix (1637-1801)*, mémoire de maîtrise (histoire), Sherbrooke, Université de Sherbrooke, 2015 ; Jessica Barthe, « Du manoir au parloir : les stratégies des Ursulines de Québec dans l'administration de la seigneurie de Sainte-Croix, 1646-1801 », dans Grenier et Morissette (dir.), *Nouveaux regards*, p. 156-180 ; Patrick Blais, *La « seigneurie des pauvres » : l'administration de Saint-Augustin de Maur par les hospitalières de l'Hôtel-Dieu de Québec (1734-1868)*, mémoire de maîtrise (histoire), Sherbrooke, Université de Sherbrooke, 2016. La gestion seigneuriale par les communautés religieuses cloîtrées n'est pas abordée dans l'ouvrage de référence sur ces communautés (Guy Laperrière, *Histoire des communautés religieuses au Québec*, Montréal, VLB éditeur, 2013).
24. Blais, *La « seigneurie des pauvres »*, p. 101-133.
25. Barthe, *L'administration seigneuriale derrière la clôture*, p. 81-90.
26. Grenier, *Brève histoire du régime seigneurial*, p. 115-116 ; Laberge *et al.*, *Portraits de campagnes*, p. 77, 80, 91.
27. Grenier, « Femmes et propriété seigneuriale », p. 13.
28. Blais, *La « seigneurie des pauvres »*, p. 12-13, 17-19, 101-102, 182-183.
29. Barthe, *L'administration seigneuriale derrière la clôture*, p. 97-101, 122.

manière ou d'une autre[30]. Ils ont ainsi posé la double question du désir d'autonomie chez les femmes de l'époque et de la place que l'Église catholique consentait aux femmes en son sein.

Les Autochtones dans le régime seigneurial

Le sort des Autochtones et des terres qu'ils occupaient dans le régime seigneurial a longtemps été un angle mort de la recherche en histoire seigneuriale[31]. Julie-Rachel Savard a noté à ce sujet, en 2007, que « les chercheurs ont tendance à étudier distinctement les Amérindiens et les Français », malgré le fait que « plusieurs nations amérindiennes ont cohabité avec les Français dans la vallée du Saint-Laurent en plein domaine seigneurial[32] ». Or, de nouvelles études ont documenté de nombreux cas où « les mécanismes de la féodalité » servaient non seulement à « intégrer les Amérindiens au royaume de France à titre de sujets[33] », mais aussi à en faire des participants en bonne et due forme du « système[34] ».

---

30. *Ibid.*, p. 3-4, 95, 107-109 ; Blais, *La « seigneurie des pauvres »*, p. 107, 134-135, 180.
31. Reflet des enjeux contemporains, la recherche en histoire autochtone traite aussi des revendications territoriales, voir Karol Pepin, *Les Iroquois et les terres du Sault-Saint-Louis : étude d'une revendication territoriale (1760-1850)*, mémoire de maîtrise (histoire), Montréal, Université du Québec à Montréal, 2007 ; Joëlle Gardette, *Le processus de revendication huron pour le recouvrement de la seigneurie de Sillery, 1651-1934*, thèse de doctorat (sociologie), Québec, Université Laval, 2008 ; Michel Lavoie, *C'est ma seigneurie que je réclame : la lutte des Hurons de Lorette pour la seigneurie de Sillery, 1650-1900*, Montréal, Éditions du Boréal, 2010 ; Camil Girard et Carl Brisson, *Reconnaissance et exclusion des peuples autochtones au Québec du traité d'alliance de 1603 à nos jours*, Québec, PUL, 2018.
32. Julie-Rachel Savard, « L'intégration des Autochtones au régime seigneurial *canadien* : une approche renouvelée en histoire des Amérindiens », dans Alain Beaulieu et Maxime Gohier (dir.), *La recherche relative aux Autochtones : perspectives historiques et contemporaines : actes du colloque étudiant 2005*, Montréal, Chaire de recherche du Canada sur la question territoriale autochtone, 2007, p. 170. Sur un appel à approfondir les recherches sur les « Indiens domiciliés » dans le régime seigneurial en lien avec l'histoire juridique, voir Jean-Philippe Garneau, « Réflexions sur la régulation juridique du régime seigneurial canadien », dans Laberge et Grenier (dir.), *Le régime seigneurial*, p. 75-76.
33. Savard, « L'intégration des Autochtones », p. 172.
34. Isabelle Bouchard, « L'organisation des terres autochtones de la vallée du Saint-Laurent sous le régime britannique », *JCHA = RSHC*, vol. 27, n° 1 (2016), p. 33.

Une meilleure compréhension de la situation a, entre autres, été rendue possible grâce à des travaux comme ceux de Maxime Boily, qui a brossé un portrait juridique détaillé du statut foncier des terres « seigneuriales » autochtones[35], ou comme ceux de David Gilles, qui a étudié l'histoire de l'intégration des Abénaquis d'Odanak au régime seigneurial. Gilles considère ce régime issu du modèle médiéval métropolitain comme ayant été « souple », de sorte qu'il put être adapté au contexte colonial[36]. Selon lui, une politique de concession à « géométrie variable » et bénéficiant aux Autochtones s'était développée dans la seconde moitié du XVIIe siècle : elle différait selon les « relations politiques », les « incidences territoriales et militaires des concessions[37] ». Dans le cas des Abénaquis, la dimension militaire et vassalique des concessions, relative à la défense de la colonie, était évidente, tout comme l'était celle de « développement » du territoire qui caractérisait en général les concessions en Nouvelle-France[38]. L'étude ethnohistorique de Jean-François Lozier, portant sur le processus par lequel s'établissaient des groupes autochtones dans les missions de la vallée du Saint-Laurent au XVIIe siècle, en territoire seigneurial, offre quant à elle un portrait original de l'interaction entre Autochtones et coloniaux et des identités autochtones évolutives au XVIIe siècle[39]. Partant du point de vue des Autochtones autant que possible (Iroquois, Algonquins, Innus, Wendats, Wabanakis), Lozier en vient à considérer les missions laurentiennes comme une création conjointe des missionnaires français et des Autochtones convertis, c'est-à-dire « *the result of intersecting French and Indigenous desires, needs, and priorities*[40] ». Plus que de simples lieux d'implantation du colonialisme – ce qu'elles furent indéniablement – les missions constituèrent aussi un milieu de « *renewal and regeneration for a range of Indigenous peoples who were experiencing*

---

35. Maxime Boily, *Les terres amérindiennes dans le régime seigneurial : les modèles fonciers des missions sédentaires de la Nouvelle-France*, mémoire de maîtrise (sociologie), Québec, Université Laval, 2006.
36. David Gilles, « La souplesse et les limites du régime juridique seigneurial colonial : les concessions aux Abénaquis durant le Régime français », dans Grenier et Morissette (dir.), *Nouveaux regards*, p. 37, 39, 42, 40-41.
37. *Ibid.*, p. 47.
38. *Ibid.*, p. 49, 51, 58, 59.
39. Jean-François Lozier, *Flesh Reborn : The Saint Lawrence Valley Mission Settlements through the Seventeenth Century*, Montréal, MGQUP, 2018.
40. *Ibid.*, p. 20.

great upheavals[41] », c'est-à-dire un milieu d'agentivité névralgique pour la survie de groupes autochtones et un creuset où les identités, les cultures et les réseaux furent redéfinis dans une dynamique générale de changement et de continuité[42]. Ces missions du XVIIe siècle furent surtout, pour Lozier, des communautés autochtones largement indépendantes[43].

Le statut juridique des terres autochtones était entouré d'un certain flou en fonction des pouvoirs particuliers qui étaient concédés aux Autochtones par les autorités coloniales. Dans certains cas, la tolérance des autorités et l'effacement des Jésuites de l'administration de terres accordées aux Autochtones après la Conquête firent que des communautés autochtones agirent *de facto* en tant que « gestionnaires » à part entière de terres « seigneuriales ». C'est ce qu'a montré Isabelle Bouchard non seulement dans le cas des Abénaquis à Saint-François, mais aussi des Iroquois au Sault–Saint-Louis[44]. Pour Bouchard, la gestion que firent les Iroquois et les Abénaquis des terres « seigneuriales » s'inscrit « dans le droit civil français, c'est-à-dire dans la Coutume de Paris et les innovations locales qui régissent le fonctionnement du régime seigneurial au Bas-Canada[45] ». Toutes ne connurent cependant pas ce destin : Daniel

---

41. *Ibid.*, p. 5.
42. Voir le compte rendu de l'ouvrage que fait Kathryn Magee Labelle dans *The William and Mary Quarterly*, vol. 77, n° 1 (2020), p. 153.
43. Lozier, *Flesh Reborn*, p. 16, 19, 292.
44. Bouchard, « L'organisation des terres autochtones », p. 33 ; Isabelle Bouchard, « Les chefs autochtones comme "seigneurs" : gestion des terres et de leurs revenus, 1760-1820 », dans Grenier et Morissette (dir.), *Nouveaux regards*, p. 181-206 ; Isabelle Bouchard, *Des systèmes politiques en quête de légitimité : terres « seigneuriales », pouvoirs et enjeux locaux dans les communautés autochtones de la vallée du Saint-Laurent (1760-1860)*, thèse de doctorat (histoire), Montréal, Université du Québec à Montréal, 2017. L'importance accordée aux seigneuries est aussi présente dans la pratique pétitionnaire de communautés autochtones iroquoises et abénaquises sous le Régime britannique (Maxime Gohier, *La pratique pétitionnaire autochtone sous le Régime britannique : le développement d'une culture politique moderne dans la vallée du Saint-Laurent (1760-1860)*, thèse de doctorat (histoire), Montréal, Université du Québec à Montréal, 2014, p. 16 et 158). Thomas Peace montre que des Hurons de Wendake font l'acquisition de terres grevées de rentes dans des seigneuries près de Québec, mais que ceux-ci n'agiront pas en tant que seigneurs de ces terres (*Two Conquests: Aboriginal Experiences of the Fall of New France and Acadia*, thèse de doctorat (histoire), Toronto, Université York, 2011, p. 268-277).
45. Bouchard, « L'organisation des terres autochtones », p. 38.

Rück a ainsi montré comment les chefs de la communauté mohawk de Kahnawake (les Iroquois du Sault–Saint-Louis) avaient graduellement perdu la gestion, non sans tentative d'adaptation ni de résistance, des terres « seigneuriales » de la communauté au profit des Affaires indiennes au courant du XIXe siècle[46]. L'historien, dont la position s'inscrit dans une historiographie de la dépossession des Autochtones par l'État colonial moderne au Canada et ailleurs[47], explique que le droit coutumier mohawk, toléré par les autorités coloniales jusqu'au milieu du XIXe siècle, avait été supplanté par le droit colonial au fur et à mesure que les terres de la seigneurie autochtone étaient devenues l'objet de convoitises commerciales par les Blancs dès le passage d'une ligne de chemin de fer[48]. Si l'on a parfois pu faire état d'un processus d'adaptation volontaire des Autochtones au contexte colonial et seigneurial de la vallée du Saint-Laurent, Rück a tenu à souligner le peu d'options s'offrant aux Premières Nations dans le contexte de la mise en place, au XIXe siècle, de l'État capitaliste canadien[49]. À ce titre, la coopération et l'intégration ne sont pas et ne furent pas toujours des signes de consentement.

Les études récentes en histoire seigneuriale autochtone ont invariablement mis l'accent sur les conséquences néfastes à long terme de l'intégration de groupes autochtones et de leurs seigneuries dans un État libéral et capitaliste au XIXe siècle. Cela s'explique notamment par le fait que l'abolition du régime seigneurial en 1854 fit en sorte, comme le rappelle Rück pour le cas du Sault-Saint-Louis, que « les terres concédées aux non-autochtones [furent] exclues du territoire [de la communauté] qui sera éventuellement désigné comme réserve indienne[50] ». C'est

---

46. Daniel Rück (orthographié Rueck en anglais), « "Où tout le monde est propriétaire et où personne ne l'est" : droits d'usage et gestion foncière à Kahnawake, 1815-1880 », *RHAF*, vol. 70, n°s 1-2 (été-automne 2016), p. 31-52.
47. Voir les références données par Rück, dans *Ibid.*, p. 33-34. Voir également Daniel Rueck (orthographié Rück en français), « Commons, Enclosure, and Resistance in Kahnawá:ke Mohawk Territory, 1850-1900 », *CHR*, vol. 95, n° 3 (2014), p. 354-357 ; Alain Beaulieu, « "An Equitable Right to Be Compensated" : The Dispossession of the Aboriginal Peoples in Quebec and the Emergence of a New Legal Rationale (1760-1860) », *CHR*, vol. 94, n° 1 (2013), p. 1-27.
48. Rück, « "Où tout le monde est propriétaire" », p. 32.
49. *Ibid.* ; Rueck, « Commons, Enclosure, and Resistance ».
50. Rück, « "Où tout le monde est propriétaire" », p. 41 ; Rueck, « Commons, Enclosure, and Resistance », p. 357, 360-361.

donc le « domaine [propre] des sauvages[51] » qui constitua, à terme, le lieu où allait se trouver la réserve[52], dépouillée des terres concédées aux non-autochtones.

Le processus d'abolition du régime seigneurial au milieu du XIXe siècle fut complexe[53], tout comme ce qu'il advint réellement des droits seigneuriaux et de la propriété seigneuriale par la suite[54]. Cela l'est d'autant plus en ce qui concerne les terres « seigneuriales » autochtones. Des auteurs ont noté, par exemple, que les flous juridiques du processus de concession des terres aux Autochtones combinés aux pratiques « seigneuriales » de ces derniers alimentèrent les revendications des chefs autochtones concernant leur statut de seigneurs au XVIIIe siècle jusqu'à l'époque de l'abolition, et leur statut de possesseurs des terres parfois encore aujourd'hui[55]. D'ailleurs, lors du processus d'abolition du régime seigneurial des années 1850 et 1860, des cadastres de seigneuries possédées par des « sauvages », comme on l'indiquait alors dans les titres des documents, furent bel et bien produits par les commissaires chargés du calcul des indemnisations prévues pour les seigneurs[56]. Mais des questions d'indemnisation de certaines communautés pour la perte de leurs droits seigneuriaux (p. ex., celle de Kahnawake) n'ont toujours pas été réglées[57].

---

51. Selon les termes employés dans une procuration faite par les Abénaquis de Saint-François à Augustin Gill en 1811. Voir Bouchard, « L'organisation des terres autochtones », p. 38 et 54, note 49.
52. *Ibid.*, p. 46.
53. Voir le texte classique sur la question de Georges Baillargeon, « La tenure seigneuriale a-t-elle été abolie par suite des plaintes des censitaires ? », *RHAF*, vol. 21, n° 1 (juin 1967), p. 64-80.
54. Benoît Grenier et Michel Morissette, « Les persistances de la propriété seigneuriale au Québec ou les conséquences d'une abolition partielle et progressive (1854-1940) », *H&SR*, vol. 40 (2013), p. 61-96.
55. Par exemple Gilles, « La souplesse et les limites », p. 60.
56. Bouchard, « L'organisation des terres autochtones », p. 33. Les cadastres abrégés peuvent être consultés sur le site Archive.org, [En ligne], [https://archive.org/search.php?query=cadastres%20abr%C3%A9g%C3%A9s].
57. Rück, « "Où tout le monde est propriétaire" », p. 41; Daniel Rueck, *Enclosing the Mohawk Commons: A History of Use-Rights, Landownership, and Boundary-Making in Kahnawá:ke Mohawk Territory*, thèse de doctorat (histoire), Montréal, Université McGill, 2013, p. 144-149. Sur la gestion que fit le ministère des Affaires indiennes des revenus « seigneuriaux » des Mohawks avant et après l'abolition, voir Rück, « "Où tout le monde est propriétaire" », p. 41-42. Sur le litige

Les conclusions de Rück ne sont pas sans évoquer, à l'échelle de Kahnawake, la thèse plus générale d'Allan Greer dans l'épilogue de *Property and Dispossession* (on y reviendra) : au total, l'avènement dans le Nouveau Monde des États-nations modernes fondés sur le libéralisme et un idéal de propriété individuelle et absolue a cristallisé la perception de la propriété communale autochtone, qui représentait aux yeux des Euro-Américains une anomalie[58]. Au moment même où la valorisation de la propriété entière et libre entraînait l'abolition d'une tenure seigneuriale perçue comme anachronique par des industriels désireux de se soustraire aux droits et aux privilèges des seigneurs sur le territoire et les ressources, pour donner libre cours à leurs projets d'enrichissement[59], les pratiques coutumières autochtones en matière d'utilisation communautaire du territoire, qui s'inscrivaient de surcroît dans des seigneuries, se voyaient violemment attaquées[60].

L'après 1854 : persistances et mémoire(s) du régime seigneurial

L'étude des persistances de la propriété seigneuriale après l'abolition était totalement absente de l'historiographie au moment où Sanfilippo a publié *Il feudalesimo* chez Sette Città[61]. Or, à l'aube de la décennie 2020, ce domaine de recherche est en plein essor.

Les enquêtes au sujet de la propriété seigneuriale après l'abolition cernent des enjeux liés à la survivance concrète, matérielle, objective de

---

que posent les terres non concédées des Mohawks après l'abolition, voir Rueck, «Commons, Enclosure, and Resistance», p. 362 et s.
58. Allan Greer, *Property and Dispossession: Natives, Empires and Land in Early Modern North America*, New York, CAUP, 2018, p. 389-436. Voir aussi Allan Greer, «Commons and Enclosure in the Colonization of North America», *AHR*, vol. 117, n° 2 (2017), p. 365-386.
59. Grenier, *Brève histoire du régime seigneurial*, p. 192-196.
60. Isabelle Bouchard rappelle que l'effritement du «caractère communal des terres concédées pour l'usufruit des Autochones» débuta à partir de la fin du xviiie siècle et fut une conséquence directe «de leur établissement dans la vallée laurentienne» («L'organisation des terres autochtones», p. 40).
61. À noter, les exceptions suivantes : Victor Morin, «La féodalité a vécu...», *Les Cahiers des Dix*, n° 6 (1941), p. 225-287 ; Georges-Étienne Baillargeon, *La survivance du régime seigneurial à Montréal : un régime qui ne veut pas mourir*, Ottawa, Le Cercle du Livre de France, 1968 ; Jean-Charles Bonenfant, «La féodalité a définitivement vécu...», dans *Mélanges d'histoire du Canada français offerts au professeur Marcel Trudel*, Ottawa, ÉUO, 1978, p. 14-26.

mécanismes socioéconomiques d'Ancien Régime dans la vallée du Saint-Laurent. Le maintien de l'importance de la propriété seigneuriale en terres comme en rentes, après 1854, a maintenant été établi. Grenier a évoqué l'intérêt du patrimoine foncier seigneurial pour des communautés religieuses, gage de continuité, voire de survie, et de prestige[62]. Des recherches ont également montré la continuité du rapport seigneur/censitaires par le paiement de rentes constituées, ces «derniers vestiges du régime féodal», pour reprendre les mots de Télesphore-Damien Bouchard (1881-1962)[63]. Avec les travaux de Grenier et de Morissette, le processus par lequel les «censitaires» et les municipalités rachetèrent définitivement des rentes seigneuriales jusqu'au milieu du XXe siècle – près de cent ans après l'abolition de 1854 – est désormais bien documenté. Les deux historiens ont aussi étudié dans le long terme le devenir de terres seigneuriales dans l'est du Québec – l'île d'Anticosti et Rivière-du-Loup –, mettant au jour des exemples où cette forme de propriété continue d'être un enjeu non négligeable bien après le mitan du XIXe siècle[64]. Dans le même ordre

---

62. Benoît Grenier, «L'Église et la propriété seigneuriale au Québec (1854-1940): continuité ou rupture», ÉHR, vol. 70, n° 2 (2013), p. 21-39; Benoît Grenier, «Le patrimoine seigneurial du Séminaire de Québec ou l'héritage matériel de François de Laval», dans Étienne Berthold (dir.), *Le patrimoine des communautés religieuses: empreintes et approches*, Québec, PUL, 2018, p. 21-51.

63. Télesphore-Damien Bouchard écrit cela dans ses *Mémoires,* vol. 3: *Quarante ans dans la tourmente politico-religieuse*, Montréal, Éditions Beauchemin, 1960, p. 69, cité par Benoît Grenier, «"Le dernier endroit dans l'univers": à propos de l'extinction des rentes seigneuriales au Québec, 1854-1971», *RHAF*, vol. 64, n° 2 (automne 2010), p. 85. Bouchard, député libéral et maire de Saint-Hyacinthe, est, avec un discours qu'il prononce à l'Assemblée législative en 1926, derrière l'amorce du processus législatif menant à l'abolition des rentes constituées complété en 1940 (Télesphore-Damien Bouchard, *Le rachat des rentes seigneuriales. Discours prononcé à la Législature de Québec le mercredi 17 février 1926*, Saint-Hyacinthe, imprimerie Yamaska, 1926; Michel Morissette, *Les persistances de l'«Ancien Régime» québécois: seigneurs et rentes seigneuriales après l'abolition (1854-1940)*, mémoire de maîtrise (histoire), Sherbrooke, Université de Sherbrooke, 2014; Grenier et Morissette, «Les persistances de la propriété seigneuriale»).

64. Benoît Grenier et Michel Morissette, «Propriétés et propriétaires seigneuriaux dans l'est du Québec entre 1854 et le milieu du XXe siècle: le cheminement comparé de l'île d'Anticosti et de Rivière-du-Loup», dans Harold Bérubé et Stéphane Savard (dir.), *Pouvoir et territoire au Québec depuis 1850*, Québec, Éditions du Septentrion, 2017, p. 25-60; Benoît Grenier et Michel Morissette, «Sous la seigneurie, le pétrole: survivance de la propriété seigneuriale au XXe siècle (le cas

d'idées, André LaRose a montré comment des sociétés d'investissement surent profiter de la possession des droits sur les rentes constituées de la seigneurie de Beauharnois pendant des décennies après l'abolition du régime seigneurial[65]. Ainsi, la loi d'abolition apparaît avoir été autant un point de départ qu'un point d'arrivée de la longue trajectoire seigneuriale laurentienne[66]. Paradoxalement, la loi d'abolition permit non seulement aux seigneuries les plus peuplées de demeurer rentables pour les seigneurs en conférant à ceux-ci la pleine propriété sur les terres non concédées et en instaurant une rente constituée, mais elle contribua également *ipso facto* à la pérennisation de liens socioéconomiques féodaux dans la vallée du Saint-Laurent, à commencer par le rapport seigneur/censitaires[67].

Par ailleurs, le rôle de la propriété seigneuriale dans l'enracinement, la culture, le prestige et la pérennisation d'une position sociale élevée de certains individus et de certaines familles a été mis en lumière par les chercheurs. Dans une biographie d'Henri-Gustave Joly de Lotbinière (1829-1908)[68], Jack I. Little a souligné l'importance de l'enracinement seigneurial dans le développement de rapports sociaux et de mécanismes culturels «*patrician*» qui marquèrent Joly de Lotbinière, seigneur de Lotbinière, politicien libéral, premier ministre du Québec (1878-1879) et lieutenant-gouverneur de la Colombie-Britannique (1900-1906). Nullement affecté par l'abolition du régime seigneurial, Joly de

---

de l'île d'Anticosti)», dans Pablo F. Luna et Niccolò Mignemi (dir.), *Prédateurs et résistants : appropriation et réappropriation de la terre et des ressources naturelles (XVIe-XXe siècles)*, Paris, Syllepse, 2017, p. 185-204.

65. André LaRose, «La Montreal Investment Association, le Montreal Investment Trust et la seigneurie de Beauharnois (1866-1941)», *CHR*, vol. 98, n° 1 (2017), p. 1-34.
66. Benoît Grenier, «Élites seigneuriales, élites municipales : le pouvoir seigneurial à l'heure de l'abolition», dans Thierry Nootens et Jean-René Thuot (dir.), *Les figures du pouvoir à travers le temps : formes, pratiques et intérêts des groupes élitaires au Québec, XVIIe-XXe siècles*, Québec, PUL, 2012, p. 58.
67. Grenier et Morissette, «Les persistances de la propriété seigneuriale». Sur le rôle du seigneur Edward Ellice (1783-1863) dans la formulation de lois de commutation partielle ou volontaire au début du XIXe siècle qui considéraient les terres seigneuriales comme pouvant potentiellement être privatisées, voir André LaRose, «Objectif : commutation de tenure : Edward Ellice et le régime seigneurial (1820-1840)», *RHAF*, vol. 66, n°^{s} 3-4 (hiver-printemps 2013), p. 365-393.
68. Jack I. Little, *Patrician Liberal: The Public and Private Life of Sir Henri-Gustave Joly de Lotbinière, 1829-1908*, Toronto, UTP, 2013.

Lotbinière développa les ressources forestières de sa seigneurie et devint du même coup le patron paternaliste de plusieurs de ses censitaires créant, selon Little, « *a system of depency – both coercive and benevolent* [...][69] ». À l'échelle municipale, Grenier a soulevé la pertinence d'examiner les cas de « transferts » de zones d'influence politiques pour les anciens seigneurs et leurs familles après l'abolition de 1854. Les exemples d'Éloi Rioux (1798-1864) à Trois-Pistoles, de Louis Bertrand (1779-1871) à L'Isle-Verte, de Louis-Antoine Dessaulles (1818-1895) à Saint-Hyacinthe, de Charles-Gaspard Tarieu de Lanaudière (1821-1875) à Joliette, des Fraser à Fraserville (Rivière-du-Loup) et des Pozer à Aubert-Gallion sont déjà connus[70]. Il apparaît en fait que l'ascendant qu'exerçaient localement les seigneurs, si tant est qu'ils résidaient dans leur seigneurie, se transposait parfois sans heurt de la sphère seigneuriale à la sphère municipale, ce qui montre bien que l'abolition de la seigneurie n'empêcha pas les seigneurs de convertir leur capital symbolique dans de nouvelles structures de domination politique et sociale. Cette réalité n'est pas sans rappeler l'investissement de nouveaux lieux de pouvoir par les seigneurs canadiens, souvent nobles, au lendemain de la Conquête, puis dans les débuts du parlementarisme dans la colonie, notamment dans les Conseils législatifs et la Chambre d'assemblée[71]. Cela illustre aussi la capacité des familles seigneuriales et nobles canadiennes, après la Conquête, puis

---

69. *Ibid.*, p. 96.
70. Grenier, « Élites seigneuriales », p. 62-63 ; Grenier, *Seigneurs campagnards*, chapitre 5 ; Nicholas Théroux, « La famille seigneuriale à Trois-Pistoles : un enracinement porteur d'une mémoire persistante », dans Benoît Grenier *et al.* (dir.), *Le régime seigneurial au Québec : fragments d'histoire et de mémoire*, Sherbrooke, ÉUS, 2020, p. 25-53 ; Maude Flamand-Hubert, *Louis Bertrand à L'Isle-Verte, 1811-1871 : propriété foncière et exploitation des ressources*, Québec, PUQ, 2012 ; Yvan Lamonde, *Louis-Antoine Dessaulles (1818-1895) : un seigneur libéral et anticlérical*, Montréal, Éditions Fides, [1992] 2014 ; Grenier et Morissette, « Propriétés et propriétaires seigneuriaux » ; Frédérick Gosselin, « Seigneurs marchands, abolition et mémoire : le cas de la seigneurie d'Aubert-Gallion », dans Grenier *et al.* (dir.), *Le régime seigneurial au Québec*, p. 106-124.
71. Christian Blais, *Aux sources du parlementarisme dans la Province de Québec, 1764-1791*, thèse de doctorat (histoire), Québec, Université Laval, 2019 ; Pierre Tousignant, *La genèse et l'avènement de la Constitution de 1791*, thèse de doctorat (histoire), Montréal, Université de Montréal, 1971 ; Pierre Tousignant, « Le conservatisme de la petite noblesse seigneuriale », *AHRF*, vol. 45, n° 213 (1973), p. 322-343 ; Katéri Lalancette, « Les seigneurs à la Chambre d'assemblée du

durant le XIXe siècle, à adapter leurs pratiques de reproduction sociale aux contraintes – ou aux possibilités – d'une époque marquée par de profonds bouleversements économiques et politiques en raison de l'essor du libéralisme et du capitalisme industriel[72]. Dans le même ordre d'idées, une étude prosopographique de Brian Young montre comment quatre générations des familles Taschereau et McCord, issues du monde seigneurial, avaient marqué l'histoire politique, sociale et économique du Québec de la seconde moitié du XIXe siècle et du début du XXe siècle[73]. La fortune et le pouvoir des Taschereau et des McCord, comme ceux des Joly de

---

Bas-Canada (1792-1814) », dans Grenier et Morissette (dir.), *Nouveaux regards*, p. 207-246.

72. Le devenir des familles nobles et seigneuriales après la Conquête est un domaine de recherche dynamique depuis le tournant du XXIe siècle. Voici quelques exemples de 2000 à 2020 : Isabelle Tanguay, *Destin social d'une famille noble canadienne : les Boucher et leurs alliés (1667-1863)*, mémoire de maîtrise (histoire), Montréal, Université de Montréal, 2000 ; Sophie Imbeault, *Les Tarieu de Lanaudière : une famille noble après la Conquête, 1760-1791*, Québec, Éditions du Septentrion, 2004 ; François-Joseph Ruggiu, « Le destin de la noblesse du Canada, de l'Empire français à l'Empire britannique », *RHAF*, vol. 66, n° 1 (été 2012), p. 37-63 ; Karine Pépin, *Mariage et altérité : les alliances mixtes chez la noblesse canadienne après la Conquête (1760-1800)*, mémoire de maîtrise (histoire), Sherbrooke, Université de Sherbrooke, 2016 ; Lorraine Gadoury, « L'impact de la Conquête sur la noblesse dans la vallée du Saint-Laurent », *CAD*, vol. 126 (2016), p. 7-10 ; Yves Drolet et Robert Larin, *La noblesse canadienne : regards d'histoire sur deux continents*, Montréal, Éditions de la Sarracénie, 2019 ; Virginie Chaleur-Launay, *Les Salaberry entre deux empires : l'adaptation d'une famille de la noblesse canadienne-française sous le régime anglais*, thèse de doctorat (histoire), Paris, Sorbonne université, 2019 ; Jean-Paul Morel de La Durantaye, *La noblesse canadienne sous le Régime anglais*, Québec, Presses de l'Université Laval, 2020 ; Karine Pépin, « "Les Canadiennes se sont éprises des Anglais" ? Les alliances mixtes chez la noblesse canadienne après la Conquête (1760-1800) », *RHAF*, vol. 74, n° 3 (2021), p. 31-53.

73. Brian Young, *Patrician Families and the Making of Quebec: The Taschereaus and McCords*, Montréal, MGQUP, 2014 ; Brian Young, « Revisiting Feudal Vestiges in Urban Quebec », dans Nancy Christie (dir.), *Transatlantic Subjects: Ideas, Institutions, and Social Experience in Post-Revolutionary British North America*, Montréal, MGQUP, 2008, p. 133-156. De manière complémentaire, l'analyse prosopographique de la présence seigneuriale britannique menée par Alex Tremblay Lamarche incite à relativiser l'impression d'une « britannisation » croissante et continue du groupe seigneurial au tournant du XIXe siècle. L'auteur fait plutôt état d'une « époque de stabilisation faisant suite à une période d'achats intensifs dans les années 1760 » (« La stabilisation et la créolisation de la présence

Lotbinière, dérivaient en grande partie de leurs assises dans la propriété seigneuriale. Leur influence «*patrician*[74]» se déployait sur deux plans: dans la région de leur enracinement, où se trouvaient d'anciennes terres seigneuriales, et sur le plan politique national où ils faisaient carrière. À sa manière, Young rappelle que l'Ancien Régime dans lequel s'était inscrite la société canadienne-française pendant plus de deux siècles ne disparut ni avec l'abolition du régime seigneurial en 1854, ni avec la modernisation des lois civiles lors de la mise en vigueur d'un nouveau Code civil en 1866[75], ni avec l'essor du *Liberal Order*[76]. La propriété terrienne était toujours signe de prestige social pour les élites du tournant du XXe siècle[77] ; l'influence sociopolitique des ex-seigneurs, autour desquels sembla flotter

---

seigneuriale britannique dans la vallée du Saint-Laurent, 1790-1815», dans Grenier et Morissette (dir.), *Nouveaux regards*, p. 247-311).

74. Le terme «*patrician*», employé autant par Young et par Little dans les deux ouvrages abordés ici, renvoie à une compréhension large de ce qui forme un certain groupe élitaire et du capital (économique, social, culturel, politique, religieux) que ce dernier s'est construit et sur lequel il peut compter pour pérenniser son empreinte sur la société tout au long d'un siècle qui connaît l'essor du capitalisme industriel et du libéralisme. Comme l'écrivait Harold Bérubé dans une recension de *Patrician Families*, « *Young leaves behind a strictly economic definition of elites to encompass social and cultural elements, such as religious affiliation, values, ideologies, professions, and titles. The term also emphasizes the deeply patriarchal nature of the families* [...] » (*CHR*, vol. 96, n° 3 (2015), p. 445). Benoît Grenier, quant à lui, notait que Little, en étudiant le *Patrician Liberal* Joly de Lotbinière, permet de mettre en lumière «les tensions et les contradictions à l'intérieur du système de valeurs libérales de la fin du XIXe siècle [...]. Joly, affirme Little, est porteur des principales valeurs de l'ordre libéral (liberté individuelle, progrès économique, propriété privée) tout en préservant et en représentant l'aristocratie terrienne nobiliaire fortement imprégnée d'un ordre social traditionnel» (*RHAF*, vol. 67, n° 2 (2013), p. 250). Pour une recension conjointe des deux ouvrages, voir David Banoub, «Making Patrician Authority in Quebec», *HS = SH*, vol. 48, n° 97 (2015), p. 549-555.

75. Brian Young, *The Politics of Codification: The Lower Canadian Civil Code of 1866*, Montréal, MGQUP, 1994. Du même auteur, voir une étude abordant les pratiques économiques du Séminaire de Montréal, seigneur de Montréal, *In Its Corporate Capacity: The Seminary of Montreal as a Business Institution, 1816-1876*, Montréal, MGQUP, 1986.

76. Ian McKay, «The Liberal Order Framework: A Prospectus for a Reconnaissance of Canadian History», *CHR*, vol. LXXXI, n° 4 (2000), p. 617-645.

77. Daniel Salée l'évoquait dans «Seigneurial Landownership and the Transition to Capitalism in Nineteenth-Century Quebec», *QS*, vol. 12 (1991), p. 21-32.

pendant longtemps l'« aura » de « "premier notable" des lieux[78] », persista bien après l'abolition. Les descendants de la classe seigneuriale, parfois de lignées nobles, étaient d'ailleurs encore très conscients de la place privilégiée qu'ils occupaient dans la société québécoise au début du XXe siècle[79].

Les travaux que nous venons d'aborder soulèvent l'enjeu des persistances subjectives de l'univers seigneurial après 1854. À titre d'exemple, l'héritage seigneurial de l'écrivaine Anne Hébert imprègne l'identité et l'œuvre de la romancière[80]. Une vision idéalisée du régime seigneurial existe encore aujourd'hui, comme l'illustre l'analyse de la télésérie *Marguerite Volant*, diffusée en ondes pour la première fois en 1996, qui prouve la permanence sans doute inconsciente d'une vision irénique et gaspéenne du passé seigneurial néo-français[81]. Même son de cloche du côté de certains manuels scolaires des années 2000 qui, de façon générale, reprennent une interprétation utilitaire du régime seigneurial redevable aux travaux de Marcel Trudel[82]. À cet égard, rien ne semble

---

78. Grenier, « Élites seigneuriales », p. 57. Alex Tremblay Lamarche mentionne l'intérêt d'étudier l'adaptation des élites laurentiennes au XIXe siècle, dont les élites seigneuriales, sous l'angle des mutations du capital culturel et social [« La transformation des capitaux culturel et social en région au XIXe siècle dans un contexte de renouvellement des élites: l'exemple de Saint-Jean-sur-Richelieu », *Mens: revue d'histoire intellectuelle et culturelle*, vol. 17, n°s 1-2 (automne 2016-printemps 2017), p. 41-77]. Voir aussi Lysandre St-Pierre, *Formation d'une culture élitaire dans une ville en essor: Joliette, 1860-1910*, Québec, Éditions du Septentrion, 2018.
79. Prenons le cas de Louis-Alexandre Taschereau (1867-1952), descendant de famille noble, qui a déclaré, dans un discours de 1922 publié en 1930, que les familles nobles étaient « continuellement mêlées aux événements marquants de notre vie nationale […] et toujours au premier rang […] » [voir Benoît Grenier, « Sur les traces de la mémoire seigneuriale au Québec: identité et transmission au sein des familles d'ascendance seigneuriale », *RHAF*, vol. 72, n° 3 (hiver 2019), p. 6-7].
80. Benoît Grenier, « L'héritage seigneurial d'Anne Hébert: famille, terre et histoire comme marqueurs identitaires », *CAH*, vol. 15 (2017), p. 7-29. Voir également le documentaire réalisé par Stéphanie Lanthier (recherche par Benoît Grenier), *L'attachement seigneurial de l'écrivaine Anne Hébert*, 23 août 2017, sur le site *YouTube.com*, [En ligne], [https://www.youtube.com/watch?v=bsTdwlzmB0A&feature=emb_title&ab_channel=FilmLesFros] (28 septembre 2021).
81. Jean-Michel Daoust, « Réalité, fiction et tradition: la représentation du seigneur et de la seigneurie dans *Marguerite Volant* », dans Grenier et Morissette (dir.), *Nouveaux regards*, p. 334-363.
82. Michel Morissette et Olivier Lemieux, « Le régime seigneurial: un regard sur les manuels », *Traces*, vol. 51, n°s 1 et 2 (2013), deux parties, p. 32-37 et 38-42.

avoir changé depuis les recherches de Serge Jaumain et de Matteo Sanfilippo publiées en 1987, qui constataient la forte prédominance du schéma traditionnel dans les manuels scolaires canadiens[83]. Sanfillipo fait d'ailleurs remarquer dans les dernières pages de son ouvrage *Le féodalisme* que les premières années du deuxième millénaire ont vu se répandre sur Internet des représentations typiquement trudelliennes du régime seigneurial[84]. Bien que l'exercice n'ait pas été fait dans le détail pour les années 2008 à 2020, rien ne semble indiquer une différence marquée depuis l'appréciation critique qu'en a faite l'historien italien[85]. Au total, la vision d'une seigneurie contraignante développée dans le sillage des travaux de Dechêne ne semble pas avoir eu prise sur la mémoire collective au Québec[86]. Sanfilippo l'a souligné en écrivant que la « vulgate classique » n'avait pas été « supplant[ée] complètement » par les acquis de l'historiographie critique. Il s'agit d'un avis partagé par des chercheuses et des chercheurs comme Sylvie Dépatie, spécialiste de la Nouvelle-France et de l'histoire seigneuriale[87], ou encore Benoît Grenier[88].

---

83. Serge Jaumain et Matteo Sanfilippo, « Le régime seigneurial en Nouvelle-France vu par les manuels scolaires », *CCF*, n° 4 (1987), p. 14-26 ; et *supra*, p. 36-67 et 87-88.
84. Voir *supra*, p. 100-103.
85. Voir la présentation « utilitaire » que fait l'organisme Alloprof du régime seigneurial, « Le régime seigneurial », 13 décembre 2018, sur le site *Youtube.com*, [En ligne], [https://www.youtube.com/watch?v=7GqFI79C8LQ&ab_channel=Alloprof] (15 octobre 2020).
86. Benoît Grenier, « Les paradoxes de la mémoire seigneuriale au Québec : entre la mythologie et l'oubli », dans Marc Bergère *et al.* (dir.), *Mémoires canadiennes : actes du colloque de l'Association française d'études canadiennes (Rennes 2013)*, Rennes, PUR, 2018, p. 155-166. Voir aussi, en plus concis et à partir de l'exemple de Beauport, Benoît Grenier, « Persistances seigneuriales », *Continuité*, n° 138 (2013), p. 24-27.
87. Sylvie Dépatie, « Benoît Grenier, *Brève histoire du régime seigneurial* », *RHAF*, vol. 65, n° 4 (printemps 2012), p. 517-522. Sur la postérité du travail de Dechêne dans le monde universitaire de la fin du XXe siècle, voir Dépatie *et al.* (dir.), *Vingt ans après* Habitants et marchands, en particulier les chapitres de T. Wien (« Introduction : habitants, marchands historiens », p. 3-27) et de L. Michel (« L'économie et la société rurale », p. 69-89).
88. Grenier, *Brève histoire du régime seigneurial*, p. 24-25, 29. Cela constituait, par ailleurs, l'un des objectifs de Grenier, en 2012, que d'intégrer les acquis de cette historiographie plus critique dans un nouveau récit de synthèse de l'histoire du régime seigneurial afin de contrebalancer la prépondérance de l'historiographie

L'étude des persistances seigneuriales au XXIe siècle a été récemment approfondie par des enquêtes d'histoire orale menées par Grenier avec la collaboration de l'historienne et cinéaste Stéphanie Lanthier. Il en est ressorti un sentiment d'appartenance et une nostalgie attachée à une certaine identité seigneuriale, parfois plutôt inconsciente et spontanée, mais souvent synonyme de fierté[89]. Les travaux de Grenier et de son équipe ont ainsi montré à une plus grande échelle et de façon plus complète ce que d'autres avaient observé ponctuellement. En effet, dans le cas des familles seigneuriales de Saint-Ours et de Lotbinière, interrogées par Paul Trépanier à la fin des années 1980, l'importance de l'héritage seigneurial est évidente pour elles, qui «tiennent encore "feu et lieu"[90]». Les Saint-Ours, à titre d'exemple, conservent toujours «avec fierté des biens qui ont appartenu au premier seigneur, Pierre de Saint-Ours [(1640-1724)][91]».

Les témoignages recueillis par Grenier auprès de descendants de familles seigneuriales et de certains de leurs proches aux XXe et XXIe siècles, par l'évocation d'honneurs et de privilèges consentis de bon gré aux membres de leurs familles par la communauté locale[92], renvoient également le reflet d'une vision harmonieuse des rapports seigneurs/censitaires. Relevant de la mémoire et des représentations, on peut douter de la très grande représentativité de ces témoignages sur le plan historique. On peut raisonnablement penser, en effet, que des témoignages d'anciens censitaires, s'ils avaient pu être interrogés eux aussi, auraient résonné différemment. Gabrielle Roy (1909-1983), qui a pu recueillir de tels témoignages, rapporte que certains d'entre eux déclaraient avoir été agacés de devoir payer une rente aussi longtemps[93]. De fait, les plaintes des censitaires et les conflits seigneuriaux sont très bien documentés depuis les années 1970, en partie parce que les sources en conservent davantage de

---

    traditionnelle dans les manuels scolaires et dans certaines de ses représentations culturelles.
89. Grenier, «Sur les traces de la mémoire seigneuriale». Un premier ouvrage collectif prenant appui en partie sur ces sources orales a été publié à l'hiver 2020 (Grenier *et al.* (dir.), *Le régime seigneurial au Québec*).
90. Paul Trépanier, «La noblesse seigneuriale», *Continuité*, n° 44 (1989), p. 27-29.
91. *Ibid.*, p. 28.
92. Grenier, «Sur les traces de la mémoire seigneuriale».
93. Benoît Grenier, «Gabrielle Roy et le régime seigneurial québécois (1941)», *CFCO*, vol. 28, n° 2 (2016), p. 239.

traces que des rapports harmonieux[94]. On l'a dit, un consensus scientifique existe, en 2020, nous semble-t-il, sur le caractère peu représentatif du portrait idéalisé que peint notamment Philippe Aubert de Gaspé des rapports entre seigneurs et censitaires[95]. Il faut cependant reconnaître qu'une analyse qui aspirerait à tenir compte de l'ensemble des possibles manifestations de sociabilité seigneuriale dans la vallée du Saint-Laurent, comme l'a fait Grenier dans sa thèse de doctorat pour les fiefs où résidait la famille seigneuriale[96], devrait pouvoir embrasser les discours de tous les types de documents historiques, y compris ceux émanant des écrivains et des mémorialistes qui vécurent dans le cadre seigneurial et qui n'inventèrent pas simplement «de toutes pièces[97]», selon Alain Laberge et Benoît Grenier, la vision de la seigneurie véhiculée par l'historiographie traditionnelle de langues française et anglaise analysée par Sanfilippo.

Le travail de Jean-René Thuot sur l'histoire architecturale, culturelle et environnementale du monde rural et seigneurial a enrichi l'étude des persistances seigneuriales par des éléments de réflexion intéressants sur la culture matérielle et les pratiques spatiales de l'élite dans les campagnes seigneuriales et rurales. Thuot a notamment montré, à partir du cas du

---

94. Benoît Grenier, «Gentilshommes campagnards de la nouvelle France, XVIIe-XIXe siècle: une autre seigneurie laurentienne?», *FCH*, vol. 7 (2006), p. 25-27.
95. Les écrits de Philippe Aubert de Gaspé ont retenu – encore – l'attention des littéraires depuis le début du XXe siècle. Voir Roger Le Moine, «Philippe Aubert de Gaspé ou les affaires du "bon gentilhomme"», *CD*, n° 57 (2003), p. 299-321; Marc-André Bernier et Claude La Charité (dir.), *Philippe Aubert de Gaspé, mémorialiste*, Québec, PUL, 2009; Robert Viau, «Philippe Aubert de Gaspé: juge et partie du régime seigneurial», *ÉLC = SCL*, vol. 37, n° 2 (2012), p. 73-95; Claude La Charité (dir.), Les anciens Canadiens *150 ans après: préfigurations, représentations et réfractions*, Québec, PUQ (à paraître). Ajoutons, chez les historiens, les textes de Benoît Grenier, «L'influence de l'œuvre de Philippe Aubert de Gaspé sur l'historiographie du régime seigneurial québécois (1863-1974)», dans La Charité (dir.), Les anciens Canadiens *150 ans après* (à paraître); et d'Éric Bédard, «Philippe Aubert de Gaspé, l'antimoderne», dans Éric Bédard, *Survivance: histoire et mémoire du XIXe siècle canadien-français*, Montréal, Éditions du Boréal, 2017, p. 167-182.
96. Voir le livre de Grenier qui en a été tiré, *Seigneurs campagnards*.
97. Benoît Grenier et Alain Laberge, «Au-delà du "système": l'empreinte durable de la propriété seigneuriale», *Histoireengagee.ca*, 9 octobre 2018, [En ligne], [http://histoireengagee.ca/au-dela-du-systeme-lempreinte-durable-de-la-propriete-seigneuriale/] (15 octobre 2020); Grenier, *Seigneurs campagnards*.

bas Lachenaie du XVIIIe au XXe siècle, comment l'évolution des constructions domestiques qui longent le chemin Royal offre une fenêtre sur « les systèmes de représentation » et la dynamique de reproduction sociale de l'élite rurale et seigneuriale[98]. L'étude de Thuot sur le paysage bâti rural renvoie une image complexe, dynamique et changeante du monde rural laurentien, loin de la « vision rectiligne de l'évolution des campagnes » promue par l'historiographie canadienne-française traditionnelle[99]. La question de l'appropriation du paysage dans les campagnes seigneuriales avait déjà été posée par Coates au sujet des seigneuries de Batiscan et de Sainte-Anne-de-la-Pérade aux XVIIe et XVIIIe siècles. Coates tâchait plus précisément de comprendre « comment les gens dans les villages percevaient leur propre univers » et « comment ils essayaient de donner sens à leur vie et à leur milieu[100] ». Il a observé le développement spatialement marqué d'un « sentiment d'appartenance communautaire » dans la paysannerie, et ce, plus clairement pour la période britannique que pour le Régime français[101].

Quelques études portant sur l'histoire du bâti seigneurial sont révélatrices de la diversité des imaginaires seigneuriaux au Québec. En témoigne, dans un premier temps, le portrait différencié des échecs et des réussites en matière de patrimonialisation (c'est-à-dire de transformation en objets de « patrimoine » susceptibles de se voir assigner une valeur marchande) d'anciens bâtiments seigneuriaux étudiés par Thuot et Mathieu Lévesque-Dupéré[102]. Thuot, en particulier, montre surtout la

---

98. Jean-René Thuot, « L'évolution du paysage bâti de Lachenaie, XVIIIe-XXe siècles : statuts élitaires et architecture domestique dans les campagnes laurentiennes », *JSÉAC*, vol. 39, n° 1 (2014), p. 71-86.
99. *Ibid.*, p. 84.
100. Coates, *Les transformations du paysage*, p. 12.
101. *Ibid.* Pour une réflexion portant sur l'existence d'une cohésion communautaire chez les habitants canadiens en lien avec les rapports de pouvoir dans les seigneuries laurentiennes, voir Benoît Grenier, « Pouvoir et contre-pouvoir dans le monde rural laurentien aux XVIIIe et XIXe siècles : sonder les limites de l'arbitraire seigneurial », *BHP*, vol. 18, n° 1 (2009), p. 143-163.
102. Jean-René Thuot, « L'imaginaire seigneurial : les points de convergence entre recherche fondamentale, initiatives touristiques et mémoires communautaires », dans Grenier et Morissette (dir.), *Nouveaux regards*, p. 364-397 ; Mathieu Lévesque-Dupéré, *« Vieux manoirs, vieilles maisons » : la patrimonialisation des résidences seigneuriales sur la Côte-du-Sud*, mémoire de maîtrise (histoire), Sherbrooke, Université de Sherbrooke, 2018.

concurrence – parfois la complémentarité, rarement l'adéquation – des mémoires (touristique, communautaire et historique) reliées au patrimoine seigneurial. Pour le milieu touristique, les manoirs représentent souvent « une belle vitrine sur la culture des élites et des bourgeois », voire des symboles de l'histoire locale ou nationale qui possèdent une « charge émotive » commercialisable [103]. Les travaux de Thuot et de Lévesque-Dupéré révèlent également que la mémoire historique seule ne suffit pas à mettre en valeur le patrimoine seigneurial : sans la participation de la communauté, porteuse de la mémoire vivante, et sans le soutien d'institutions ayant des visées touristiques, la patrimonialisation est peu susceptible d'avoir lieu. Cette situation n'est pas sans créer quelques contradictions d'un point de vue historique. La plus éloquente est sans doute celle de manoirs seigneuriaux construits au début et au milieu du XIXe siècle [104] qui, aujourd'hui, sont pourtant des lieux de mémoire qui mettent en scène l'histoire seigneuriale de la Nouvelle-France. Ces bâtiments furent souvent conçus dans un style architectural victorien, sinon varié et rarement canadien, le tout dans un contexte où des seigneurs, sans doute désireux de contrer l'image d'une classe sociale moribonde, affirmaient leur statut social par la construction de somptueuses demeures [105].

L'histoire seigneuriale en débat

L'histoire de la seigneurie laurentienne, considérée sous l'angle de la Nouvelle-France comme sous celui du champ de l'histoire seigneuriale, est aujourd'hui généralement consensuelle. Ce consensus a cependant laissé place à un rare débat ayant animé les pages des plateformes *Borealia* et

---

103. Thuot, « L'imaginaire seigneurial », p. 365.
104. C'est le cas de la plupart des manoirs de la Côte-du-Sud (Lévesque-Dupéré, « *Vieux manoirs, vieilles maisons* »).
105. Prenons les exemples du manoir Rouville-Campbell à Rouville (Mont-Saint-Hilaire) (Alexis Tétreault, « Le cas de Rouville : pouvoir, statut social et persistance de la figure du seigneur », dans Grenier *et al.* (dir.), *Le régime seigneurial au Québec*, p. 55-81), du manoir Dionne à Saint-Roch-des-Aulnaies (Lévesque-Dupéré, « *Vieux manoirs, vieilles maisons* », p. 67-82) ou du manoir Papineau à Montebello (Lise Drolet, « Au domaine du seigneur Papineau », *Continuité*, n° 44, p. 15-17 ; Roger Le Moine, « Le manoir de Monte-Bello », *Asticou*, Hull, Cahiers de la Société historique de l'Ouest du Québec, n° 9 (septembre 1972), p. 2-12).

Histoire engagée à la fin de 2018. Ce débat historiographique se distingue cependant fondamentalement de celui qui a enflammé les historiens de la seconde moitié du XXe siècle, puisqu'il ne porte pas du tout sur un désaccord interprétatif sur les avantages et les maux présumés de la seigneurie laurentienne. Il résulte plutôt d'une divergence d'approche et d'une incompréhension partielle née de la dynamique entre le champ académique de l'histoire coloniale et de l'histoire de la Nouvelle-France, d'une part, et de l'histoire seigneuriale québécoise, d'autre part. Puisant dans les recherches effectuées pour la rédaction de *Property and Dispossession*, Allan Greer a publié un court essai intitulé «There was no Seigneurial System» destiné à prouver que la notion de «*seigneurial system*» était une construction abstraite n'ayant pas grand-chose à voir avec la réalité historique[106]. Greer s'est plus précisément affairé à invalider cinq poncifs peuplant les études sur la Nouvelle-France, «[f]*rom elementary school books to encyclopedia entries to scholarly treatises*[107] »: le premier est qu'un régime seigneurial prédominait en Nouvelle-France, tandis que les tenures libres étaient majoritaires dans les Treize colonies anglaises; le deuxième est que les autres colonies n'avaient que des tenures, mais que la Nouvelle-France avait un système; le troisième est que la France absolutiste avait établi l'institution seigneuriale en 1627 par le biais de la Compagnie des Cent-Associés et de l'imposition de la Coutume de Paris; le quatrième est que la tenure féodale était régularisée par la loi et régie par l'État; le cinquième est que la tenure en forme de rang était caractéristique du système seigneurial. Selon Greer, l'existence de ces cinq idées reçues, qui présentent le système seigneurial comme une mécanique cohérente, parfaitement huilée, est le résultat du travail des juristes défendant les seigneurs du Bas-Canada au moment du débat sur l'abolition du régime seigneurial. Cette réalité, il est pertinent de le mentionner au passage, n'est que rarement mise en relief dans l'historiographie – Sanfilippo est une des exceptions à la règle – alors que le rôle d'Aubert de Gaspé comme faiseur d'idéologie

---

106. Allan Greer, «There was no Seigneurial System», *Borealia*, 24 septembre 2018, [En ligne], [https://earlycanadianhistory.ca/2018/09/24/there-was-no-seigneurial-system/] (1er octobre 2020). Pour la version française, voir Allan Greer, «Le système seigneurial? Quel système seigneurial?», *Histoireengagée.ca*, 2 octobre 2018, [En ligne], [https://histoireengagee.ca/le-systeme-seigneurial-quel-systeme-seigneurial/] (15 octobre 2020).
107. Greer, «There was no Seigneurial System».

à cet égard est le plus souvent mis en évidence[108]. La perpétuation de ces mythes s'explique, comme l'a montré Sanfilippo d'ailleurs, par la récupération idéalisée qu'en ont fait les historiens nationalistes francophones et par les discours tantôt folklorisants, tantôt rétrogrades des historiens anglophones au sujet des Canadiens français[109], qui conduisent toujours à considérer l'expérience historique anglaise comme la norme et la Nouvelle-France comme un dévoiement.

Le texte de Greer est important pour deux raisons principales. D'une part, l'historien recadre le débat sur le régime seigneurial en l'insérant dans une approche comparative – une avenue peu empruntée en histoire seigneuriale laurentienne – et en l'abordant dans la perspective des recherches sur la formation de la propriété et le *settler colonialism*[110]. D'autre part, Greer met en lumière de façon claire et concise des lieux

---

108. Le premier chapitre du *Féodalisme* (voir *supra*) met justement en lumière le rôle de politiciens et d'avocats de la première moitié du XIXᵉ siècle en faveur du maintien du régime seigneurial ou d'une abolition modérée de celui-ci dans la fixation d'une vision idéalisée de la seigneurie dans l'historiographie canadienne. Voir également Serge Jaumain et Matteo Sanfilippo, « Le régime seigneurial en Nouvelle-France : un débat historiographique », *The Register*, vol. 5, n° 2 (1984), p. 226-247 ; Dépatie, « Benoît Grenier, *Brève histoire du régime seigneurial* », p. 518 ; Grenier, « L'influence de l'œuvre de Philippe Aubert de Gaspé ». Olivier Guimond a étudié la pensée de Louis-Joseph Papineau (1786-1871), seigneur et chef républicain bas-canadien, sur le régime seigneurial. Il a, entre autres, mentionné sa volonté de défendre le régime lors du moment abolitionniste de 1850 et a donné des indices de l'influence qu'il eut à l'intérieur du groupe seigneurial (Olivier Guimond, *La trahison d'un amoureux des « vieilles lois françaises » ? Louis-Joseph Papineau et le paradoxe du seigneur républicain*, mémoire de maîtrise (histoire), Sherbrooke, Université de Sherbrooke, 2017 ; Olivier Guimond, « Un seigneur patriote : Louis-Joseph Papineau confronté à l'abolition du régime seigneurial », *RHUS*, vol. 10, n° 2 (2017), [En ligne], [https://rhus.historiamati.ca/uncategorized/un-seigneur-patriote-louis-joseph-papineau-confronte-a-labolition-du-regime-seigneurial/] (6 octobre 2021). Anne-Marie Sicotte reconduit l'image idéalisée du seigneur « chef de colonisation » de l'historiographie traditionnelle dans une biographie de Louis-Joseph Papineau : Anne-Marie Sicotte, *Papineau : par amour avant tout*, Montebello, Société historique Louis-Joseph-Papineau ; Montréal, Éditions Carte blanche, 2021.
109. Greer le notait aussi dans *La Nouvelle-France et le Monde*, p. 17-46.
110. Greer, *Property and Dispossession*. Sur le *settler colonialism*, voir Allan Greer, « Settler Colonialism and Beyond », *JCHA = RSHC*, vol. 30, n° 1 (2019), p. 61-86.

communs de la mémoire collective québécoise et d'une certaine «orthodoxie» historiographique concernant le régime seigneurial, qu'il s'affaire également à corriger.

Cependant, Greer a laissé entendre avec équivoque que rien n'a été retenu de l'historiographie critique des années 1970-1990 (il cite plus précisément Louise Dechêne, Sylvie Dépatie et Thomas Wien) dans les travaux universitaires subséquents, ce qui donne l'impression d'une sorte de stagnation de l'histoire seigneuriale. Cela a rapidement provoqué une réaction de la part d'Alain Laberge et de Benoît Grenier qui, en tant qu'«*historians who posit and study "seigneurial history" as an area of research in its own right*[111]», se sont immédiatement sentis interpellés par les critiques de Greer. D'emblée, Grenier et Laberge soulignent, d'une part, le fait que les historiens critiqués par Greer – les tenants de la vision orthodoxe du «système seigneurial» – n'étaient pas clairement identifiés et, d'autre part, qu'ils partageaient en fait très largement l'avis de Greer quant à l'invalidité des cinq idées reçues. Arguant que les historiens francophones n'utilisent que rarement l'expression «système seigneurial», mais plutôt «régime seigneurial», Grenier et Laberge ont insisté sur l'importance de la seigneurie moins comme un marqueur différenciateur par rapport aux autres colonies américaines que comme un caractère exceptionnel de la société laurentienne en raison de sa longévité et de son influence à long terme, perceptible jusque dans le Québec contemporain. Les deux représentants du champ de l'histoire seigneuriale poursuivent en insistant sur le fait que, système ou pas, la tenure seigneuriale était indéniablement un caractère structurant de l'histoire québécoise, garant de sa particularité. Grenier et Laberge ajoutent que, si les travaux et les discours des avocats défendant le régime seigneurial en 1854 avaient servi la cause des nationalistes francophones, il demeure que par-delà les discours et les représentations, le processus d'abolition de la seigneurie avait, dans les faits, confirmé la prépondérance sociale des anciens seigneurs tout en permettant la perpétuation de la propriété seigneuriale après 1854. Cela est spécifique au Québec dans la mesure

---

111. Benoît Grenier et Alain Laberge, «Beyond the "System": The Enduring Legacy of Seigneurial Property», *Borealia*, 9 octobre 2018, [En ligne], [https://earlycanadianhistory.ca/2018/10/09/beyond-the-system-the-enduring-legacy-of-seigneurial-property/] (1er octobre 2020) Pour la version française, voir Grenier et Laberge, «Au-delà du "système"».

où le reste de l'Amérique du Nord avait déjà abandonné cette forme « archaïque » de propriété[112]. En fait, pour les deux historiens, l'accent qu'ont placé les chercheurs des dernières décennies sur la normalité du Québec et sur sa modernité a eu pour conséquence de masquer le poids historique des relations sociales héritées de l'Ancien Régime[113]. Grenier et Laberge concluent leurs propos en défendant leur cadre théorique, qui est peut-être national, mais qui reflète néanmoins les fluctuations et les évolutions de la propriété terrienne et de ses formes diverses et variées pendant l'histoire pluriséculaire du Québec, sans chercher à imposer la vision orthodoxe d'un système.

Allan Greer a répondu à Grenier et à Laberge par un billet consensuel dans lequel il précise que sa critique initiale ne visait pas l'histoire seigneuriale, mais la vision idéalisée de la Nouvelle-France que l'on trouve dans les manuels, les ouvrages de référence et les sites patrimoniaux, *a fortiori* dans le monde anglophone[114]. Greer souligne ensuite que son billet n'était pas adressé aux spécialistes de l'histoire seigneuriale laurentienne, mais aux historiens de la Nouvelle-France. Il met enfin en lumière la différence fondamentale entre son cadre analytique transnational et comparatif et le cadre national de Grenier et de Laberge. Mais Greer précise *in cauda venenum* que, si la cible de sa critique était le discours pédagogique faisant de la seigneurie une chose plutôt qu'une construction intellectuelle, Grenier et Laberge opèrent eux-mêmes une certaine réification de la tenure seigneuriale et la présentent davantage comme quelque chose

---

112. Grenier et Laberge, « Au-delà du "système" ».
113. D'une certaine manière, l'historiographie « révisionniste » à laquelle renvoient implicitement les propos de Grenier et de Laberge participait à remettre en cause ce que Greer a appelé « l'orientalisme » de la Nouvelle-France et du régime seigneurial laurentien véhiculé dans l'historiographie de langue anglaise, sorte de pendant dépréciatif de l'historiographie nationaliste canadienne-française du milieu du XIXe siècle au milieu du XXe siècle, longuement discutée par Sanfilippo (Allan Greer, *La Nouvelle-France et le Monde*, p. 20 et Greer, « Le système seigneurial ? »).
114. Allan Greer, « Reply to Benoît Grenier and Alain Laberge », *Borealia*, 16 octobre 2018, [En ligne], [https://earlycanadianhistory.ca/2018/10/16/reply-to-benoit-grenier-and-alain-laberge/] (1er octobre 2020) ; Allan Greer, « Réplique à la critique de Benoît Grenier et Alain Laberge », *Histoireengagée.ca*, 16 octobre 2018, [En ligne], [https://histoireengagee.ca/replique-a-la-critique-de-benoit-grenier-et-alain-laberge/] (15 octobre 2020).

qui agissait sur la société laurentienne à partir de l'extérieur plutôt que comme un processus actif et actualisé de formation de la propriété[115].

En prenant ce débat comme point de départ, il est selon nous possible de mettre en relief quatre points fondamentaux qui caractérisent plus largement aujourd'hui l'histoire de la féodalité laurentienne.

Le premier point est que les travaux menés dans l'optique de Greer s'intéressent à l'étude des raisons qui incitèrent les autorités néo-françaises à adopter une forme féodale et coutumière de tenure des terres – qui consistait, en fait, en un bon moyen d'intégrer comme sujets de la Couronne des Autochtones vivant en communautés dispersées et autonomes – et à l'étude des mécanismes qui menèrent finalement, à compter de la fin du XVIIIe siècle, à la dépossession des Autochtones. Au passage, Greer souligne l'influence de la présence des Autochtones et de leurs coutumes en matière d'occupation du territoire dans la *formation* de la propriété terrienne dans la vallée du Saint-Laurent[116] et ailleurs en Amérique du Nord. Grenier et Laberge, quant à eux, se détournent de la question des origines de la propriété seigneuriale, qu'ils considèrent avant tout comme le fruit d'un héritage juridique français, et cherchent plutôt à étudier la diversité des situations sociales qu'a pu engendrer à travers le temps la présence de seigneuries dans la vallée du Saint-Laurent.

Le deuxième point de désaccord, qui découle du premier, est que Grenier et Laberge conceptualisent la seigneurie comme une structure foncière héritée de l'ancienne France ayant eu, par une sorte de déterminisme structurel, une influence majeure sur le devenir de la société néo-française, puis bas-canadienne (et même québécoise)[117]. Greer

---

115. Greer, « Réplique ».
116. Voir aussi ce qu'écrit Brian Gettler dans une réflexion historiographique qui porte plus largement sur la place qu'occupent les Autochtones dans l'histoire nationale québécoise (Brian Gettler, « Les autochtones et l'histoire du Québec : au-delà du négationnisme et du récit "nationaliste-conservateur" », *Recherches amérindiennes au Québec*, vol. 46, n° 1 (2016), p. 11, 14-15).
117. Une nuance est toutefois nécessaire ici : il serait faux de prétendre que Grenier et Laberge conçoivent le régime seigneurial comme une structure figée, ce que peut laisser croire la réplique de Greer. Si les points de départ de l'analyse ne sont pas les mêmes de part et d'autre, aucun, en fait, ne voudrait donner l'impression d'étudier un système ou une « structure » immuable. Par exemple, Laberge a voulu insister sur le caractère hautement évolutif et diversifié du fief laurentien ainsi que sur la nature peu systématique de la régulation de l'État en

fait plutôt état d'un processus de formation d'un modèle de propriété façonné avant tout par des rapports sociaux coloniaux. Pour Greer, en fait, le « système » seigneurial n'existe pas en tant qu'« objet intégré[118] » qui aurait eu comme tel un effet sur le devenir des habitants de la colonie laurentienne à l'époque de la Nouvelle-France. Il note plutôt l'existence d'« *aspects* seigneuriaux ou féodaux de l'évolution sociopolitique [de la Nouvelle-France] », constamment en « construction » ou en « formation », qui ne peuvent être réduits à une institution cohérente que par une opération intellectuelle *a posteriori*[119].

Le troisième élément qui distingue les deux perspectives est celui de l'échelle. Greer adopte désormais une approche comparative à très grande échelle (l'Amérique du Nord, le monde atlantique, voire les Amériques)[120], alors que Grenier et Laberge préconisent l'emploi des cadres nationaux et locaux. Cette différence d'échelles est tributaire, on l'a dit, de l'évolution de la recherche en histoire de la Nouvelle-France depuis le début des années 2000[121] ainsi que de la constitution de l'histoire seigneuriale laurentienne en champ académique plus ou moins autonome : la première a élargi sa focale spatiale en figeant son cadre temporel, là où la seconde a fixé son cadre spatial pour approfondir la dimension temporelle de son questionnaire. Les deux approches sont fructueuses : la perspective transnationale adoptée par Greer, nourrie par diverses historiographies

---

    matière seigneuriale (« Vie et mort des seigneuries de la vallée du Saint-Laurent, 1620-1940 », 72ᵉ congrès de l'IHAF, Ottawa, 18 octobre 2019).
118. Greer, « Réplique ».
119. *Ibid.* Déjà, dans *Peasant, Lord, and Merchant*, Greer écrivait que la « *seigneurial tenure was not a "thing"; it was rather a form of property and, as such, it had to do with relations between different classes of people* » (Allan Greer, *Peasant, Lord and Merchant: Rural Society in Three Quebec Parishes 1740-1840*, Toronto, UTP, 1985, p. 90).
120. Greer n'a effectivement pas toujours eu une approche transnationale de l'histoire de la Nouvelle-France et du régime seigneurial (voir *Habitants, marchands et seigneurs* et *Brève histoire des peuples de la Nouvelle-France*). Greer est, par ailleurs, tout à fait clair quant à l'évolution de son approche, ce qui l'amène régulièrement à adopter une posture autocritique (Greer, *La Nouvelle-France et le Monde*, p. 62, note 3 ; Greer, « National, Transnational, and Hypernational Historiographies », p. 698 ; Greer, *Property and Dispossession*, p. 22).
121. Voir, notamment, Greer, *La Nouvelle-France et le Monde* ; Greer, « National, Transnational, and Hypernational Historiographies » ; Desbarats et Wien (dir.), « La Nouvelle-France et l'Atlantique ».

nationales[122], permet de bousculer l'étude du régime seigneurial dans ses fondements théoriques « nationaux »; le cadre laurentien préconisé par Grenier et Laberge permet d'observer des dynamiques particulières dans des archives qui ont trait aux réalités québécoises[123].

Le quatrième point, indissociable du précédent, relève de la chronologie distincte bornant le champ de l'histoire de la Nouvelle-France et celui de l'histoire seigneuriale. La propension des promoteurs de l'histoire seigneuriale à étudier la seigneurie au-delà des XVIe, XVIIe et XVIIIe siècles de l'histoire néo-française les place à cheval sur la limite académique conventionnelle entre l'histoire moderne et l'histoire contemporaine. Si les travaux récents de Greer concernent la Nouvelle-France, donc pour l'essentiel les XVIIe et XVIIIe siècles, ceux de Laberge et surtout de Grenier portent le regard au-delà de l'abolition de 1854, pour aborder les persistances concrètes du régime seigneurial ainsi que les représentations de ce dernier dans la mémoire collective et l'historiographie post-abolition.

---

122. Greer, *Property and Dispossession*, p. 22.
123. Voir, par exemple, les travaux publiés par Alain Laberge sur la Côte-du-Sud, *Mobilité, établissement et enracinement en milieu rural : le peuplement des seigneuries de la Grande Anse sous le Régime français (1672-1752)*, thèse de doctorat (histoire), Toronto, Université York, 1987 ; Alain Laberge, « État, entrepreneurs, habitants et monopole : le "privilège" de la pêche au marsouin dans le Bas Saint-Laurent 1700-1730 », *RHAF*, vol. 37, n° 4 (mars 1984), p. 543-556 ; Alain Laberge, « Seigneur, censitaires et paysage rural : le papier-terrier de la seigneurie de la Rivière-Ouelle de 1771 », *RHAF*, vol. XLIV, n° 4 (printemps 1991), p. 567-587 ; Alain Laberge *et al.*, *Histoire de la Côte-du-Sud*, Québec, IQRC, 1993 ; Alain Laberge, « Migrations à l'échelle régionale : une perspective régionale de l'évolution des migrations dans la vallée du Saint-Laurent : la Côte-du-Sud (1670-1850) », dans Yves Landry *et al.* (dir.), *Les chemins de la migration en Belgique et au Québec du XVIIe au XXe siècle*, Beauport, MNH ; Louvain-la-Neuve, Academia-Érasme, 1995, p. 91-98. D'ailleurs, dans une même volonté de rendre compte de réalités spécifiques et, plus encore, de l'importance de la contingence en histoire, Laberge plaidait, en 2016, pour un retour à l'observation du temps court en histoire seigneuriale (Alain Laberge, « Le retour du pendule ou l'observation du temps court dans la recherche en histoire seigneuriale : l'époque de la Conquête », dans Grenier et Morissette (dir.), *Nouveaux regards*, p. 432-442 ; Alain Laberge, « Le régime seigneurial après la Conquête : propriété et privilège fonciers à l'époque du traité de Paris (1760-1774) », dans Sophie Imbeault, Denis Vaugeois et Laurent Veyssière (dir.), *1763 : le traité de Paris bouleverse l'Amérique*, Québec, Éditions du Septentrion, 2013, p. 324-331).

Au-delà de l'usage que les historiens et les historiennes peuvent faire des termes «système» ou «régime» seigneurial et au-delà du débat dans *Borealia*, les travaux des uns et des autres sont révélateurs de la complexité de la question seigneuriale laurentienne, comme de la diversité – et souvent de la complémentarité – des points de vue qui sont adoptés pour l'étudier. Le débat entre Grenier, Laberge et Greer est un reflet du dynamisme du champ de l'histoire seigneuriale, un dynamisme qui ne semble pas prêt de s'estomper. Par ailleurs, il montre non seulement qu'il y aurait un avantage certain à tenter de rapprocher les deux historiographies – une bonne partie du débat historiographique découle du fait que Greer considère qu'il n'étudie pas la même chose que Laberge et Grenier[124] –, mais aussi qu'une réflexion théorique sur les échelles d'analyse adoptées pour écrire l'histoire des seigneuries laurentiennes devrait être menée. Dans un article historiographique important, Greer a appelé à la multiplication des échelles et des cadres d'analyse pour faire l'histoire de la Nouvelle-France[125]. Son appel mérite d'être entendu. Cependant, pour que cette multiplication des échelles soit féconde, il faut que soit mené de concert un questionnement sur l'articulation des résultats obtenus à chaque niveau d'analyse: comme Bernard Lepetit l'a expliqué, les

---

124. «We need to note another point of disconnection: my article (and book) are about the New France period, whereas Grenier and Laberge are interested in the Laurentian seigneurie over a longer time-frame. This long-term perspective, tracing "seigneurial history" from the seventeenth century to the twentieth, is one of the great strengths of their approach. Benoît Grenier's research, and that of his students, has demonstrated that the fief continued to weigh heavily on the Quebec countryside long after the "abolition" of the 1850s, indeed right up until very recently. It is a fascinating story, but it is not the subject of my article» (Greer, «Reply»).

125. Greer, «National, Transnational, and Hypernational Historiographies». Voir également Greer, *La Nouvelle-France et le Monde*; Catherine Desbarats et Allan Greer, «Où est la Nouvelle-France?», *RHAF*, vol. 64, n°s 3-4 (hiver-printemps 2011), p. 31-62; Allan Greer, «North America from the Top Down: Visions from New France», *JEAH*, vol. 5, n° 2 (2015), p. 109-136. Voir également le survol historiographique de Catherine Desbarats et de Thomas Wien, «Introduction: la Nouvelle-France et l'Atlantique», *RHAF*, vol. 64, n°s 3-4 (hiver-printemps 2011), p. 5-29. Greer s'inscrit plus largement dans une remise en cause de l'histoire «nationale» de la période coloniale dans les Amériques. Voir, par exemple, Daniel F. Usner, «Rescuing Early America from Nationalist Narratives: An Intra-Imperial Approach to Colonial Canada and Louisiana», *Historical Reflections*, vol. 49, n° 3 (2014), p. 1-19.

différentes échelles d'analyse ne sont pas liées par un simple rapport de complémentarité, car « les conclusions qui résultent d'une analyse menée à une échelle particulière ne peuvent être opposées aux conclusions obtenues à une autre échelle. Elles ne sont cumulables qu'à condition de tenir compte des niveaux différents auxquels elles ont été établies [126] ».

En guise de conclusion : où est passé le féodalisme ?

Le dynamisme de la recherche en histoire seigneuriale dans les deux premières décennies du XXIe siècle, plus particulièrement dans les douze années qui ont suivi la parution de l'analyse historiographique de Sanfilippo, ne fait aucun doute. Cette postface avait pour objectif de rendre compte de ce dynamisme par l'exposition d'une bibliographie sélective. Les travaux s'inscrivant dans le domaine des études régionales n'ont pas été abordés[127], de même que plusieurs autres débordant du cadre strictement laurentien ou québécois[128]. Notre choix de ne pas les recenser en détail

---

126. Bernard Lepetit, « De l'échelle en histoire », dans Jacques Revel (dir.), *Jeux d'échelles : la micro-analyse à l'expérience*, Paris, Gallimard, 1996, p. 93.
127. Valérie Nicolas, *La seigneurie de Trois-Pistoles à l'époque de la Nouvelle-France et au début du régime anglais (1687-1784)*, mémoire de maîtrise (études et interventions régionales), Chicoutimi, Université du Québec à Chicoutimi, 2011 ; Jean-Philippe Marchand, *La seigneurie de Batiscan à l'époque de la Nouvelle-France (1636-1760)*, mémoire de maîtrise (études et interventions régionales), Chicoutimi, Université du Québec à Chicoutimi, 2010 ; Mélanie Turgeon, *Les Couillard et la seigneurie de Beaumont à l'époque de la Nouvelle-France*, mémoire de maîtrise (études et interventions régionales), Chicoutimi, Université du Québec à Chicoutimi, 2003.
128. Guillaume Teasdale, *Fruits of Perseverance : The French Presence in the Detroit River Region, 1701-1815*, Montréal, MGQUP, 2018 ; Joseph Gagné, « Entre revendication et résignation : les seigneuries du lac Champlain et la frontière new-yorkaise, 1763-1783 », dans Grenier et Morissette (dir.), *Nouveaux regards*, p. 61-90 ; Gregory M. W. Kennedy, *Something of a Peasant Paradise? Comparing Rural Societies in Acadia and the Loudunais, 1604-1755*, Montréal, MGQUP, 2014 ; Matthew Hatvany, « Form, Function, and Intent : A Geo-Historical Approach to the Seigniorial and Proprietary Systems of Colonial Canada », dans Laberge et Grenier (dir.), *Le régime seigneurial*, p. 79-90 ; Marie-Claude Francoeur, *Le développement socio-économique des seigneuries gaspésiennes sous le Régime français : un modèle régional unique*, mémoire de maîtrise (histoire), Québec, Université Laval, 2008 ; Lucie Lecomte, *Les seigneuries dans le territoire actuel de l'Ontario*, mémoire de maîtrise (histoire), Ottawa, Université

ne devrait pas être interprété comme une marque de désintérêt, mais bien comme une preuve décisive de l'ampleur des approches adoptées par l'histoire seigneuriale et de la multiplicité des phénomènes concernés par ce domaine de recherche[129].

Mais qu'en est-il aujourd'hui de la question qui intéressait le plus Sanfilippo dans l'ouvrage que nous avons traduit ici, celle du féodalisme? De façon générale, il faut admettre que le constat de Sanfilippo, qui avait remarqué un essoufflement des réflexions, certes parfois très théoriques[130], sur les fondements du féodalisme laurentien et de la parenté entre le régime foncier colonial et celui de la France d'Ancien Régime, tient toujours en 2020. En fait, le régime seigneurial, ou la seigneurie laurentienne, est le plus souvent encore abordé comme un objet aux contours bien définis ou comme une réalité juridique préexistante à la colonisation de la vallée du Saint-Laurent. C'est ce que déplorait, en 2018, Greer dans *Property and Dispossession* et dans son intervention polémique discutée plus haut[131]. Cette conception du régime seigneurial a probablement concouru à éloigner les chercheurs de l'étude des fondements féodaux du régime seigneurial. Un bon exemple de cela vient peut-être du fait que

---

d'Ottawa, 2002. Voir aussi Guillaume Teasdale et Karen L. Marrero, «From Voyageurs to Emigrants: Leaving the St. Lawrence Valley for the Detroit River Borderland, 1796-1846», in Englebert et Wegmann (dir.), *French Connections*, p. 170-192; Guillaume Teasdale, «Statut social et prestige aux marges de l'Empire: Lamothe Cadillac et le Détroit du lac Érié», *FCH*, vol. 19 (2020), p. 1-38.

129. Notons encore, par exemple: Audrey Desrochers, *L'établissement des soldats des troupes auxiliaires allemandes dans la seigneurie de Beaurivage: une histoire d'enracinement à la fin du XVIIIe siècle*, mémoire de maîtrise (histoire), Sherbrooke, Université de Sherbrooke, 2020; Hubert Cousineau, *L'implantation des soldats français de la guerre de Sept Ans au Canada (1755-1830): espace, parcours de vie et intégration sociale*, mémoire de maîtrise (histoire), Sherbrooke, Université de Sherbrooke, 2021.

130. Par exemple, Robert C. H. Sweeny, «Paysan et ouvrier: du féodalisme laurentien au capitalisme québécois», *Sociologie et sociétés*, vol. XXII, n° 1 (1990), p. 143-161; Lise Pilon-Lê, «Le régime seigneurial au Québec: contribution à une analyse de la transition au capitalisme», *CS*, n° 3 (1980), p. 133-168; Lise Pilon-Lê, «La condition économique de l'habitant québécois, 1760-1854», *AS*, vol. 1, n° 2 (1977), p. 23-35; Denis Monière, «L'utilité du concept de mode de production des petits producteurs pour l'historiographie de la Nouvelle-France», *RHAF*, vol. XXIX, n° 4 (mars 1976), p. 483-502. Voir le commentaire de Dessureault, «L'évolution du régime seigneurial canadien», p. 33.

131. Greer, *Property and Dispossession*, p. 161-162; Greer, «Le système seigneurial?».

plusieurs études des années 2000 à 2020 ont porté sur les mécanismes sociaux, économiques et culturels qui ont permis à l'élite seigneuriale de se reproduire et de perdurer à travers le temps[132]. Si ces études nous font mieux comprendre la prégnance de certains traits de culture et de société hérités de l'Ancien Régime, l'objectif n'était pas de décortiquer les fondements du féodalisme. Sanfilippo jugerait peut-être, en écho à ce qu'il écrivait dans l'introduction de l'ouvrage ici traduit, que le « cœur du problème » n'est toujours pas appréhendé, sauf peut-être par Greer[133].

Toutefois, l'historiographie, comme l'a fait voir cette postface, a continué à se développer de diverses façons. La seigneurie est certes le plus souvent abordée en tant qu'objet, mais cet objet est éminemment complexe, évolutif, changeant selon les contextes et habité d'êtres humains qui participent à le modeler. Du reste, il n'est pas dit que la question du caractère féodal du régime seigneurial soit complètement délaissée, dans la mesure où certaines dynamiques coloniales en matière seigneuriale ont été mises en relief par rapport à la réalité française durant l'Ancien Régime. Quiconque parcourt la littérature du XXIe siècle sous cet angle pourra glaner, ici et là, des éléments qui tantôt montrent la singularité du régime seigneurial laurentien, tantôt son inscription incontournable dans une féodalité dont les racines plongent dans l'ancienne France[134]. Quoi qu'il en soit, il est clair que la singularité du régime seigneurial laurentien ne s'observe plus sous le prisme idéaliste de la « frontière » nord-américaine, qui postulait l'existence d'une rupture radicale entre la France et la Nouvelle-France qui se serait traduite par un assouplissement de la seigneurie, devenue en sol laurentien une forme de propriété conforme à l'idéal moderne de la liberté[135]. La réalité même de la préséance de la tenure dite « libre » en Amérique du Nord coloniale est

---

132. Voir *supra* la section de cette postface sur les persistances seigneuriales.
133. Voir *supra*, p. 4-5.
134. Cela faisait partie de l'exercice auquel s'est livré Grenier dans la rédaction de *Brève histoire du régime seigneurial*.
135. À titre d'exemple, l'article de Sylvie Dépatie sur la présence de nombreuses terres tenues en location (le faire-valoir indirect) dans la plaine montréalaise au XVIIIe siècle constitue un beau contrepoids aux études portant sur les paysans propriétaires (« Le faire-valoir indirect au Canada au XVIIIe siècle », *RHAF*, vol. 72, n{o} 2 (automne 2018), p. 5-39). Pour une étude sur cette question qui allie histoire seigneuriale et histoire intellectuelle, voir Guimond, *La trahison d'un amoureux des « vieilles lois françaises » ?* et Olivier Guimond, « Louis-Joseph

remise en cause par des travaux d'histoire comparée abordant le régime seigneurial[136]. De même, l'analyse d'aspects féodaux marquant le régime seigneurial, voire la société laurentienne plus largement, ne se fait plus avec l'idée de montrer une quelconque arriération du Canada français, ou bien sa nature pittoresque[137]. Souples ou rigides, singulières ou tenant d'une vieille féodalité, les seigneuries de la vallée du Saint-Laurent et leur héritage dans le Québec contemporain sont maintenant envisagés dans toute leur complexité. Cependant, dans une perspective plus proche de celle de Sanfilippo, il nous semble que le phénomène de la seigneurie laurentienne mérite encore de faire l'objet d'études visant fondamentalement à comprendre les rapports sociaux ayant instauré, actualisé, transformé et reproduit, du XVIe au XXe siècle *nella valle del San Lorenzo*, un mode d'appropriation de l'espace et de domination sur la terre et les hommes obéissant à une logique féodale.

Papineau's Seigneurialism, Republicanism, and Jeffersonian Inclinations », *JCHA = RSHC*, vol. 31, n° 1 (2021), p. 5-37.

136. Voir Hatvany, « Form, Function, and Intent » ; Greer, *Property and Disposession*. Voir également les remarques de Benoît Grenier, *Brève histoire du régime seigneurial*, p. 47-48.

137. À noter l'intervention d'Arnaud Montreuil, « La Nouvelle-France, une société du "long Moyen Âge" ? », *Borealia*, 15 mars 2021, [En ligne], [https://earlycanadianhistory.ca/2021/03/15/la-nouvelle-france-une-societe-du-long-moyen-age-%E2%80%89/] (15 mars 2021) ; Arnaud Montreuil, « La Nouvelle-France, une société du "long Moyen Âge" ? Partie 2 », *Borealia*, 29 mars 2021, [En ligne], [https://earlycanadianhistory.ca/2021/03/29/la-nouvelle-france-une-societe-du-long-moyen-age-%Ee2%80%89-partie-2/] (29 mars 2021). Voir la bibliographie pour les versions anglaises de ces textes.

Bibliographie

N. D. É. Les titres rassemblés ici comprennent ceux auxquels fait référence Matteo Sanfilippo dans son texte original et ceux qui sont mentionnés en plus dans l'avant-propos, la postface et les notes des éditeurs. Sont classés en tant que sources les documents portant sur la question seigneuriale ou l'histoire du régime seigneurial qui ont été produits durant les années 1850, donc au moment de l'abolition du régime seigneurial, ou avant. Sont également incluses dans la section «Sources» les archives privées – souvent publiées – ayant permis à Sanfilippo d'éclairer l'œuvre d'un historien en particulier ou de préciser son commentaire de l'historiographie. L'historiographie et la littérature, quant à elles, sont divisées en trois sections selon la langue du texte (française, anglaise ou italienne). Afin de refléter le traitement qu'en fait Sanfilippo, nous avons ainsi regroupé selon la langue les articles, les monographies, les ouvrages collectifs, les ouvrages généraux, les atlas, les manuels scolaires ainsi que les œuvres littéraires. Les sites Web, les colloques et les conférences sont rassemblés, enfin, dans une quatrième et dernière section.

I. Sources

ABRAHAM, Robert. *Some Remarks upon the French Tenure or "Franc Aleu Roturier" and on the Relation to the Feudal and Other Tenures*, Montréal, Armour and Ramsay, 1849.

ARCHIVES NATIONALES DU CANADA. Observations du représentant du Séminaire de Saint-Sulpice et la pétition des seigneurs du Québec à Carleton en 1791, cote MG Q51-2 (N. B. Cote de l'ancien système d'archivage).

BALBO, Cesare (dir.). *Lettere del conte Carlo Vidua*, vol. IV, Turin, Pomba, 1834.

BARKER. «Essai historique et politique sur le Canada». *Revue des Deux Mondes*, tome 1 (mars 1831), p. 376-412.

BASSETT, John Spencer (dir.). «Letters of Francis Parkman to Pierre Margry», *Smith College Studies in History*, vol. VIII, n°s 3-4 (avril-juillet 1923), p. 123-208.

BOUCHETTE, Joseph. *A Topographical Description of the Province of Lower Canada*, Londres, W. Faden, 1815.

BOUCHETTE, Joseph. *A Topographical Description of the Province of Lower Canada*, Saint-Lambert, Canada East Reprints (édition anastatique), 1973.

BRASSEUR DE BOURBOURG, Charles Étienne. *Histoire du Canada*, Paris, Société de Saint-Victor, 1852.

BROOKE, Frances. *The History of Emily Montague (1769)*, édité par Mary J. Edwards, Ottawa, CUP, 1985.

CANADA. COMMISSAIRES EN VERTU DE L'ACTE SEIGNEURIAL DE 1854. *Cadastres abrégés des seigneuries [des districts de Montréal, Trois-Rivières et Québec ainsi que celles appartenant à la Couronne]*, 1863, [En ligne], [https://archive.org/search.php?query=cadastres%20abr%C3%A9g%C3%A9s] (28 septembre 2021).

CHRISTIE, Robert. *A History of the Late Province of Lower Canada III*, Québec, Cary and Co., 1850.

CORMIER, Louis-Philippe (dir.). *Lettres de Margry à Parkman 1872-1892*, Ottawa, ÉUO, 1977.

Cour spéciale constituée sous l'autorité de l'Acte seigneurial de 1854. De l'abolition du régime féodal en Canada, Québec, A. Côté, 1855.

CUGNET, François-Joseph. *Traité de la loi des fiefs, qui a toujours été suivie en Canada depuis son établissement, tirée de celle contenuè en la Coûtume de la Prévôté et Vicomté de Paris, à laquelle les fiefs et seigneuries de cette province sont assujettis, en vertu de leurs titres primitifs de concession, et des édits, reglemens, ordonnances et declarations de Sa Majesté très Chrétienne, rendus en consequence; et des diferens jugements d'intendans rendus à cet égard, en vertu de la loi des fiefs, et des dits édits, reglemens, ordonnances et declarations, traité utile à tous les seigneurs de cette province, tant nouveaux qu'anciens sujets, aux juges et au receveur-général des droits de Sa Majesté*, Québec, Chez Guillaume Brown, 1775.

Debates of the House of Commons in the Year 1774 on the Bill for making more effectual Provision for the Government of the Province of Quebec. Drawn Up from the Notes of Sir Henry Cavendish, Londres, Ridgeway, 1839.

DUNKIN, Christopher. *Address at the Bar of the Legislative Assembly of Canada Delivered on the 11th and 14th March 1853 on Behalf of Certain Proprietors…*, Québec, Imprimé aux bureaux du *Morning Chronicle*, 1853.

Extrait des Procédés d'un Comité de tout le Conseil, En vertu de l'Ordre de Référence qui suit, quant à un changement des présentes Tenures dans la Province de Québec, en Franc et Commun Soccage, Québec, Chez Samuel Neilson, 1790.

FERLAND, Jean-Baptiste-Antoine. *Observations sur un ouvrage intitulé* Histoire du Canada *par M. l'abbé Brasseur de Bourbourg*, Paris, Charles Douniol, 1854.

GARNEAU, François-Xavier. *Histoire du Canada*, Québec, Napoléon Aubin, 1845.

GARNEAU, François-Xavier. *Histoire du Canada*, Québec, Lovell, 1852.

GARNEAU, François-Xavier. *Histoire du Canada*, Québec, Lamoureux, 1859.

GARNEAU, François-Xavier. *Abrégé de l'Histoire du Canada depuis sa découverte jusqu'à 1840 à l'usage des maisons d'éducation*, Québec, Augustin Côté éditeur, 1856.

GARNEAU, François-Xavier. *Histoire du Canada*, Montréal, Éditions de l'Arbre, 1944.

HERIOT, George. *The History of Canada*, Londres, Longman, 1804.

JACOBS, Wilbur R. (dir.). *Letters of Francis Parkman*, Norman, University of Oklahoma Press, 1960.

Journaux de la Chambre d'assemblée du Bas-Canada 1820-1821.

LETOURNEAU, L.-O. « La société canadienne (1845) », dans James Huston (dir.), *Le répertoire national III*, Montréal, J. M. Valois, 1893, p. 289-310.

MASÈRES, Francis. *A Collection of Several Commissions and other Public Instruments, [...], and other Papers, Relating to the State of the Province of Quebec in North America, since the Conquest of it by the British Arms in 1760*, Londres, W. and J. Richardson, 1772.

MUNRO, William B. (dir.) *Documents Relating to the Seigniorial Tenure in Canada 1598-1854*, Toronto, The Champlain Society, 1908.

PARKMAN, Francis. *Scritti scelti*, édité par Luca Codignola, Bari, Adriatica, 1976.

ROGER, Charles. *The Rise of Canada, from Barbarism to Wealth and Civilisation I*, Québec, Sinclair, 1856.

Seigniorial Tenure. Report of the Commissioners appointed to Inquire into the State of the Laws and other circumstances connected with the Seigniorial Tenure [...] 1843, in Titles and Documents Relative to the Seigniorial Tenure. Required by an Address of the Legislative Assembly 1851, Québec, Fréchette, 1852.

SHORTT, Adam, et Arthur G. DOUGHTY (dir.). *Documents Relating to the Constitutional History of Canada 1759-1791*, Ottawa, Taché, 1918.

SMITH, William. *History of Canada II*, Québec, John Neilson, 1815.

TACHÉ, Joseph-Charles. *De la tenure seigneuriale en Canada et projet de commutation*, Québec, Lovell et Lamoureux, 1854.

Tenure seigneuriale, 1853 : débats sur le Bill de l'Honorable M. Drummond pour définir les droits seigneuriaux et en faciliter le rachat à sa dernière lecture, Bibliothèque de l'Assemblée nationale, Québec, Brochures canadiennes 117, 1853.

The Anti-Seigneurial Convention of Montreal to the People (La convention anti-seigneuriale de Montréal au peuple), Montréal, Imprimerie de Montigny and Co., 1854.

TOCQUEVILLE, Alexis de. *Regards sur le Bas-Canada*, édité par Claude Corbo, Louiseville, Typo, 2004.

WALLACE, W. Stewart (dir.). *The Maseres Letters*, Toronto, University of Toronto Library, 1919.

II. Historiographie et littérature de langue française

ALLAIRE, Bernard. *Pelleteries, manchons et chapeaux de castor : les fourrures nord-américaines à Paris 1500-1632*, Sillery, Éditions du Septentrion ; Paris, Presses de l'Université de Paris-Sorbonne, 1999.

Angers, Philippe. *Les seigneurs et premiers censitaires de St-Georges-de-Beauce et la famille Pozer*, Beauceville, L'Éclaireur, 1927.

Antoine, Annie. *Fiefs et villages du Bas-Maine au XVIII*ᵉ *siècle*, Mayenne, Éditions régionales de l'Ouest, 1994.

Antoine, Annie. « La seigneurie, la terre et les paysans, XVIIᵉ-XVIIIᵉ siècles », *Bulletin de la Société d'histoire moderne et contemporaine*, nᵒˢ 1-2 (1999), p. 15-33.

Aubert de Gaspé, Philippe. *Les anciens Canadiens*, Québec, Desbarat et Derbishire, 1863.

Aubert de Gaspé, Philippe. *Mémoires*, Montréal, Éditions Fides, [1866] 1971.

Aubert de Gaspé, Philippe. *Les anciens Canadiens*, Montréal, Éditions Fides, 1979.

Aubin, Paul. *Le manuel scolaire dans l'historiographie québécoise*, Sherbrooke, Éditions Ex libris, 1997.

Aubin, Paul, *et al.* (dir.). *300 ans de manuels scolaires au Québec*, Québec, PUL, 2006.

Audet, Francis-Joseph. *Varennes : notes pour servir à l'histoire de cette seigneurie*, Montréal, Éditions des Dix, 1943.

Augeron, Mickaël. « Du comptoir à la ville coloniale : la France et ses Nouveaux Mondes américains. Bilan historiographique et perspectives de recherche (c. 1990-2001) », dans Manuel Lucena Giraldo (dir.), « Las tinieblas de la memoria : una reflexión sobre los imperios en la Edad Moderna », *Debate y perspectivas : cuadernos de historia y ciencias sociales*, vol. 2 (2002), p. 141-171.

Baillargeon, Georges-Étienne [frère Marcel-Joseph]. *L'abolition du régime seigneurial, 1820-1854*, thèse de doctorat (histoire), Montréal, Université de Montréal, 1963.

Baillargeon, Georges-Étienne. « Les arrérages de lods et ventes à Québec en 1832 », *RHAF*, vol. XIX, nᵒ 2 (septembre 1965), p. 296-301.

Baillargeon, Georges-Étienne. « La tenure seigneuriale a-t-elle été abolie par suite des plaintes des censitaires ? », *RHAF*, vol. XXI, nᵒ 1 (juin 1967), p. 64-80.

Baillargeon, Georges-Étienne. *La survivance du régime seigneurial à Montréal : un régime qui ne veut pas mourir*, Ottawa, Le Cercle du Livre de France, 1968.

Baillargeon, Georges-Étienne. « À propos de l'abolition du régime seigneurial », *RHAF*, vol. XXII, nᵒ 3 (décembre 1968), p. 365-391.

Baillargeon, Georges-Étienne. *Influence du conflit seigneurs-censitaires sur la politique canadienne*, thèse de maîtrise (science politique), Montréal, Université de Montréal, 1976.

Baribeau, Claude. *La seigneurie de la Petite-Nation 1801-1854 : le rôle économique et social du seigneur*, Hull, Éditions Asticou, 1983.

Baribeau, Claude. *Denis-Benjamin Papineau, 1789-1854*, Montebello, Société historique Louis-Joseph Papineau, 1995.

Barthe, Jessica. *L'administration seigneuriale derrière la clôture : les Ursulines de Québec et la seigneurie de Sainte-Croix (1637-1801)*, mémoire de maîtrise (histoire), Sherbrooke, Université de Sherbrooke, 2015.

BARTHE, Jessica. «Du manoir au parloir: les stratégies des Ursulines de Québec dans l'administration de la seigneurie de Sainte-Croix, 1646-1801», dans Benoît Grenier et Michel Morissette (dir.), *Nouveaux regards en histoire seigneuriale au Québec*, Québec, Éditions du Septentrion, 2016, p. 156-180.

BASQUE, Maurice. «Seigneuresse, mère et veuve: analyse d'une parole identitaire féminine en Acadie coloniale du XVIIIe siècle», *DFS*, vol. 62 (2003), p. 73-80.

BAULANT, Micheline, Christian DESSUREAULT et John A. DICKINSON. «Niveau de vie comparé des paysans briards et québécois, 1700-1804», dans Rolande Bonnain, Gérard Bouchard et Joseph Goy (dir.), *Transmettre, hériter, succéder: la reproduction familiale en milieu rural, France-Québec, XVIIIe-XIXe siècles*, Lyon, Presses universitaires de Lyon, 1992, p. 168-174.

BÉDARD, Éric. «*Genèse des nations et cultures du Nouveau Monde*: le *magnum opus* de l'historiographie moderniste», *BHP*, vol. 9, n° 2 (2001), p. 160-173.

BÉDARD, Éric. «1966: Fernand Ouellet, *Histoire économique et sociale du Québec 1760-1850: structures et conjoncture*», dans Claude Corbo (dir.), *Monuments intellectuels québécois du XXe siècle*, Sillery, Éditions du Septentrion, 2006, p. 211-219.

BÉDARD, Éric. «Philippe Aubert de Gaspé, l'antimoderne», dans Éric Bédard, *Survivance: histoire et mémoire du XIXe siècle canadien-français*, Montréal, Éditions du Boréal, 2017, p. 167-182.

BÉLANGER, Damien-Claude. «Les historiens révisionnistes et le rejet de la "canadianité" du Québec: réflexions en marge de la *Genèse des nations et cultures du Nouveau Monde* de Gérard Bouchard», *Mens: revue d'histoire intellectuelle de l'Amérique française*, vol. II, n° 1 (2001), p. 105-112.

BÉLANGER, Damien-Claude. «Une démarche stérile: compte rendu de Gérard Bouchard, *La pensée impuissante: échecs et mythes nationaux canadiens-français, 1850-1960*, Montréal, Éditions du Boréal, 2003», *RS*, vol. 47, n° 2 (2006), p. 341-345.

BELLEMARE, Georges. «Le moulin banal de Cournoyer», *Les Cahiers d'histoire de la Société d'histoire de Belœil – Mont-Saint-Hilaire*, n° 46 (1995), p. 17-23.

BELLESORT, André. «Souvenir d'un seigneur canadien», *Revue des Deux Mondes* (août 1915), p. 646-672.

BERGERON-GAUTHIER, Raphaël. «Le Bas-Canada: histoires socioéconomiques et régime seigneurial», *RHUS*, vol. 12, n° 1 (2021), [En ligne], [https://rhus.historiamati.ca/volume12/le-concept-de-resistance-et-ses-manifestations-dans-le-regime-seigneurial-canadien/] (7 octobre 2021).

BERGERON-GAUTHIER, Raphaël. *Joseph Drapeau (1752-1810): les stratégies familiales, professionnelles et foncières d'un seigneur-marchand canadien*, mémoire de maîtrise (histoire), Sherbrooke, Université de Sherbrooke, 2021.

BERNARD, Jean-Paul. *Les idéologies québécoises au XIXe siècle*, Montréal, Boréal Express, 1973.

Bernier, Gérald. « La structure de classes québécoise au 19ᵉ siècle et le problème de l'articulation des modes de production », *Revue canadienne de science politique = Canadian Journal of Political Science*, vol. XIV, n° 3 (septembre 1981), p. 487-518.

Bernier, Gérald. « Sur quelques effets de la rupture structurelle engendrée par la Conquête au Québec : 1760-1854 », *RHAF*, vol. XXXV, n° 1 (juin 1981), p. 69-95.

Bernier, Gérald, et Daniel Salée. « Appropriation foncière et bourgeoisie marchande : éléments pour une analyse de l'économie marchande du Bas-Canada avant 1846 », *RHAF*, vol. XXXVI, n° 2 (septembre 1982), p. 163-194.

Bernier, Gérald, et Daniel Salée. *Entre l'ordre et la liberté : colonialisme, pouvoir et transition vers le capitalisme dans le Québec du xixᵉ siècle*, Montréal, Éditions du Boréal, 1995.

Bernier, Marc-André, et Claude La Charité (dir.)., *Philippe Aubert de Gaspé, mémorialiste*, Québec, PUL, 2009.

Berthet, Thierry. *Seigneurs et colons de Nouvelle-France*, Cachan, Les Éditions de l'École normale supérieure, 1992.

Beutler, Corinne. « Le rôle du blé à Montréal sous le régime seigneurial », *RHAF*, vol. XXXVI, n° 2 (septembre 1982), p. 241-262.

Beutler, Corinne. « L'outillage agricole dans les inventaires paysans de la région de Montréal reflète-t-il une transformation de l'agriculture entre 1792 et 1835 ? », dans François Lebrun et Normand Séguin (dir.), *Sociétés villageoises et rapports villes-campagnes au Québec et dans la France de l'Ouest xviiᵉ-xxᵉ siècles*, Trois-Rivières, Université du Québec à Trois-Rivières, 1987, p. 121-130.

Bilodeau, Rosario, *et al.* (dir.). *Histoire des Canadas*, Montréal, Hurtubise HMH, 1978.

Bisaillon, Joël. « Stanley Bréhaut Ryerson : intellectuel engagé et historien marxiste », *BHP*, vol. 13, n° 1 (2004), p. 215-232.

Blain, Jean. « La frontière en Nouvelle-France, perspectives historiques nouvelles à partir d'un thème ancien », *RHAF*, vol. XXV, n° 3 (décembre 1971), p. 397-407.

Blais, Christian. *Aux sources du parlementarisme dans la Province de Québec, 1764-1791*, thèse de doctorat (histoire), Québec, Université Laval, 2019.

Blais, Patrick. *La « seigneurie des pauvres » : l'administration de Saint-Augustin de Maur par les hospitalières de l'Hôtel-Dieu de Québec (1734-1868)*, mémoire de maîtrise (histoire), Sherbrooke, Université de Sherbrooke, 2016.

Bock, Michel. *Quand la nation débordait les frontières : les minorités françaises dans la pensée de Lionel Groulx*, Montréal, Hurtubise HMH, 2004.

Boily, Frédéric. *La pensée nationaliste de Lionel Groulx*, Sillery, Éditions du Septentrion, 2003.

Boily, Frédéric. « Le fascisme de Lionel Groulx selon Gérard Bouchard », *BHP*, vol. 14, n° 2 (2006), p. 147-164.

Boily, Maxime. *Les terres amérindiennes dans le régime seigneurial : les modèles fonciers des missions sédentaires de la Nouvelle-France*, mémoire de maîtrise (sociologie), Québec, Université Laval, 2006.

Boily, Robert (dir.). *Un héritage controversé : nouvelles lectures de Lionel Groulx*, Montréal, VLB éditeur, 2005.

Bois, Emmy. « Les papiers terriers laurentiens : le portrait d'une pratique de gestion seigneuriale, 1632-1854 », *RHUS*, vol. 12, n° 1 (2021), [En ligne], [https://rhus.historiamati.ca/volume12/les-papiers-terriers-laurentiens-le-portrait-dune-pratique-de-gestion-seigneuriale-1632-1854/] (6 octobre 2021).

Boivin, Aurélien. « Angers, François-Réal », dans *DBC*, vol. VIII, [1985] 2019, p. 16-17, [En ligne], [http://www.biographi.ca/fr/bio/angers_francois_real_8F.html] (28 septembre 2021).

Bonenfant, Jean-Charles. « La féodalité a définitivement vécu… », dans *Mélanges d'histoire du Canada français offerts au professeur Marcel Trudel*, Ottawa, ÉUO, 1978, p. 14-26.

Bonnain, Rolande, Gérard Bouchard et Joseph Goy (dir.). *Transmettre, hériter, succéder : la reproduction familiale en milieu rural, France-Québec, XVIIIe-XIXe siècles*, Lyon, Presses universitaires de Lyon, 1992.

Bouchard, Gérard. *Le village immobile : Sennely-en-Sologne au XVIIIe siècle*, Paris, Plon, 1971.

Bouchard, Gérard. « L'histoire démographique et le problème des migrations : l'exemple de Laterrière », *HS = SH*, vol. 8, n° 15 (1975), p. 21-33.

Bouchard, Gérard. « Le système de transmission des avoirs familiaux et le cycle de la société rurale au Québec, du XVIIe au XXe siècle », *HS = SH*, vol. 16, n° 31 (1983), p. 35-60.

Bouchard, Gérard. « Sur la reproduction familiale en milieu rural : systèmes ouverts et systèmes clos », *RS*, vol. XXVIII, n°s 2-3 (1987), p. 229-251.

Bouchard, Gérard. « L'historiographie du Québec rural et la problématique nord-américaine avant la Révolution tranquille : étude d'un refus », *RHAF*, vol. XLIV, n° 2 (automne 1990), p. 199-222.

Bouchard, Gérard. « Sur les mutations de l'historiographie québécoise : les chemins de la maturité », dans Fernand Dumont (dir.), *La société québécoise après 30 ans de changements*, Québec, IQRC, 1990, p. 253-272.

Bouchard, Gérard. « Une nation, deux cultures : continuités et ruptures dans la pensée québécoise traditionnelle (1840-1960) », dans Gérard Bouchard et Serge Courville (dir.), *La construction d'une culture : le Québec et l'Amérique française*, Sainte-Foy, PUL, 1993, p. 3-47.

Bouchard, Gérard. « La reproduction familiale en terroirs neufs : comparaison sur des données québécoises et françaises », *Annales ESC*, vol. XLVIII, n° 2 (1993), p. 421-451.

BOUCHARD, Gérard. « Sur les structures et les stratégies de l'alliance dans le Québec rural (XVIIe-XXe siècle) : plaidoyer pour un champ de recherche », *RHAF*, vol. XLVII, n° 3 (hiver 1994), p. 349-375.

BOUCHARD, Gérard. *Entre l'Ancien et le Nouveau Monde : le Québec comme population neuve et culture fondatrice*, Ottawa, PUO, 1995.

BOUCHARD, Gérard. *Quelques arpents d'Amérique : population, économie, famille au Saguenay 1838-1971*, Montréal, Éditions du Boréal, 1996.

BOUCHARD, Gérard. « Le Québec et le Canada comme collectivités neuves : esquisse d'étude comparée », *RS*, vol. XXXIX, n°s 2-3 (1998), p. 219-248.

BOUCHARD, Gérard. *Genèse des nations et cultures du Nouveau Monde : essai d'histoire comparée*, Montréal, Éditions du Boréal, 2000.

BOUCHARD, Gérard. « L'américanité : un débat mal engagé », *Argument*, vol. 4, n° 2 (2002), p. 159-180.

BOUCHARD, Gérard. « Une crise de la conscience historique : anciens et nouveaux mythes fondateurs dans l'imaginaire québécois », dans Stéphane Kelly (dir.), *Les idées mènent le Québec*, Québec, PUL, 2003, p. 29-51.

BOUCHARD, Gérard. *Les deux chanoines : contradiction et ambivalence dans la pensée de Lionel Groulx*, Montréal, Éditions du Boréal, 2003.

BOUCHARD, Gérard. *La pensée impuissante : échecs et mythes nationaux canadiens-français, 1850-1960*, Montréal, Éditions du Boréal, 2004.

BOUCHARD, Gérard. « L'imaginaire de la Grande noirceur et de la Révolution tranquille : fictions identitaires et jeux de mémoire au Québec », *RS*, vol. XLVI, n° 3 (septembre-décembre 2005), p. 411-436.

BOUCHARD, Gérard. « Un moment phare du passé québécois : le rêve patriote », dans Jean-Philippe Warren (dir.), *Mémoires d'un avenir : dix utopies qui ont forgé le Québec*, Québec, Éditions Nota bene, 2005, p. 39-51.

BOUCHARD, Gérard, John A. DICKINSON et Joseph GOY (dir.). *Les exclus de la terre en France et au Québec, XVIIe-XXe siècles : la reproduction familiale dans la différence*, Sillery, Éditions du Septentrion, 1998.

BOUCHARD, Gérard, Joseph GOY et Anne-Lise HEAD-KÖNIG (dir.). *Nécessités économiques et pratiques juridiques : problèmes de la transmission des exploitations agricoles (XVIIIe-XXe siècles), Mélanges de l'École française de Rome. Italie et Méditerranée*, vol. 110, n° 1 (1998).

BOUCHARD, Gérard, et Michel LACOMBE. *Dialogue sur les pays neufs*, Montréal, Éditions du Boréal, 1999.

BOUCHARD, Gérard, et Yvan LAMONDE (dir.). *Québécois et Américains : la culture québécoise aux XIXe et XXe siècles*, Montréal, Éditions Fides, 1995.

BOUCHARD, Isabelle. « L'organisation des terres autochtones de la vallée du Saint-Laurent sous le régime britannique », *JCHA = RSHC*, vol. 27, n° 1 (2016), p. 31-59.

BOUCHARD, Isabelle. «Les chefs autochtones comme "seigneurs": gestion des terres et de leurs revenus, 1760-1820», dans Benoît Grenier et Michel Morissette (dir.), *Nouveaux regards en histoire seigneuriale au Québec*, Québec, Éditions du Septentrion, 2016, p. 181-206.

BOUCHARD, Isabelle. *Des systèmes politiques en quête de légitimité: terres «seigneuriales», pouvoirs et enjeux locaux dans les communautés autochtones de la vallée du Saint-Laurent (1760-1860)*, thèse de doctorat (histoire), Montréal, Université du Québec à Montréal, 2017.

BOUCHARD, Lucien. *À visage découvert*, Montréal, Éditions du Boréal, [1992] 2001.

BOUCHARD, Télesphore-Damien. *Le rachat des rentes seigneuriales. Discours prononcé à la Législature de Québec le mercredi 17 février 1926*, Saint-Hyacinthe, imprimerie Yamaska, 1926.

BOUCHER, Jacques. «Les aspects économiques de la tenure seigneuriale au Canada (1760-1854)», dans Philippe Salomon, Georges Frèche et Jacques Boucher, *Recherches d'histoire économique*, Paris, PUF, 1964, p. 149-213.

BOUCHER DE LA BRUÈRE, Montarville. «Pierre Boucher, colonisateur», *CD*, n° 8 (1943), p. 165-90.

BOUDREAU, Claude, et Pierre LÉPINE. «Bouchette, Joseph», dans *DBC*, vol. VII, 1988, p. 95-98, [En ligne], [http://www.biographi.ca/fr/bio/bouchette_joseph_7 F.html] (28 septembre 2021).

BOUDREAU, Claude. *La cartographie au Québec, 1760-1840*, Sainte-Foy, PUL, 1994.

BOUDREAU, Claude, Serge COURVILLE et Normand SÉGUIN (dir.). *Le territoire*, Sainte-Foy, Les Archives nationales du Québec et PUL, 1997.

BOURGEOIS, Philéas-Frédéric. *L'histoire du Canada depuis sa découverte jusqu'à nos jours*, Montréal, Librairie Beauchemin, 1925.

BOURQUE, Gilles, et Anne LEGARÉ. *Le Québec: la question nationale*, Paris, Maspero, 1978.

BRAUDEL, Fernand. *Les jeux de l'échange*, Paris, Armand Colin, 1979.

BRUCHÉSI, Jean. *Histoire du Canada pour tous I*, Montréal, Éditions Albert Lévesque, 1933.

BRUCHÉSI, Jean. *Rameau de Saint-Père*, Montréal, Éditions des Dix, 1950.

BRUNET, Manon. «H. R. Casgrain, Français d'Amérique», dans Gérard Bouchard et Yvan Lamonde (dir.). *Québécois et Américains: la culture québécoise aux XIXe et XXe siècles*, Montréal, Éditions Fides, 1995, p. 113-129.

BRUNET, Michel. *La présence anglaise et les Canadiens*, Montréal, Éditions Beauchemin, 1964.

CAMPEAU, Lucien. «Notes sur le département d'histoire de l'Université de Montréal», dans Pierre Savard (dir.), *Aspects de la civilisation canadienne-française*, Ottawa, ÉUO, 1983, p. 319-323.

CANTARA, François. «Les routes à Sillery sous le Régime français», *RHAF*, vol. IL, n° 4 (printemps 1996), p. 551-566.

Carbonell, Charles-Olivier. *Histoire et historiens: une mutation idéologique des historiens français (1865-1885)*, Toulouse, Privat, 1976.

Caron, Ivanhoé. «Le régime féodal en Canada», *Le Pays laurentien*, 1916, p. 113-118.

Caron, Ivanhoé. *La colonisation de la province de Québec: débuts du régime anglais 1760-1791*, Québec, L'Action sociale, 1923.

Caron, Ivanhoé. «Les censitaires du côteau Sainte-Geneviève (banlieue de Québec) de 1636 à 1800», *BRH*, vol. XXVII, n°s 4, 5 et 6, (1921), p. 97-108, 129-146 et 161-176.

Carpentier, Aline, et Elsa Guerry. «L'inventaire des lieux de mémoire de la Nouvelle-France en Poitou-Charentes: patrimoine(s) et identité(s)», dans Frédéric Chauvaud et Jacques Péret (dir.), *Terres marines: études en hommage à Dominique Guillemet*, Rennes, PUR, 2006, p. 333-340.

Carpentier, Aline, et Elsa Guerry. «Mémoires de la Nouvelle-France en Poitou-Charentes: état de l'inventaire 2002-2003», dans Thomas Wien, Cécile Vidal et Yves Frenette (dir.), *De Québec à l'Amérique française: histoire et mémoire*, Québec, PUL, 2006, p. 375-386.

Carpin, Gervais. *Le réseau du Canada: étude du mode migratoire de la France vers la Nouvelle-France (1628-1662)*, Sillery, Éditions du Septentrion; Paris, Presses de l'Université Paris-Sorbonne, 2001.

Casgrain, Henri-Raymond. *Francis Parkman*, Québec, Darveau, 1872.

Casgrain, Henri-Raymond. *Une paroisse canadienne au XVIIIe siècle*, Québec, Léger Brousseau, 1880.

Castonguay, Jacques. *La seigneurie de Philippe Aubert de Gaspé, Saint-Jean-Port-Joli*, Montréal, Éditions Fides, 1977.

Castonguay, Jacques. *Philippe Aubert de Gaspé: seigneur et homme de lettres*, Sillery, Éditions du Septentrion, 1991.

Castonguay, Jacques. *Seigneurs et seigneuresses à l'époque des Aubert de Gaspé*, Montréal, Éditions Fides, 2006.

Chaleur-Launay, Virginie. *Les Salaberry entre deux empires: l'adaptation d'une famille de la noblesse canadienne-française sous le régime anglais*, thèse de doctorat (histoire), Paris, Sorbonne université, 2019.

Chapais, Thomas. *Jean Talon, intendant de la Nouvelle-France*, Québec, Demers, 1904.

Charles, Aline, et Thomas Wien. «Le Québec entre histoire connectée et histoire transnationale», *Globe*, vol. 14, n° 2 (2011), p. 199-211.

Clarke, Patrick D. «Rameau de Saint-Père, Moïse de l'Acadie», dans Jacques Dagneau et Sylvie Pelletier, *Mémoires et histoires dans les sociétés francophones*, Québec, CELAT, 1992, p. 73-106.

Coates, Colin M. *Les transformations du paysage et de la société au Québec sous le régime seigneurial*, Sillery, Éditions du Septentrion, 2003.

CODIGNOLA, Luca. « Recension de Matteo Sanfilippo, *Il feudalesimo nella valle del San Lorenzo: un problema storiografico* et *Dalla Francia al Nuovo Mondo: feudi e signorie nella valle del San Lorenzo*, Viterbo, Sette Città, 2008 », *RHAF*, vol. 62, n° 2 (automne 2008), p. 309-313.

COLLECTIF. « Y a-t-il une nouvelle historiographie du Québec ? », *BHP*, vol. IV, n° 2 (1995), p. 3-74.

COMEAU, Robert, et Josiane LAVALLÉE. *L'historien Maurice Séguin : théoricien de l'indépendance et penseur de la modernité québécoise*, Sillery, Éditions du Septentrion, 2006.

COMEAU, Robert, et Paul-André LINTEAU. « Une question historiographique : une bourgeoisie en Nouvelle-France ? », dans Robert Comeau (dir.), *Économie québécoise*, Montréal, UQAM, 1969, p. 311-323.

COMEAU, Robert, et Robert TREMBLAY (dir.). *Stanley Bréhaut Ryerson : un intellectuel de combat*, Hull, Éditions Vents d'Ouest, 1996.

COOK, Ramsay. « Le chanoine Lionel Groulx : un "agent double" ? », *Mens : revue d'histoire intellectuelle de l'Amérique française*, vol. IV, n° 2 (2004), p. 309-319.

CORNELL, PAUL G., et al. *Canada : unité et diversité*, Toronto, Holt, Rinehart et Winston, 1971.

COSTE, Georges. « L'inventaire des lieux de mémoire de la Nouvelle-France en Poitou-Charentes », *In Situ : revue des patrimoines*, vol. 3 (2003), [En ligne], [https://journals.openedition.org/insitu/1264] (28 septembre 2021).

CÔTÉ, André-Philippe, et Michel DAVID. *Les années Bouchard*, Sillery, Éditions du Septentrion, 2001.

COUILLARD-DESPRÉS, Azarie. « Le fief du Sault-au-Matelot », *BRH*, vol. XX (1914), p. 201-203.

COUILLARD-DESPRÉS, Azarie. *Histoire de la seigneurie de Saint-Ours*, Montréal, Imprimerie de l'Institution des Sourds-Muets, 1915.

COUILLARD-DESPRÉS, Azarie. *La noblesse de France et du Canada*, Montréal, Le Pays laurentien, 1915.

COUILLARD-DESPRÉS, Azarie. « Les origines de la seigneurie de Saurel : M. Pierre de Saurel, seigneur de Saurel, et ses premiers censitaires », *MSRC*, troisième série, vol. XVII (1923), p. 183-191.

COUILLARD-DESPRÉS, Azarie. « Le fief du Sault-au-Matelot », *MSRC*, troisième série, vol. XXVIII (1934), p. 149-170.

COURVILLE, Serge. *L'habitant canadien et le régime seigneurial (1627-1854)*, thèse de doctorat (géographie), Montréal, Université de Montréal, 1979.

COURVILLE, Serge. « La crise agricole du Bas-Canada : éléments d'une réflexion géographique », *CGQ*, vol. XXIV, n° 62 (1980), p. 385-428.

COURVILLE, Serge. « La crise agricole du Bas-Canada : éléments d'une réflexion géographique (deuxième partie) », *CGQ*, vol. XXIV, n° 63 (1980), p. 385-428.

COURVILLE, Serge. «Contribution à l'étude de l'origine du rang au Québec: la politique spatiale des Cent-Associés», *CGQ*, vol. XXV, n° 65 (1981), p. 197-235.

COURVILLE, Serge. «Rente déclarée payée sur la censive de 90 arpents au recensement nominatif de 1831: méthodologie d'une recherche», *CGQ*, vol. XXVII, n° 70 (1983), p. 43-61.

COURVILLE, Serge. «Espace, territoire et culture en Nouvelle-France: une vision géographique», *RHAF*, vol. XXXVII, n° 3 (décembre 1983), p. 417-429.

COURVILLE, Serge. «Esquisse du développement villageois au Québec: le cas de l'aire seigneuriale entre 1760 et 1854», *CGQ*, vol. XXVIII, n°^{s} 73-74 (1984), p. 9-46.

COURVILLE, Serge. «L'habitant canadien dans la première moitié du XIXe siècle: survie ou survivance?», *RS*, vol. XXVII, n° 2 (1986), p. 177-193.

COURVILLE, Serge. «Note critique», *RHAF*, vol. XXXIX, n° 3 (hiver 1986), p. 407-413.

COURVILLE, Serge. «Un monde rural en mutation: le Bas-Canada dans la première moitié du XIXe siècle», *HS = SH*, vol. XX, n° 40 (1987), p. 237-258.

COURVILLE, Serge. «Le marché des "subsistances": l'exemple de la plaine de Montréal au début des années 1830: une perspective géographique», *RHAF*, vol. XLII, n° 2 (automne 1988), p. 193-239.

COURVILLE, Serge (dir.). *Paroisses et municipalités de la région de Montréal au XIXe siècle (1825-1861)*, Sainte-Foy, PUL, 1988.

COURVILLE, Serge. «Croissance villageoise et industries rurales dans les seigneuries du Québec (1815-1851)», dans François Lebrun et Normand Séguin (dir.), *Sociétés villageoises et rapports villes-campagnes au Québec et dans la France de l'Ouest XVIIe-XXe siècles*, Trois-Rivières, Université du Québec à Trois-Rivières, 1987, p. 205-219.

COURVILLE, Serge. *Entre ville et campagne: l'essor du village dans les seigneuries du Bas-Canada*, Sainte-Foy, PUL, 1990.

COURVILLE, Serge. «Tradition et modernité: leurs significations spatiales», *RS*, vol. XXXIV, n° 2 (1993), p. 211-231.

COURVILLE, Serge. *Introduction à la géographie historique*, Sainte-Foy, PUL, 1995.

COURVILLE, Serge. «Histoire mythique et paysage symbolique: la campagne laurentienne au XIXe siècle», *BJCS*, vol. XII (1997), p. 9-23.

COURVILLE, Serge. «Représentation du territoire et vécu territorial du Québec: quelques exemples», dans Marie-Andrée Beaudet (dir.), *Échanges culturels entre les Deux solitudes*, Sainte-Foy, PUL, 1999, p. 3-17.

COURVILLE, Serge. *Le Québec: genèses et mutations du territoire: synthèse de géographie historique*, Sainte-Foy, PUL; Paris, L'Harmattan, 2000.

COURVILLE, Serge. *Rêves d'empire: le Québec et le rêve colonial*, Ottawa, PUO, 2000.

COURVILLE, Serge. *Immigration, colonisation et propagande: du rêve américain au rêve colonial*, Sainte-Foy, Éditions MultiMondes, 2002.

COURVILLE, Serge, Serge LABRECQUE et Jacques FORTIN. *Seigneurs et fiefs du Québec: nomenclature et cartographie*, Québec, CELAT, 1988.

COURVILLE, Serge, Jean-Claude ROBERT et Normand SÉGUIN. «Population et espace rural au Bas-Canada: l'exemple de l'axe laurentien dans la première moitié du XIXe siècle», *RHAF*, vol. XLIV, n° 2 (automne 1990), p. 243-262.

COURVILLE, Serge, Jean-Claude ROBERT et Normand SÉGUIN. «Le Saint-Laurent, artère de vie: réseau routier et métiers de la navigation au XIXe siècle», *CGQ*, vol. XXXIV, n° 92 (1990), p. 181-196.

COURVILLE, Serge, Jean-Claude ROBERT et Normand SÉGUIN. «The Spread of Rural Industry in Lower Canada, 1831-1851», *JCHA = RSHC*, vol. 2, n° 1 (1991), p. 43-70.

COURVILLE, Serge, Jean-Claude ROBERT et Normand SÉGUIN. *Le pays laurentien au XIXe siècle: les morphologies de base*, Sainte-Foy, PUL, 1995, coll. «Atlas historique du Québec».

COURVILLE, Serge, Jean-Claude ROBERT et Normand SÉGUIN. «Réplique», *CGQ*, vol. XLI, n° 114 (1997), p. 431-440.

COURVILLE, Serge, et Normand SÉGUIN. *Le coût du sol au Québec: deux études de géographie historique*, Sainte-Foy, PUL, 1996.

COUSINEAU, Hubert. *L'implantation des soldats français de la guerre de Sept Ans au Canada (1755-1830): espace, parcours de vie et intégration sociale*, mémoire de maîtrise (histoire), Sherbrooke, Université de Sherbrooke, 2021.

COUTURE, Claude. «La Conquête de 1760 et le problème de la transition au capitalisme», *RHAF*, vol. 39, n° 3 (hiver 1986), p. 369-389.

CUCCIOLETTA, Donald (dir.). *L'américanité et les Amériques*, Québec, IQRC, 2001.

D'AMOUR, Valérie, et Évelyne COSSETTE. «Le bétail et l'activité économique en Nouvelle-France: la vente et la location», *RHAF*, vol. LVI, n° 2 (automne 2002), p. 217-233.

DAOUST, Jean-Michel. «Réalité, fiction et tradition: la représentation du seigneur et de la seigneurie dans *Marguerite Volant*», dans Benoît Grenier et Michel Morissette (dir.), *Nouveaux regards en histoire seigneuriale au Québec*, Québec, Éditions du Septentrion, 2016, p. 334-363.

DAVID, Laurent-Olivier. *L'Union des deux Canadas (1841-1867)*, Montréal, Eusèbe Senécal, 1898.

DE BLOIS, Solange. «Les moulins de Terrebonne (1720-1775) ou les hauts et les bas d'une entreprise seigneuriale», *RHAF*, vol. LI, n° 1 (été 1997), p. 39-70.

DECELLES, Alfred D. «Le régime seigneurial», *BRH*, vol. VII, n° 5, (1901), p. 142-145.

DECHÊNE, Louise. «L'évolution du régime seigneurial au Canada: le cas de Montréal aux XVIIe et XVIIIe siècles», *RS*, vol. XII, n° 2 (1971), p. 143-183.

DECHÊNE, Louise. *Habitants et marchands à Montréal au XVIIe siècle*, Paris, Plon, 1976.

DECHÊNE, Louise. « Coup d'œil sur l'historiographie de la Nouvelle-France », *Études canadiennes*, vol. III (1977), p. 45-57.

DECHÊNE, Louise. « La rente du faubourg Saint-Roch à Québec – 1750-1850 », *RHAF*, vol. XXXIV, n° 4 (mars 1981), p. 569-596.

DECHÊNE, Louise. *Le partage des subsistances sous le Régime français*, Montréal, Éditions du Boréal, 1994.

DEFFONTAINES, Pierre. *Le rang, type de peuplement rural du Canada français*, Québec, PUL, 1953.

DELÂGE, Denys. *Le pays renversé : Amérindiens et Européens en Amérique du Nord-Est 1600-1664*, Montréal, Boréal Express, 1985.

DÉPATIE, Sylvie. « La structure agraire au Canada : le cas de l'Île Jésus au XVIIIe siècle », *HP = CH*, vol. 21, n° 1 (1986), p. 56-85.

DÉPATIE, Sylvie. *L'évolution d'une société rurale : l'île Jésus au XVIIIe siècle*, thèse de doctorat (histoire), Montréal, Université McGill, 1988.

DÉPATIE, Sylvie. « La transmission du patrimoine dans les terroirs en expansion : un exemple canadien au XVIIIe siècle », *RHAF*, vol. XLIV, n° 2 (automne 1990), p. 171-198.

DÉPATIE, Sylvie. « La transmission du patrimoine au Canada (XVIIe-XVIIIe siècle) : qui sont les défavorisés ? », *RHAF*, vol. LIV, n° 4 (printemps 2001), p. 557-570.

DÉPATIE, Sylvie. « Commerce et crédit à l'île Jésus, 1734-75 : le rôle des marchands ruraux dans l'économie des campagnes montréalaises », *CHR*, vol. 84, n° 2 (2003), p. 147-176.

DÉPATIE, Sylvie. « Benoît Grenier, *Brève histoire du régime seigneurial* », *RHAF*, vol. 65, n° 4 (printemps 2012), p. 517-522.

DÉPATIE, Sylvie. « Le faire-valoir indirect au Canada au XVIIIe siècle », *RHAF*, vol. 72, n° 2 (automne 2018), p. 5-39.

DÉPATIE, Sylvie, Mario LALANCETTE et Christian DESSUREAULT, *Contributions à l'étude du régime seigneurial*, Montréal, Hurtubise HMH, 1987.

DÉPATIE, Sylvie, *et al.* (dir.). *Vingt ans après* Habitants et marchands *: lecture de l'histoire des XVIIe et XVIIIe siècles canadiens*, Montréal, MGQUP, 1998.

DES GAGNIERS, Jean. *Charlevoix, pays enchanté*, Sainte-Foy, PUL, 1994.

DESBARATS, Catherine, et Allan GREER. « Où est la Nouvelle-France ? », *RHAF*, vol. 64, n°s 3-4 (hiver-printemps 2011), p. 31-62.

DESBARATS, Catherine, et Thomas WIEN (dir.). Dossier « La Nouvelle-France et l'Atlantique », *RHAF*, vol. 64, n°s 3-4 (hiver-printemps 2011), p. 5-174.

DESBARATS, Catherine, et Thomas WIEN. « Introduction : la Nouvelle-France et l'Atlantique », *RHAF*, vol. 64, n°s 3-4 (hiver printemps 2011), p. 5-29.

DESBIENS, Marie-Frédérique. « Les Patriotes de 1837-1838 : modèles et représentations », *BHP*, vol. 12, n° 1 (automne 2003), p. 9-15.

DESCHAMPS, Nicole. « "Les anciens Canadiens" de 1860 : une société de seigneurs et de va-nu-pieds », *Études françaises*, vol. I, n° 3 (octobre 1965), p. 3-15.

DESJARDINS, Pauline. « La Coutume de Paris et la transmission des terres : le rang de la Beauce à Calixa-Lavallée de 1730 à 1975 », *RHAF*, vol. XXXIV, n° 3 (décembre 1980), p. 331-338.

DESROCHERS, Audrey. *L'établissement des soldats des troupes auxiliaires allemandes dans la seigneurie de Beaurivage : une histoire d'enracinement à la fin du XVIIIe siècle*, mémoire de maîtrise (histoire), Sherbrooke, Université de Sherbrooke, 2020.

DESSUREAULT, Christian. « Un essai de caractérisation de l'entreprise seigneuriale canadienne : la seigneurie du Lac-des-Deux-Montagnes au tournant du XIXe siècle », dans Joseph Goy et Jean-Pierre Wallot (dir.), *Évolution et éclatement du monde rural : structures, fonctionnement et évolution différentielle des sociétés rurales françaises et québécoises XVIIe-XXe siècles*, Paris, EHESS ; Montréal, PUM, 1986, p. 217-230.

DESSUREAULT, Christian. *Les fondements de la hiérarchie sociale au sein de la paysannerie : le cas de Saint-Hyacinthe, 1760-1815*, thèse de doctorat (histoire), Montréal, Université de Montréal, 1986.

DESSUREAULT, Christian. « La propriété rurale et la paysannerie dans la plaine maskoutaine, 1795-1814 », dans François Lebrun et Normand Séguin (dir.), *Sociétés villageoises et rapports villes-campagnes au Québec et dans la France de l'Ouest XVIIe-XXe siècles*, Trois-Rivières, Université du Québec à Trois-Rivières, 1987, p. 39-49.

DESSUREAULT, Christian. « L'égalitarisme paysan dans l'ancienne société rurale de la vallée du Saint-Laurent : éléments pour une réinterprétation », *RHAF*, vol. XL, n° 3 (hiver 1987), p. 373-407.

DESSUREAULT, Christian. « Crise ou modernisation ? La société maskoutaine durant le premier tiers du XIXe siècle », *RHAF*, vol. XLII, n° 3 (hiver 1989), p. 359-387.

DESSUREAULT, Christian. « Industrie et société rurale : le cas de la seigneurie de Saint-Hyacinthe des origines à 1861 », *HS = SH*, vol. XXVIII, n° 55 (1995), p. 99-136.

DESSUREAULT, Christian. « Recension de Gérald Bernier et Daniel Salée. *Entre l'ordre et la liberté : colonialisme, pouvoir et transition vers le capitalisme dans le Québec du XIXe siècle*. Montréal, Éditions du Boréal, 1995 », *RHAF*, vol. IL, n° 4 (printemps 1996), p. 567-569.

DESSUREAULT, Christian. « Fortune paysanne et cycle de vie : le cas de la seigneurie de Saint-Hyacinthe (1795-1844) », *H&SR*, vol. 7, n° 1 (1997), p. 73-96.

DESSUREAULT, Christian. « Parenté et stratification sociale dans une paroisse rurale de la vallée du Saint-Laurent au milieu du XIXe siècle », *RHAF*, vol. LIV, n° 3 (hiver 2001), p. 411-447.

DESSUREAULT, Christian. « L'évolution du régime seigneurial canadien de 1760 à 1854 : essai de synthèse », dans Alain Laberge et Benoît Grenier (dir.), *Le régime seigneurial au Québec 150 ans après : bilans et perspectives de recherches à l'occasion de la commémoration du 150e anniversaire de l'abolition du régime seigneurial*, Québec, CIEQ, 2009, p. 23-37, coll. « Cheminements ».

Dessureault, Christian. *Le monde rural québécois aux XVIIIe et XIXe siècles: cultures, hiérarchies, pouvoirs*, Montréal, Éditions Fides, 2018.

Dessureault, Christian, et Christine Hudon. «Conflits sociaux et élites locales au Bas-Canada: le clergé, les notables, la paysannerie et la fabrique», *CHR*, vol. LXXX, n° 3 (1999), p. 413-439.

Dessureault, Christian, et Roch Legault. «Évolution organisationnelle et sociale de la milice sédentaire canadienne: le cas du bataillon de Saint-Hyacinthe, 1808-1830», *JCHA = RSHC*, vol. 8, n° 1 (1997), p. 87-112.

Diamond, Sigmund. «Le Canada français au XVIe siècle: une société préfabriquée», *Annales E.S.C.*, vol. XVI, n° 2 (1961), p. 317-54.

Dickinson, John A. «La justice seigneuriale en Nouvelle-France: le cas de Notre-Dame-des-Anges», *RHAF*, vol. XXVIII, n° 3 (décembre 1974), p. 323-346.

Dickinson, John A. «L'administration "chaotique" de la justice après la Conquête: discours ou réalité?», dans Giovanni Dotoli, *Canada: le rotte della libertà*, Fasano, Schena Editore, 2006, p. 117-127.

Dickinson, John A. «Seigneurs et propriétaires: une logique ecclésiastique de l'économie», dans Dominique Deslandres, John A. Dickinson et Ollivier Hubert (dir.), *Les Sulpiciens de Montréal: une histoire de pouvoir et de discrétion, 1657-2007*, Montréal, Éditions Fides, 2007, p. 179-213.

Doucet, Édouard. «Les seigneurs de Belœil», *Les Cahiers d'histoire de la Société d'histoire de Belœil – Mont-Saint-Hilaire*, n° 46 (1995), p. 3-16.

Douville, Raymond. «Notes pour servir à la rédaction d'une histoire de seigneurie», *RHAF*, vol. III, n° 3 (décembre 1949), p. 325-332.

Douville, Raymond. «Trois seigneuries sans seigneurs», *CD*, n° 16 (1951), p. 133-170.

Douville, Raymond. «Les lents débuts d'une seigneurie des Jésuites», *CD*, n° 25 (1960), p. 249-270.

Douville, Raymond. «Naissance d'une seigneurie, Saint-Charles-des-Roches (Grondines)», *CD*, n° 30 (1965), p. 35-50.

Douville, Raymond. *La seigneurie Sainte-Marie: ses premiers seigneurs, ses premiers colons (1669-1775)*, Trois-Rivières, Éditions du Bien public, 1979.

Drolet, Jean. «Henri Bourassa: une analyse de sa pensée», dans Fernand Dumont et al. (dir.), *Idéologies du Canada français 1900-1929*, Sainte-Foy, PUL, 1974, p. 223-250.

Drolet, Lise. «Au domaine du seigneur Papineau», *Continuité*, n° 44, p. 15-17.

Drolet, Yves, et Robert Larin. *La noblesse canadienne: regards d'histoire sur deux continents*, Montréal, Éditions de la Sarracénie, 2019.

Dubuc, Alfred. «L'influence de l'École des Annales au Québec», *RHAF*, vol. XXXIII, n° 3 (décembre 1979), p. 357-386.

Ducharme, Marcel. *Louise-Amélie Panet: seigneuresse, artiste-peintre, poétesse*, L'Assomption, Éditions Point du jour, 2016.

Dumont, Fernand. *Genèse de la société québécoise*, Montréal, Éditions du Boréal, 1993.

Dumont, Fernand, Jean-Paul Montminy et Jean Hamelin (dir.). *Idéologies au Canada français (1850-1900)*, Sainte-Foy, PUL, 1971.

Durand, Cédric. *Le techno-féodalisme: critique de l'économie numérique*, Paris, Éditions Zones, 2020.

Durand, Gilles. «Le côté plus caché de l'aventure française en Amérique du Nord: la localisation des familles dans l'espace. Sous le signe du partenariat et de la continuité des sources. Colloque du 18 novembre 2006», dans Commission franco-québécoise sur les lieux de mémoire communs, *Bulletin Mémoires Vives*, vol. 19 (novembre 2006), [En ligne], [http://www.cfqlmc.org/index.php?option=com_k2&view=item&layout=item&id=1483&Itemid=352] (28 septembre 2021).

Eccles, William J. «Parkman, Francis», dans *DBC*, vol. XII, 1990, p. 823-827, [En ligne], [http://www.biographi.ca/fr/bio/parkman_francis_12F.html] (28 septembre 2021).

English, John. «Pierre Elliott Trudeau», dans Réal Bélanger et Ramsay Cook (dir.), *Les premiers ministres du Canada de Macdonald à Trudeau*, Québec, PUL, 2007, p. 462-505.

Éthier-Blais, Jean. *Signets II*, Ottawa, Le Cercle du Livre de France, 1967.

Falardeau, Jean-Charles. «La paroisse canadienne-française au XVIIe siècle», dans Marcel Rioux et Yves Martin (dir.), *La société canadienne-française*, Montréal, Hurtubise HMH, 1971, p. 33-44.

Ferland, Jean-Baptiste-Antoine. *Cours d'histoire du Canada*, Québec, Côté, 1861-1862.

Filion, Mario, *et al. Histoire du Haut-Saint-Laurent*, Québec, IQRC, 2000.

Filion, Mario, *et al. Histoire du Richelieu-Yamaska-Rive-Sud*, Québec, PUL et IQRC, 2000.

Filteau, Gérard. *La naissance d'une nation: tableau de la Nouvelle-France en 1755*, Montréal, Éditions de l'Aurore, [1937] 1978.

Flamand-Hubert, Maude. *Louis Bertrand à L'Isle-Verte, 1811-1871: propriété foncière et exploitation des ressources*, Québec, PUQ, 2012.

Fohlen, Claude. «Vingt-cinq ans d'histoire canadienne en France», dans Jean-Michel Lacroix (dir.), *État des lieux de la recherche sur le Canada en France*, Bordeaux, Association française d'études canadiennes, 2001, p. 27-46.

Fortin, Jean-Charles, *et al. Histoire du Bas-Saint-Laurent*, Québec, IQRC, 1993.

Fournier, Martin. *Jean Mauvide; de chirurgien à seigneur de l'île d'Orléans*, Sillery, Éditions du Septentrion, 2004.

Francoeur, Marie-Claude. *Le développement socio-économique des seigneuries gaspésiennes sous le Régime français: un modèle régional unique*, mémoire de maîtrise (histoire), Québec, Université Laval, 2008.

Frégault, Guy. *La civilisation de la Nouvelle-France (1713-1744)*, Montréal, Pascal, 1944.

Frégault, Guy. « Le régime seigneurial et l'expansion de la colonisation dans le bassin du Saint-Laurent au dix-huitième siècle », *Report of the Annual Meeting of the Canadian Historical Association = Rapports annuels de la Société historique du Canada*, vol. 23, n° 1, 1944, p. 61-73.

Frégault, Guy. *La société canadienne sous le régime français*, Ottawa, Société historique du Canada, Brochure historique n° 3, 1954.

Frégault, Guy. *La guerre de la conquête, 1754-1760*, Montréal, Éditions Fides, 1955.

Frenette, Yves, et Martin Pâquet. *Brève histoire des Canadiens français*, Montréal, Éditions du Boréal, 1998.

Gadoury, Lorraine. « Les stocks des habitants dans les inventaires après décès », *Material History Bulletin = Bulletin d'histoire de la culture matérielle*, n° 17 (printemps 1983), p. 139-147.

Gadoury, Lorraine. *La noblesse de la Nouvelle-France : famille et alliances*, Montréal, Hurtubise HMH, 1991.

Gadoury, Lorraine. *La famille dans son intimité : échanges épistolaires au sein de l'élite canadienne du XVIIIe siècle*, Montréal, Hurtubise HMH, 1998.

Gadoury, Lorraine. « L'impact de la Conquête sur la noblesse dans la vallée du Saint-Laurent », *CAD*, vol. 126 (2016), p. 7-10.

Gagné, Joseph. « Entre revendication et résignation : les seigneuries du lac Champlain et la frontière new-yorkaise, 1763-1783 », dans Benoît Grenier et Michel Morissette (dir.), *Nouveaux regards en histoire seigneuriale au Québec*, Québec, Éditions du Septentrion, 2016, p. 61-90.

Gagnon, Antoine. *Histoire de Matane, 1677-1977 : tricentenaire de la seigneurie*, Rimouski, Société d'histoire de Matane, 1977.

Gagnon, Serge. « Ferland, Jean-Baptiste-Antoine », dans *DBC*, vol. IX, 1977, p. 254-257, [En ligne], [http://www.biographi.ca/fr/bio/ferland_jean_baptiste_antoine_9F.html] (28 septembre 2021).

Gagnon, Serge. *Le Québec et ses historiens de 1840 à 1920 : la Nouvelle-France de Garneau à Groulx*, Sainte-Foy, PUL, 1978.

Gailly de Taurines, Charles. *La nation canadienne*, Paris, Plon, 1894.

Gallet, Jean. *Seigneurs et paysans bretons du Moyen Âge à la Révolution*, Rennes, Éditions Ouest-France, 1992.

Gallet, Jean. *Seigneurs et paysans en France (1600-1798)*, Rennes, PUR, 1999.

Gallichan, Gilles, Kenneth Landry et Denis Saint-Jacques (dir.). *François-Xavier Garneau : une figure nationale*, Québec, Éditions Nota bene, 1998.

Gardette, Joëlle. *Le processus de revendication huron pour le recouvrement de la seigneurie de Sillery, 1651-1934*, thèse de doctorat (sociologie), Québec, Université Laval, 2008.

GARIÉPY, Raymond. *La terre domaniale du fief de Charleville*, Sainte-Foy, PUL, 1965.

GARIÉPY, Raymond. *Le village de Château-Richer (1640-1870)*, Québec, La Société historique de Québec, 1969.

GARIÉPY, Raymond. *Les seigneuries de Beaupré et de l'île d'Orléans dans leurs débuts*, Québec, La Société historique de Québec, 1974.

GARNEAU, Jean-Philippe. « Une culture de l'amalgame au prétoire : les avocats de Québec et l'élaboration d'un langage juridique commun au tournant des XVIIIe et XIXe siècles », *CHR*, vol. 88, n° 1 (2007), p. 113-148.

GARNEAU, Jean-Philippe. « Réflexions sur la régulation juridique du régime seigneurial canadien », dans Alain Laberge et Benoît Grenier (dir.), *Le régime seigneurial au Québec 150 ans après : bilans et perspectives de recherches à l'occasion de la commémoration du 150e anniversaire de l'abolition du régime seigneurial*, Québec, CIEQ, 2009, p. 61-77, coll. « Cheminements ».

GÉRIN, Léon. « Le gentilhomme français et la colonisation du Canada », *MSRC*, deuxième série, vol. II (1896), p. 65-94.

GÉRIN, Léon. *Aux sources de notre histoire : les conditions économiques et sociales de la colonisation en Nouvelle-France*, Montréal, Éditions Beauchemin, 1946.

GÉRIN-LAJOIE, Antoine. *Jean Rivard, le défricheur* (1862) suivi de *Jean Rivard, économiste* (1864), édition préparée par René Dionne, Montréal, Hurtubise HMH, 1977.

GETTLER, Brian. « Les autochtones et l'histoire du Québec : au-delà du négationnisme et du récit "nationaliste-conservateur" », *RAQ*, vol. 46, n° 1 (2016), p. 7-18.

GILLES, David. « La souplesse et les limites du régime juridique seigneurial colonial : les concessions aux Abénaquis durant le Régime français », dans Benoît Grenier et Michel Morissette (dir.), *Nouveaux regards en histoire seigneuriale au Québec*, Québec, Éditions du Septentrion, 2016, p. 28-60.

GOHIER, Maxime. *La pratique pétitionnaire autochtone sous le Régime britannique : le développement d'une culture politique moderne dans la vallée du Saint-Laurent (1760-1860)*, thèse de doctorat (histoire), Montréal, Université du Québec à Montréal, 2014.

GOSSAGE, Peter, et J. I. LITTLE. *Une histoire du Québec : entre tradition et modernité*, Montréal, Hurtubise HMH, 2015.

GOSSELIN, Frédérick. « Seigneurs marchands, abolition et mémoire : le cas de la seigneurie d'Aubert-Gallion », dans Benoît Grenier *et al.* (dir.), *Le régime seigneurial au Québec : fragments d'histoire et de mémoire*, Sherbrooke, ÉUS, 2020, p. 106-124.

GOUJARD, Philippe. *L'abolition de la « féodalité » dans le pays de Bray (1789-1793)*, Paris, Bibliothèque nationale, 1979.

GOY, Joseph, et Jean-Pierre WALLOT (dir.). *Étude comparative de la société rurale de la France de l'Ouest et du Québec (XVIIe-XXe siècles)*, Paris, EHESS ; Montréal, PUM, 1981.

Goy, Joseph, et Jean-Pierre Wallot (dir.). *Évolution et éclatement du monde rural : structures, fonctionnement et évolution différentielle des sociétés rurales françaises et québécoises XVIIe-XXe siècles*, Paris, EHESS ; Montréal, PUM, 1986.

Gravel, Denis. *Moulins et meuniers du Bas-Lachine 1667-1890*, Sillery, Éditions du Septentrion, 1995.

Greer, Allan. *Brève histoire des peuples de la Nouvelle-France*, Montréal, Éditions du Boréal, 1998.

Greer, Allan. *Habitants, marchands et seigneurs : la société rurale du bas Richelieu, 1740-1840*, Québec, Éditions du Septentrion, 2000.

Greer, Allan. *La Nouvelle-France et le Monde*, Montréal, Éditions du Boréal, 2009.

Greer, Allan. « Le système seigneurial ? Quel système seigneurial ? », *Histoireengagée.ca*, 2 octobre 2018, [En ligne], [https://histoireengagee.ca/le-systeme-seigneurial-quel-systeme-seigneurial/] (15 octobre 2020).

Greer, Allan. « Réplique à la critique de Benoît Grenier et Alain Laberge », *Histoireengagée.ca*, 16 octobre 2018, [En ligne], [https://histoireengagee.ca/replique-a-la-critique-de-benoit-grenier-et-alain-laberge/] (15 octobre 2020).

Greer, Allan, et Léon Robichaud. « La rébellion de 1837-1838 au Bas-Canada : une approche géographique », *CGQ*, vol. XXXIII, n° 90 (1989), p. 345-377.

Grenier, Benoît. *Devenir seigneur en Nouvelle-France : mobilité sociale et propriété seigneuriale dans le gouvernement de Québec sous le Régime français*, mémoire de maîtrise (histoire), Québec, Université Laval, 2000.

Grenier, Benoît. « Seigneurs résidants et notabilité dans la vallée du Saint-Laurent (XVIIe-XIXe siècle) », *Annales de Bretagne et des Pays de l'Ouest*, vol. 110, n° 2 (2003), p. 59-75.

Grenier, Benoît. « Le seigneur est mort… Vive la seigneuresse ? Regard sur le veuvage des épouses de seigneurs en Nouvelle-France », dans *Actes du 2e Colloque étudiant du département d'histoire (Université Laval)*, Québec, CÉLAT, 2003, p. 7-19.

Grenier, Benoît. « "Nulle terre sans seigneur ?" Une étude comparative de la présence seigneuriale (France-Canada), XVIIe-XIXe siècles », *French Colonial History*, vol. 5 (2004), p. 7-24.

Grenier, Benoît. *Marie-Catherine Peuvret : veuve et seigneuresse en Nouvelle-France (1667-1739)*, Sillery, Éditions du Septentrion, 2005.

Grenier, Benoît. « "Gentilshommes campagnards" : la présence seigneuriale dans la vallée du Saint-Laurent (XVIIe-XIXe siècle) », *RHAF*, vol. LIX, n° 4 (printemps 2006), p. 409-449.

Grenier, Benoît. « Gentilshommes campagnards de la nouvelle France, XVIIe-XIXe siècle : une autre seigneurie laurentienne ? », *FCH*, vol. 7 (2006), p. 21-43.

Grenier, Benoît. *Seigneurs campagnards de la Nouvelle France : présence seigneuriale et sociabilité rurale dans la vallée du Saint-Laurent à l'époque préindustrielle*, Rennes, PUR, 2007.

Grenier, Benoît. « Réflexion sur le pouvoir féminin en Nouvelle-France : le cas de la seigneuresse Marie-Catherine Peuvret (1667-1739) », *HS = SH*, vol. 42, n° 84 (2009), p. 299-326.

Grenier, Benoît. « Pouvoir et contre-pouvoir dans le monde rural laurentien aux XVIIIe-XIXe siècles : sonder les limites de l'arbitraire seigneurial », *BHP*, vol. 18, n° 1 (2009), p. 143-163.

Grenier, Benoît. « "Le dernier endroit dans l'univers" : à propos de l'extinction des rentes seigneuriales au Québec, 1854-1971 », *RHAF*, vol. 64, n° 2 (automne 2010), p. 75-98.

Grenier, Benoît. « Élites seigneuriales, élites municipales : le pouvoir seigneurial à l'heure de l'abolition », dans Thierry Nootens et Jean-René Thuot (dir.), *Les figures du pouvoir à travers le temps : formes, pratiques et intérêts des groupes élitaires au Québec, XVIIe-XXe siècles*, Québec, PUL, 2012, p. 63-70.

Grenier, Benoît. *Brève histoire du régime seigneurial*, Montréal, Éditions du Boréal, 2012.

Grenier, Benoît. « Persistances seigneuriales », *Continuité*, n° 138 (2013), p. 24-27.

Grenier, Benoît. « L'Église et la propriété seigneuriale au Québec (1854-1940) : continuité ou rupture », *ÉHR*, vol. 70, n° 2 (2013), p. 21-39.

Grenier, Benoît. « Compte rendu de Little, Jack I. *Patrician Liberal : The Public and Private Life of Sir Henri-Gustave Joly de Lotbinière, 1829-1908*. Toronto, UTP, 2013 », *RHAF*, vol. 67, n° 2 (automne 2013), p. 249-253.

Grenier, Benoît. « Le régime seigneurial au Québec », *BHP*, vol. 23, n° 2 (2015), p. 141-156.

Grenier, Benoît. « Gabrielle Roy et le régime seigneurial québécois (1941) », *CFCO*, vol. 28, n° 2 (2016), p. 214-251.

Grenier, Benoît. « L'héritage seigneurial d'Anne Hébert : famille, terre et histoire comme marqueurs identitaires », *CAH*, vol. 15 (2017), p. 7-29.

Grenier, Benoît. « "Écuyer, cultivateur" : des paysans devenus seigneurs en Nouvelle-France ou de l'ascension à l'exclusion du groupe seigneurial (XVIIe-XIXe siècles) », dans Jean-Marc Moriceau et Philippe Madeline (dir.), *Les petites gens de la terre : paysans, ouvriers et domestiques (Moyen Âge-XXIe siècle)*, Caen, Presses universitaires de Caen, 2017, p. 91-102.

Grenier, Benoît. « Les paradoxes de la mémoire seigneuriale au Québec : entre la mythologie et l'oubli », dans Marc Bergère *et al.* (dir.), *Mémoires canadiennes : actes du colloque de l'Association française d'études canadiennes (Rennes 2013)*, Rennes, PUR, 2018, p. 155-166.

Grenier, Benoît. « Le patrimoine seigneurial du Séminaire de Québec ou l'héritage matériel de François de Laval », dans Étienne Berthold (dir.), *Le patrimoine des communautés religieuses : empreintes et approches*, Québec, PUL, 2018, p. 21-51.

Grenier, Benoît. « Femmes et propriété seigneuriale au Canada (XVIIe-XIXe siècles) : les formes de l'autorité des "seigneuresses" », *HÉ&S*, vol. 4 (2019), p. 4-26.

Grenier, Benoît. « Sur les traces de la mémoire seigneuriale au Québec : identité et transmission au sein des familles d'ascendance seigneuriale », *RHAF*, vol. 72, n° 3 (hiver 2019), p. 5-40.

Grenier, Benoît. « L'influence de l'œuvre de Philippe Aubert de Gaspé sur l'historiographie du régime seigneurial québécois (1863-1974) », dans Claude La Charité (dir.), *Les anciens Canadiens 150 ans après : préfigurations, représentations et réfractions*, Québec, PUQ, à paraître.

Grenier, Benoît, et Michel Morissette. « Les persistances de la propriété seigneuriale au Québec ou les conséquences d'une abolition partielle et progressive (1854-1940) », *H&SR*, vol. 40 (2013), p. 61-96.

Grenier, Benoît, Alain Laberge et Stéphanie Lanthier (dir.). *Le régime seigneurial au Québec : fragments d'histoire et de mémoire*, Sherbrooke, ÉUS, 2020.

Grenier, Benoît, et Alain Laberge. « Au-delà du "système" : l'empreinte durable de la propriété seigneuriale », *Histoireengagee.ca*, 9 octobre 2018, [En ligne], [http://histoireengagee.ca/au-dela-du-systeme-lempreinte-durable-de-la-propriete-seigneuriale/] (15 octobre 2020).

Grenier, Benoît, et Michel Morissette (dir.). *Nouveaux regards en histoire seigneuriale au Québec*, Québec, Éditions du Septentrion, 2016.

Grenier, Benoît, et Michel Morissette. « Propriétés et propriétaires seigneuriaux dans l'est du Québec entre 1854 et le milieu du XXe siècle : le cheminement comparé de l'île d'Anticosti et de Rivière-du-Loup », dans Harold Bérubé et Stéphane Savard (dir.), *Pouvoir et territoire au Québec depuis 1850*, Québec, Éditions du Septentrion, 2017, p. 25-60.

Grenier, Benoît, et Michel Morissette. « Sous la seigneurie, le pétrole : survivance de la propriété seigneuriale au XXe siècle (le cas de l'île d'Anticosti) », dans Pablo F. Luna et Niccolò Mignemi (dir.), *Prédateurs et résistants : appropriation et réappropriation de la terre et des ressources naturelles (XVIe-XXe siècles)*, Paris, Syllepse, 2017, p. 185-204.

Grinberg, Martine. *Écrire les coutumes : les droits seigneuriaux en France XVIe-XVIIIe siècles*, Paris, PUF, 2006.

Groulx, Lionel. *La naissance d'une race*, Montréal, Bibliothèque de l'Action française, 1919.

Groulx, Lionel. « Colonisation au Canada sous Talon », *RHAF*, vol. IV, n° 1 (juin 1950), p. 61-73.

Groulx, Lionel. *Histoire du Canada français depuis la découverte*, t. I : *Le régime français*, Montréal, L'Action nationale, 1950.

Groulx, Lionel. *Histoire du Canada français depuis la découverte*, t. II : *Le régime français (suite)*, Montréal, L'Action nationale, 1951.

Groulx, Lionel. « Un seigneur en soutane », *RHAF*, vol. XI, n° 2 (septembre 1957), p. 201-217.

Groulx, Patrice. *Pièges de la mémoire : Dollard des Ormeaux, les Amérindiens et nous*, Hull, Éditions Vents d'Ouest, 1998.

GUERREAU, Alain. *Le féodalisme: un horizon théorique*, Paris, Le Sycomore, 1980.

GUIMOND, Olivier. «Seigneur absent, seigneur effacé? Les frères Papineau et la gestion seigneuriale à la Petite-Nation (1817-1854)», dans Marie-Laurence B. Beaumier et Jacinthe De Montigny (dir.), *Façonner le Québec: populations, pouvoir et territoire: actes des 21ᵉ et 22ᵉ colloques étudiants du CIEQ*, Québec, CIEQ, 2017, p. 15-26.

GUIMOND, Olivier. «Un seigneur patriote: Louis-Joseph Papineau confronté à l'abolition du régime seigneurial», *RHUS*, vol. 10, n° 2 (2017), [En ligne], [https://rhus.historiamati.ca/uncategorized/un-seigneur-patriote-louis-joseph-papineau-confronte-a-labolition-du-regime-seigneurial/] (6 octobre 2021).

GUIMOND, Olivier. *La trahison d'un amoureux des «vieilles lois françaises»? Louis-Joseph Papineau et le paradoxe du seigneur républicain*, mémoire de maîtrise (histoire), Sherbrooke, Université de Sherbrooke, 2017.

GUIMOND, Olivier. «L'histoire seigneuriale laurentienne: à propos de tendances récentes de la recherche», *RHAF*, vol. 74, nᵒˢ 1-2 (été-automne 2020), p. 185-213.

HAMEL, Nathalie. «Collectionner les "monuments" du passé: la pratique antiquaire de Jacques Viger», *RHAF*, vol. LIX, nᵒˢ 1-2 (été-automne 2005), p. 73-94.

HAMELIN, Jean. *Le Canada français: son évolution historique (1497-1967)*, Québec, Boréal Express, 1968.

HAMELIN, Jean, et Fernand OUELLET. «Les rendements agricoles dans les seigneuries et cantons du Québec: 1700-1850», dans Claude Galarneau et Ernest Lavoie (dir.), *France et Canada français du XVIᵉ siècle au XXᵉ siècle*, Sainte-Foy, PUL, 1966, p. 81-120.

HAMELIN, Jean (dir.). *Histoire du Québec*, Montréal, France-Amérique, 1978.

HAMELIN, Jean, et Jean PROVENCHER. *Brève histoire du Québec*, Montréal, Boréal Express, 1981.

HAMELIN, Louis-Edmond. *Le rang d'habitat: le réel et l'imaginaire*, Montréal, Hurtubise HMH, 1993.

HARRIS, Richard Cole. *Le pays revêche: société, espace et environnement au Canada avant la Confédération*, Québec, PUL, 2012.

HAVARD, Gilles, et Cécile VIDAL. *Histoire de l'Amérique française*, Paris, Flammarion, 2003.

HAVARD, Gilles. «L'historiographie de la Nouvelle-France en France au XXᵉ siècle: nostalgie, oubli et renouveau», dans Thomas Wien, Cécile Vidal et Yves Frenette (dir.), *De Québec à l'Amérique française: histoire et mémoire*, Québec, PUL, 2006, p. 95-124.

HÉROUX, Denis, Robert LAHAISE et Noël VALLERAND. *La Nouvelle-France*, Montréal, Centre de psychologie et de pédagogie, 1967.

HICKEY, Daniel. «Partir en Amérique française aux XVIIᵉ et XVIIIᵉ siècles: un bilan historiographique des processus et mécanismes de colonisation», dans André

Magord (dir.), *L'Acadie plurielle*, Poitiers, Institut d'études acadiennes et québécoises; Moncton, Centre d'études acadiennes, 2003, p. 29-41.

Hubert, Ollivier. «Représentation de soi et mobilité sociale dans le Québec du XIXe siècle», *RS*, vol. XLIV, n° 3 (2003), p. 455-473.

Imbeault, Sophie. *Les Tarieu de Lanaudière: une famille noble après la Conquête, 1760-1791*, Sillery, Éditions du Septentrion, 2004.

Imbeault, Sophie, Denis Vaugeois et Laurent Veyssière (dir.). *1763: le traité de Paris bouleverse l'Amérique*, Québec, Éditions du Septentrion, 2013.

Jarnoux, Philippe. «La colonisation de la seigneurie de Batiscan aux XVIIe et XVIIIe siècles: l'espace et les hommes», *RHAF*, vol. XL, n° 2 (automne 1986), p. 163-191.

Jaumain, Serge. «La laïcisation du discours de Marcel Trudel: étude historiographique», *CCF*, n° 2 (1985), p. 23-32 et n° 3 (1986), p. 18-25.

Jaumain, Serge, et Matteo Sanfilippo. «Le régime seigneurial en Nouvelle-France: un débat historiographique», *The Register*, vol. 5, n° 2 (1984), p. 226-247.

Jaumain, Serge, et Matteo Sanfilippo. «Le régime seigneurial en Nouvelle-France vu par les manuels scolaires du Canada», *CCF*, n° 4 (1987), p. 14-26.

Kelly, Stéphane. *Les fins du Canada selon Macdonald, Laurier, Mackenzie King et Trudeau*, Montréal, Éditions du Boréal, 2001.

Kolish, Evelyn. *Changement dans le droit privé au Québec et au Bas-Canada entre 1760 et 1840: attitudes et réactions des contemporains*, thèse de doctorat (droit), Montréal, Université de Montréal, 1980.

Kolish, Evelyn. *Nationalismes et conflits de droits: le débat du droit privé au Québec (1760-1840)*, Montréal, Hurtubise HMH, 1994.

La Charité, Claude (dir.). *Les anciens Canadiens 150 ans après: préfigurations, représentations et réfractions*, Québec, PUQ (à paraître).

La Durantaye, Jean-Paul Morel de. *Olivier Morel de La Durantaye, officier et seigneur en Nouvelle-France*, Sillery, Éditions du Septentrion, 1997.

La Durantaye, Jean-Paul Morel de. *Louis-Joseph Morel de La Durantaye, seigneur de Kamouraska*, Sillery, Éditions du Septentrion, 1999.

La Durantaye, Jean-Paul Morel de. *La noblesse canadienne sous le Régime anglais*, Québec, Presses de l'Université Laval, 2020.

Laberge, Alain. «État, entrepreneurs, habitants et monopole: le "privilège" de la pêche au marsouin dans le Bas Saint-Laurent 1700-1730», *RHAF*, vol. 37, n° 4 (mars 1984), p. 543-556.

Laberge, Alain. *Mobilité, établissement et enracinement en milieu rural: le peuplement des seigneuries de la Grande Anse sous le Régime français (1672-1752)*, thèse de doctorat (histoire), Toronto, Université York, 1987.

Laberge, Alain. «Seigneur, censitaires et paysage rural: le papier-terrier de la seigneurie de la Rivière-Ouelle de 1771», *RHAF*, vol. XLIV, n° 4 (printemps 1991), p. 567-587.

LABERGE, Alain, *et al. Histoire de la Côte-du-Sud*, Québec, IQRC, 1993.

LABERGE, Alain. «Espace et culture dans la vallée du Saint-Laurent: la propriété foncière comme voie de promotion sociale chez la paysannerie de la Côte-du-Sud (XVIIe-XVIIIe siècles)», dans Serge Courville et Normand Séguin (dir.), *Espace et culture = Space and Culture*, Sainte-Foy, PUL, 1995, p. 217-220.

LABERGE, Alain. «Crise, malaise et restructuration: l'agriculture bas-canadienne dans tous ses états», dans Yves Roby et Nive Voisine (dir.), *Érudition, humanisme et savoir: actes du colloque en l'honneur de Jean Hamelin*, Sainte-Foy, PUL, 1996, p. 119-130.

LABERGE, Alain. «La seigneurie: milieu de vie des anciens Canadiens», *CAD*, n° 58 (1999), p. 10-13.

LABERGE, Alain. «La gestion de l'eau au Canada sous le régime seigneurial, XVIIe-XIXe siècle», dans Ella Hermon (dir.), *L'eau comme patrimoine: de la Méditerranée à l'Amérique du Nord*, Québec, PUL, 2008, p. 185-192.

LABERGE, Alain, Jacques MATHIEU et Lina GOUGER. *Portraits de campagnes: la formation du monde rural laurentien au XVIIIe siècle*, Québec, PUL et CIEQ, 2010.

LABERGE, Alain. «Le régime seigneurial après la Conquête: propriété et privilège fonciers à l'époque du traité de Paris (1760-1774)», dans Sophie Imbeault, Denis Vaugeois et Laurent Veyssière (dir.), *1763: le traité de Paris bouleverse l'Amérique*, Québec, Éditions du Septentrion, 2013, p. 324-331.

LABERGE, Alain. «1897: Joseph-Edmond Roy, *Histoire de la seigneurie de Lauzon*», dans Claude Corbo (dir.), *Monuments intellectuels de la Nouvelle-France et du Québec ancien: aux origines d'une tradition culturelle*, Montréal, PUM, 2014, p. 363-371.

LABERGE, Alain. «Le retour du pendule ou l'observation du temps court dans la recherche en histoire seigneuriale: l'époque de la Conquête», dans Benoît Grenier et Michel Morissette (dir.), *Nouveaux regards en histoire seigneuriale au Québec*, Québec, Éditions du Septentrion, 2016, p. 432-442.

LABERGE, Alain. «Une pauvreté relative: les Récollets et la propriété foncière au Canada sous le Régime français», dans Paul-André Dubois (dir.), *Les Récollets en Nouvelle-France: traces et mémoire*, Québec, PUL, 2018, p. 413-425.

LABERGE, Alain, et Benoît GRENIER (dir.). *Le régime seigneurial au Québec 150 ans après: bilans et perspectives de recherches à l'occasion de la commémoration du 150e anniversaire de l'abolition du régime seigneurial*, Québec, CIEQ, 2009, p. 3-5, coll. «Cheminements».

LABERGE, Alain, et Benoît GRENIER. «Introduction», *Le régime seigneurial au Québec 150 ans après: bilans et perspectives de recherches à l'occasion de la commémoration du 150e anniversaire de l'abolition du régime seigneurial*, Québec, CIEQ, 2009, p. 91, coll. «Cheminements».

LABERGE, Alain, et Benoît GRENIER. «Conclusion», *Le régime seigneurial au Québec 150 ans après: bilans et perspectives de recherches à l'occasion de la commémoration* du 150ᵉ anniversaire de l'abolition du régime seigneurial, Québec, CIEQ, 2009, p. 91, coll. « Cheminements ».

LABERGE, Lionel. « Le fief de Charlesville », *RUL*, vol. XII, n° 7 (1958), p. 604-617 ; n° 8 (1958), p. 723-736.

LACOURCIÈRE, Luc. « L'enjeu des "Anciens Canadiens" », *CD*, n° 32 (1967), p. 223-254.

LACOURCIÈRE, Luc. « Aubert de Gaspé, Philippe-Joseph », dans *DBC*, vol. IX, 1972, p. 19-23, [En ligne], [http://www.biographi.ca/fr/bio/aubert_de_gaspe_philippe_joseph_10F.html] (28 septembre 2021).

LALANCETTE, Katéri. « Les seigneurs à la Chambre d'assemblée du Bas-Canada (1792-1814) », dans Benoît Grenier et Michel Morissette (dir.), *Nouveaux regards en histoire seigneuriale au Québec*, Québec, Éditions du Septentrion, 2016, p. 207-246.

LAMARRE, Jean. *Le devenir de la nation québécoise selon Maurice Séguin, Guy Frégault et Michel Brunet*, Sillery, Éditions du Septentrion, 1993.

LAMONDE, Yvan. *Territoires de la culture québécoise*, Sainte-Foy, PUL, 1991.

LAMONDE, Yvan. *Louis-Antoine Dessaulles, 1818-1895 : un seigneur libéral et anticlérical*, Montréal, Éditions Fides, 1994.

LAMONDE, Yvan. *Ni sans eux, ni contre eux : le Québec et les États-Unis*, Montréal, Nuit blanche éditeur, 1996.

LAMONDE, Yvan. « Papineau, Parent, Garneau et l'émancipation nationalitaire (1815-1852) », *BHP*, vol. 7, n° 1 (1998), p. 41-49.

LAMONDE, Yvan. *Histoire sociale des idées au Québec*, t. 1 : *1760-1896*, Montréal, Éditions Fides, 2000.

LAMONDE, Yvan, et Gérard BOUCHARD (dir.). *La nation dans tous ses états : le Québec en comparaison*, Paris, L'Harmattan, 1996.

LAMONTAGNE, Roland. *Succès d'intendance de Talon*, Montréal, PUM, 1974.

LANCTOT, Gustave. *Réalisations françaises de Cartier à Montcalm*, Montréal, Chantecler, 1951.

LANCTOT, Gustave. *Histoire du Canada*, t. 1 : *Des origines au régime royal* ; t. 2 : *Du régime royal au traité d'Utrecht (1663-1713)*, Montréal, Librairie Beauchemin, 1967 et 1963.

LANCTOT, Gustave. *L'administration de la Nouvelle-France*, Montréal, Éditions du Jour, 1971.

LANDRY, Yves. *Orphelines en France, pionnières au Canada : les Filles du roi au XVIIᵉ siècle*, Montréal, Leméac Éditeur, 1992.

LANDRY, Yves (dir.). *Pour le Christ et le Roi : la vie au temps des premiers Montréalais*, Montréal, Libre Expression et Art global, 1992.

LANDRY, Yves, *et al.* (dir.). *Les chemins de la migration en Belgique et au Québec du XVIIᵉ au XXᵉ siècle*, Louvain-la-Neuve, Éditions Academia-Érasme ; Beauport, MNH, 1995.

Landry, Yves (dir.). *Peuplement du Canada aux XVIIe et XVIIIe siècles: actes des premières journées d'étude*, Caen, Centre de recherche d'histoire quantitative, 2004.

Landry, Yves (dir.). *Registres paroissiaux, actes notariés et bases de données: informatisation de sources de l'histoire moderne, de la démographie historique et de la généalogie*, Caen, Centre de recherche d'histoire quantitative, 2005.

Landry, Yves. «Les Français passés au Canada avant 1760: le regard de l'émigrant», *RHAF*, vol. LIX, n° 4 (printemps 2006), p. 481-500.

Langlois, Georges. *Histoire de la population canadienne-française*, Montréal, Éditions Albert Lévesque, 1934.

Laperrière, Guy. *Histoire des communautés religieuses au Québec*, Montréal, VLB éditeur, 2013.

Lareau, Edmond. «De la féodalité en Canada», *Revue canadienne*, vol. XIII, n°s 3, 4 et 5, (1876), p. 188-197, 271-280, 321-328.

Lareau, Edmond. *Histoire du droit canadien*, t. I: *Domination française*, Montréal, A. Périard Libraire-éditeur, 1888.

LaRose, André. «Le village de Howick à la fin du régime seigneurial», *Société historique de la vallée de la Châteauguay*, vol. XVIII (1985), p. 45-52.

LaRose, André. *La seigneurie de Beauharnois, 1729-1867: les seigneurs, l'espace et l'argent*, thèse de doctorat (histoire), Ottawa, Université d'Ottawa, 1987.

LaRose, André. «Objectif: commutation de tenure: Edward Ellice et le régime seigneurial (1820-1840)», *RHAF*, vol. 66, n°s 3-4 (hiver-printemps 2013), p. 365-393.

LaRose, André. «La Montreal Investment Association, le Montreal Investment Trust et la seigneurie de Beauharnois (1866-1941)», *CHR*, vol. 98, n° 1 (2017), p. 1-34.

Laurin, Serge. *Histoire des Laurentides*, Québec, IQRC, 1995.

Laurin-Frenette, Nicole. «La sociologie des classes sociales au Québec, de Léon Gérin à nos jours», dans Guy Rocher *et al.*, *Continuité et rupture: les sciences sociales au Québec*, Montréal, PUM, 1984, p. 531-556.

Lauzon, Daniel, et Alain Roy. «L'inventaire des lieux de mémoire de la Nouvelle-France au Québec», *In Situ: revue des patrimoines*, 3 vol., 2003, [En ligne], [https://journals.openedition.org/insitu/1257] (28 septembre 2021).

Lavallée, Louis. *La Prairie en Nouvelle-France, 1647-1760: étude d'histoire sociale*, Montréal, MGQUP, 1993.

Lavertue, Robert. «L'histoire de l'agriculture québécoise au XIXe siècle: une schématisation des faits et des interprétations», *CGQ*, vol. XXVIII, n°s 73-74 (1984), p. 275-287.

Lavoie, Michel. *C'est ma seigneurie que je réclame: la lutte des Hurons de Lorette pour la seigneurie de Sillery, 1650-1900*, Montréal, Éditions du Boréal, 2010.

Le Blant, Robert. *Histoire de la Nouvelle-France*, t. I : *Les sources narratives du début du XVIII siècle et le* Recueil *de Gédéon de Catalogne*, Dax, Éditions P. Pradeu, s. d. [1948 ?].

Le Moine, Roger. « Le manoir de Monte-Bello », *Asticou*, Hull, Cahiers de la Société historique de l'Ouest du Québec, n° 9 (septembre 1972), p. 2-12.

Le Moine, Roger. « Le roman historique québécois », dans *Archives des lettres canadiennes*, t. III : *Le roman canadien-français*, Montréal, Éditions Fides, 1977, p. 69-88.

Le Moine, Roger. « Philomène Aubert de Gaspé (1837-1872) : ébauche d'une biographie », dans Aurélien Boivin, Gilles Dorion et Kenneth Landry (dir.), *Questions d'histoire littéraire : mélanges offerts à Maurice Lemire*, Québec, Nuit blanche éditeur, 1996, p. 95-106.

Le Moine, Roger. « Philippe Aubert de Gaspé ou les affaires du "bon gentilhomme" », *CD*, n° 57 (2003), p. 299-321.

Lebrun, François, et Normand Séguin (dir.). *Sociétés villageoises et rapports villes-campagnes au Québec et dans la France de l'Ouest XVIIe-XXe siècles*, Trois-Rivières, Université du Québec à Trois-Rivières, 1987.

Lebrun, Monique (dir.). *Le manuel scolaire d'ici et d'ailleurs, d'hier à demain*, Québec, Presses de l'Université du Québec, 2007.

Lecomte, Lucie. *Les seigneuries dans le territoire actuel de l'Ontario*, mémoire de maîtrise (histoire), Ottawa, Université d'Ottawa, 2002.

Lefrançois, Thierry, *et al. La traite de la fourrure : les Français et la découverte de l'Amérique du Nord*, La Rochelle, Musée du Nouveau Monde, 1992.

Legault, Roch. « Le rôle militaire assigné à la gentilhommerie canadienne sous le régime britannique, 1775-1815 », *RHAF*, vol. XLV, n° 2 (automne 1991), p. 229-249.

Legault, Roch. *Une élite en déroute : les militaires canadiens après la Conquête*, Outremont, Athéna éditions, 2002.

Lemarchand, Guy. *La fin du féodalisme dans le pays de Caux : conjoncture économique et démographique et structure sociale dans une région de grande culture, de la crise du XVIIe siècle à la stabilisation de la Révolution, 1640-1795*, Paris, Éditions du Comité des travaux historiques et scientifiques, 1989.

Lemire, Maurice. *Les grands thèmes nationalistes du roman historique canadien-français*, Sainte-Foy, PUL, 1970.

Lepetit, Bernard. « De l'échelle en histoire », dans Jacques Revel (dir.), *Jeux d'échelles : la micro-analyse à l'expérience*, Paris, Gallimard, 1996, p. 71-94.

Létourneau, Jocelyn. « La Révolution tranquille, catégorie identitaire du Québec contemporain », dans Alain-G. Gagnon et Michel Sarra-Bournet (dir.), *Duplessis : entre la Grande Noirceur et la société libérale*, Montréal, Québec Amérique, 1997, p. 95-118.

Létourneau, Jocelyn. *Passer à l'avenir : histoire, mémoire, identité dans le Québec d'aujourd'hui*, Montréal, Éditions du Boréal, 2000.

Lévesque-Dupéré, Mathieu. «*Vieux manoirs, vieilles maisons*» : *la patrimonialisation des résidences seigneuriales sur la Côte-du-Sud*, mémoire de maîtrise (histoire), Sherbrooke, Université de Sherbrooke, 2018.

Leymarie, A.-Léo. «Le fief Grosbois, 1653-1854», *Nouvelle-France*, vol. I (1925), p. 257-262.

Lombard Déaux, Christianne. *Seigneurs et seigneuries en Lyonnais et Beaujolais des Guerres de Religion à la Révolution : organisation, fonctionnement, évolution de la vie des campagnes*, Lyon, Bellier, 2005.

Luneau, Marie-Pier. *Lionel Groulx : le mythe du berger*, Montréal, Leméac Éditeur, 2003.

Lunn, Alice J. E. *Développement économique de la Nouvelle-France 1713-1760*, Montréal, PUM, 1986.

Malouin, Reine. *La seigneurie Notre-Dame des Anges*, Québec, La Société historique de Québec, 1955.

Marchand, Jean-Philippe. *La seigneurie de Batiscan à l'époque de la Nouvelle-France (1636-1760)*, mémoire de maîtrise (études et interventions régionales), Chicoutimi, Université du Québec à Chicoutimi, 2010.

Marien, Laurent. «Les arrière-fiefs au Canada sous le Régime français : des expressions d'enjeux socio-économiques», *Proceedings of the Meeting of the French Colonial Historical Society*, vol. 22 (1998), p. 151-161.

Marien, Laurent. «Les arrière-fiefs au Canada de 1632 à 1760 : un maillon socio-économique du régime seigneurial», *H&SR*, vol. 19, n° 1 (2003), p. 159-191.

Marien, Laurent. «Le régime seigneurial au Canada : territoires, pouvoirs et régulation socio-économique (XVIIe-XVIIIe siècles)», dans Frédéric Chauvaud et Jacques Péret (dir.), *Terres marines : études en hommage à Dominique Guillemet*, Rennes, PUR, 2006, p. 323-331.

Marmette, Joseph. *Le chevalier de Mornac : chronique de la Nouvelle-France 1664*, Montréal, Hurtubise HMH, [1873] 2005.

Marquis, Georges-Émile. *Le régime seigneurial au Canada*, Québec, [s.é.], 1931.

Martel, Marcel. *Le deuil d'un pays imaginé : rêves, luttes et déroute du Canada français*, Ottawa, PUO, 1997.

Martel, Marcel, et Michael D. Behiels. *Nation, Ideas, Identities: Essays in Honour of Ramsay Cook*, Toronto, Oxford University Press, 2000.

Massard, Fabienne. «Propriété seigneuriale et noblesse dans le gouvernement de Québec (1626-1759)», *Études canadiennes = Canadian Studies*, vol. 38 (1995), p. 7-15.

Massé, Jean-Claude. *Malcolm Fraser : de soldat écossais à seigneur canadien (1733-1815)*, Sillery, Éditions du Septentrion, 2006.

Massicotte, Édouard-Zotique. « Les premières concessions de terre à Montréal, sous M. de Maisonneuve, 1648-1665 », *MSRC*, troisième série, vol. VIII (1914), p. 215-229.

Massicotte, Édouard-Zotique. « Inventaire des actes de foi et d'hommages conservés à Montréal », *RAPQ*, 1921, p. 102-108.

Massicotte, Édouard-Zotique. « Le fief Hertel », *BRH*, vol. XXXV (1929), p. 67-71.

Massignon, Geneviève. « La seigneurie de Charles de Menou d'Aulnay, gouverneur de l'Acadie, 1635-1650 », *RHAF*, vol. XVI, n° 4 (mars 1963), p. 469-501.

Mathieu, Jacques. « Province de France », dans Jean Hamelin (dir.), *Histoire du Québec*, Montréal, France-Amérique, 1978, p. 127-170.

Mathieu, Jacques (dir.). *Étude de la construction de la mémoire collective des Québécois au XXe siècle : approches multidisciplinaires*, Québec, CELAT, 1986.

Mathieu, Jacques (dir.). *Les dynamismes de la recherche au Québec*, Sainte-Foy, PUL, 1991.

Mathieu, Jacques. *La Nouvelle-France : les Français en Amérique du Nord XVIe-XVIIIe siècle*, Paris, Belin ; Sainte-Foy, PUL, 1991.

Mathieu, Jacques (dir.). *La mémoire dans la culture*, Sainte-Foy, PUL, 1995.

Mathieu, Jacques (dir.). *Expressions de mémoire*, Sainte-Foy, PUL, 1995.

Mathieu, Jacques. « De la structure à la conjoncture », dans Yves Roby et Nive Voisine (dir.), *Érudition, humanisme et savoir : actes du colloque en l'honneur de Jean Hamelin*, Sainte-Foy, PUL, 1996, p. 107-118.

Mathieu, Jacques. « Régime seigneurial », dans *L'Encyclopédie canadienne*, publié le 25 août 2013, dernière modification le 4 mars 2015, [En ligne], [https://www.thecanadianencyclopedia.ca/fr/article/regime-seigneurial] (28 septembre 2021).

Mathieu, Jacques, *et al.* « Les aveux et dénombrements du Régime français (1723-1745) », *RHAF*, vol. XLII, n° 4 (printemps 1989), p. 545-562.

Mathieu, Jacques, et Alain Laberge. « La diversité des aménagements fonciers dans la vallée du Saint-Laurent au XVIIIe siècle », *HP = CH*, vol. 24, n° 1 (1989), p. 146-166.

Mathieu, Jacques, et Alain Laberge (dir.). *L'occupation des terres dans la vallée du Saint-Laurent : les aveux et dénombrements 1723-1745*, Sillery, Éditions du Septentrion, 1991.

Mathieu, Jacques, et Jacques Lacoursière (dir.). *Les mémoires québécoises*, Sainte-Foy, PUL, 1991.

Ménard, Jean. *Xavier Marmier et le Canada*, Sainte-Foy, PUL, 1967.

Merlin-Chazelas, Anne, Jean Chazelas *et al. Trois seigneuries en Yvelines du XIVe au XVIIIe siècle*, Rambouillet, Société historique et archéologique de Rambouillet et de l'Yveline, 2001.

Meunier, É.-Martin, et Jean-Philippe Warren. *Sortir de la « Grande noirceur » : l'horizon « personnaliste » de la Révolution tranquille*, Sillery, Éditions du Septentrion, 2002.

MICHAUD, Colette. *Les censitaires et le régime seigneurial canadien (1797-1854) : étude de requêtes anti-seigneuriales*, thèse de maîtrise (histoire), Ottawa, Université d'Ottawa, 1982.

MICHEL, Louis. « Recension de Dechêne, Louise. *Habitants et marchands de Montréal au XVIIe siècle*, Paris et Montréal, Plon, 1974, 588 p. », *RHAF*, vol. XXIX, n° 2 (septembre 1975), p. 255-268.

MICHEL, Louis. « L'économie et la société rurale dans la vallée du Saint-Laurent aux XVIIe et XVIIIe siècles : bilan historiographique », dans Sylvie Dépatie *et al.* (dir.), *Vingt ans après Habitants et marchands*, Montréal, MGQUP, 1998, p. 69-89.

MONIÈRE, Denis. « L'utilité du concept de mode de production des petits producteurs pour l'historiographie de la Nouvelle-France », *RHAF*, vol. XXIX, n° 4 (mars 1976), p. 483-502.

MONIÈRE, Denis. *Le développement des idéologies au Québec*, Montréal, Québec Amérique, 1977.

MONTREUIL, Arnaud. « L'État québécois et la préservation et la mise en valeur des archives de la Nouvelle-France au XIXe siècle », *Bulletin d'histoire politique*, vol. 25, n° 2 (2017), p. 229-251.

MONTREUIL, Arnaud. « La Nouvelle-France, une société du "long Moyen Âge" ? », *Borealia*, 15 mars 2021, [En ligne], [https://earlycanadianhistory.ca/2021/03/15/la-nouvelle-france-une-societe-du-long-moyen-age-%E2%80%89/] (15 mars 2021).

MONTREUIL, Arnaud. « La Nouvelle-France, une société du "long Moyen Âge" ? Partie 2 », *Borealia*, 29 mars 2021, [En ligne], [https://earlycanadianhistory.ca/2021/03/29/la-nouvelle-france-une-societe-du-long-moyen-age-%e2%80%89-partie-2/] (29 mars 2021).

MORICEAU, Jean-Marc. *Terres mouvantes : les campagnes françaises du féodalisme à la mondialisation XIIe-XIXe siècle*, Paris, Fayard, 2002.

MORIN, Victor. *Seigneurs et censitaires, castes disparues*, Montréal, Éditions des Dix, 1941.

MORIN, Victor. « La féodalité a vécu… », *Les Cahiers des Dix*, n° 6 (1941), p. 225-287.

MORISSETTE, Michel. *Les persistances de l'« Ancien Régime » québécois : seigneurs et rentes seigneuriales après l'abolition (1854-1940)*, mémoire de maîtrise (histoire), Sherbrooke, Université de Sherbrooke, 2014.

MORISSETTE, Michel, et Benoît GRENIER. « Introduction », *Nouveaux regards en histoire seigneuriale au Québec*, Québec, Éditions du Septentrion, 2016, p. 13-25.

MORISSETTE, Michel, et Olivier LEMIEUX. « Le régime seigneurial : un regard sur les manuels », *Traces*, vol. 51, n°s 1 et 2 (2013), en deux parties, p. 32-42 et 38-42.

NADON, Pierre. *La baie du Grand Pabos : une seigneurie gaspésienne en Nouvelle-France au XVIIIe siècle*, Québec, Association des archéologues du Québec, 2004.

NICOLAS, Valérie. *La seigneurie de Trois-Pistoles à l'époque de la Nouvelle-France et au début du régime anglais (1687-1784)*, mémoire de maîtrise (études et interventions régionales), Chicoutimi, Université du Québec à Chicoutimi, 2011.

NIORT, Jean-François. « Aspects juridiques du régime seigneurial en Nouvelle-France », *Revue générale de droit*, vol. 32, n° 2 (2002), p. 443-526.

NISH, Cameron. « La bourgeoisie et le système seigneurial », *L'Actualité économique*, vol. XLIII, n° 3 (1967), p. 507-535.

NISH, Cameron. *Les bourgeois-gentilshommes de la Nouvelle-France, 1729-1748*, Montréal, Éditions Fides, 1968.

NOËL, Françoise. « La gestion des seigneuries de Gabriel Christie dans la vallée du Richelieu (1760-1845) », *RHAF*, vol. XL, n° 4 (1987), p. 561-582.

OUELLET, Fernand. « Un problème économique et social », *BRH*, vol. LIX, n° 3 (1953), p. 157-161.

OUELLET, Fernand. *Louis-Joseph Papineau : un être divisé*, Ottawa, Société historique du Canada, 1960.

OUELLET, Fernand. « Recension de Richard Cole Harris. *The Seigneurial System in Early Canada : A Geographical Study*. Madison & Québec, University of Wisconsin Press et PUL, 1966 », *HS = SH*, vol. I, n° 1 (1968), p. 152-159.

OUELLET, Fernand. « Le régime seigneurial dans le Québec (1760-1854) », dans Fernand Ouellet, *Éléments d'histoire sociale du Bas-Canada*, Montréal, Hurtubise HMH, 1972, p. 91-110.

OUELLET, Fernand. « L'abolition du régime seigneurial et l'idée de propriété (1954) », dans Fernand Ouellet, *Éléments d'histoire sociale du Bas-Canada*, Montréal, Hurtubise HMH, 1972, p. 297-315.

OUELLET, Fernand. « Recension de Dechêne, Louise. *Habitants et marchands de Montréal au XVIIe siècle*. Paris et Montréal, Plon, 1974, 588 p. », *HS = SH*, vol. VIII, n° 16 (1975), p. 372-382.

OUELLET, Fernand. « Le mythe de l'"habitant sensible au marché" : commentaires sur la controverse Le Goff-Wallot et Paquet », *RS*, vol. XVII, n° 1 (1976), p. 115-32.

OUELLET, Fernand. « Propriété seigneuriale et groupes sociaux dans la vallée du Saint-Laurent (1663-1840) », dans *Mélanges d'histoire du Canada français offerts au professeur Marcel Trudel*, Ottawa, ÉUO, 1978, p. 183-213.

OUELLET, Fernand. « Officiers de milice et structure sociale au Québec (1660-1815) », *HS = SH*, vol. XII, n° 23 (1979), p. 37-65.

OUELLET, Fernand. *Le Bas-Canada 1791-1840 : changements structuraux et crise*, Ottawa, ÉUO, 1980.

OUELLET, Fernand. « Libéré ou exploité ! Le paysan québécois d'avant 1850 », *HS = SH*, vol. XIII (1980), p. 339-368.

OUELLET, Fernand. « La formation d'une société dans la vallée du Saint-Laurent : d'une société sans classes à une société de classes », *CHR*, vol. LXII (1981), p. 407-450.

OUELLET, Fernand. « Les classes dominantes au Québec, 1760-1840 : bilan historiographique », *RHAF*, vol. XXXVIII, n° 2 (automne 1984), p. 223-243.

OUELLET, Fernand. « La Révolution tranquille, tournant révolutionnaire ? », dans Thomas S. Axworthy et Pierre Elliott Trudeau (dir.), *Les années Trudeau : la recherche d'une société juste*, Montréal, Le Jour éditeur, 1990, p. 333-362.

OUELLET, Fernand. « Féodalité, régime seigneurial et modernisation dans l'historiographie québécoise des années 1980 », *Annali Accademici Canadesi*, vol. 7 (1991), p. 21-49.

OUELLET, Fernand. « L'historiographie québécoise des années 1980 », dans Luigi Bruti Liberati et Fabrizio Ghilardi (dir.), *Canada ieri e oggi 3*, t. II : *Sezione storica, geografica ed economica*, Fasano, Schena Editore, 1992, p. 50-79.

OUELLET, Fernand. « François-Xavier Garneau : race et survivance nationale », *Études françaises*, vol. 30, n° 3 (1994-1995), p. 119-129.

OUELLET, Fernand. *L'Ontario français dans le Canada français avant 1911 : contribution à l'histoire sociale*, Sudbury, Éditions Prise de parole, 2005.

OUELLET, Fernand, et Jean HAMELIN. « La crise agricole dans le Bas-Canada, 1802-1837 », *Report of the Annual Meeting of the Canadian Historical Association = Rapports annuels de la Société historique du Canada*, vol. 41, n° 1, 1962, p. 17-33.

OUELLETTE, Mélanie. « Les Canadiens français, l'histoire et la démocratie : l'interprétation de Pierre Elliott Trudeau », *Mens : revue d'histoire intellectuelle de l'Amérique française*, vol. I, n° 1 (2000), p. 37-50.

PAQUET, Gilles, et Jean-Pierre WALLOT. « Aperçu sur le commerce international et les prix domestiques dans le Bas-Canada (1793-1812) », *RHAF*, vol. XXI, n° 3 (décembre 1967), p. 447-473.

PAQUET, Gilles, et Jean-Pierre WALLOT. « Crise agricole et tensions socio-ethniques dans le Bas-Canada, 1802-1812 : éléments pour une réinterprétation », *RHAF*, vol. XXVI, n° 2 (septembre 1972), p. 185-237.

PAQUET, Gilles, et Jean-Pierre WALLOT. « Groupes sociaux et pouvoir : le cas canadien au tournant du XIXe siècle », *RHAF*, vol. XXVII, n° 4 (mars 1974), p. 509-564.

PAQUET, Gilles, et Jean-Pierre WALLOT. « Sur quelques discontinuités dans l'expérience socio-économique du Québec : une hypothèse », *RHAF*, vol. XXXV, n° 4 (mars 1982), p. 483-521.

PAQUET, Gilles, et Jean-Pierre WALLOT. « Structures sociales et niveaux de richesse dans les campagnes du Québec 1792-1812 », *Material History Bulletin = Bulletin d'histoire de la culture matérielle*, n° 17 (printemps 1983), p. 25-44.

PAQUET, Gilles, et Jean-Pierre WALLOT. « À propos de l'habitant québécois : le chromo versus le modèle », Ottawa, Université d'Ottawa, Faculté d'administration, Document de travail 85-86, 1984.

PAQUET, Gilles, et Jean-Pierre WALLOT. « Stratégie foncière de l'habitant : Québec (1790-1835) », *RHAF*, vol. XXXIX, n° 4 (printemps 1986), p. 551-580.

Paquet, Gilles, et Jean-Pierre Wallot. « Structures sociales et niveaux de richesse dans les campagnes du Québec 1792-1812 », dans Joseph Goy et Jean-Pierre Wallot (dir.), *Évolution et éclatement du monde rural : structures, fonctionnement et évolution différentielle des sociétés rurales françaises et québécoises XVIIe-XXe siècles*, Paris, EHESS ; Montréal, PUM, 1986, p. 239-257.

Paquet, Gilles, et Jean-Pierre Wallot. *Le Bas-Canada au tournant du XIXe siècle : restructuration et modernisation*, Ottawa, Société historique du Canada, 1988.

Pâquet, Martin (dir.). *Faute et réparation au Canada et au Québec contemporains : études historiques*, Québec, Éditions Nota bene, 2006.

Pépin, Karine. *Mariage et altérité : les alliances mixtes chez la noblesse canadienne après la Conquête (1760-1800)*, mémoire de maîtrise (histoire), Sherbrooke, Université de Sherbrooke, 2016.

Pépin, Karine. « "Les Canadiennes se sont éprises des Anglais" ? Les alliances mixtes chez la noblesse canadienne après la Conquête (1760-1800) », *RHAF*, vol. 74, n° 3 (2021), p. 31-53.

Pepin, Karol. *Les Iroquois et les terres du Sault-Saint-Louis : étude d'une revendication territoriale (1760-1850)*, mémoire de maîtrise (histoire), Montréal, Université du Québec à Montréal, 2007.

Pilon-Lê, Lise. « Le régime seigneurial au Québec : contribution à une analyse de la transition au capitalisme », *CS*, n° 3 (1980), p. 133-168.

Pomerleau, Jeanne. *Corvées et quêtes : un parcours au Canada français*, Montréal, Hurtubise HMH, 2002.

Poulin, Pierre C., Barry Rodrigue et Serge Courville. *Histoire de Beauce-Etchemin-Amiante*, Québec, PUL et IQRC, 2003.

Provost, Honorius. « En parlant de colonisation seigneuriale », *RUL*, vol. III, n° 8 (avril 1948), p. 672-678.

Provost, Honorius. « L'histoire canadienne en deuil (à la mémoire de feu Pierre-Georges Roy) », *RHAF*, vol. VII, n° 3 (décembre 1953), p. 311-313.

Provost, Honorius. *La censive Notre-Dame de Québec*, Québec, La Société historique de Québec, 1954.

Rameau de Saint-Père, François-Edme. *La France aux colonies : études sur le développement de la race française hors de l'Europe*, Paris, Jouby, 1859.

Rameau de Saint-Père, François-Edme. *Notes historiques sur la colonie canadienne de Détroit*, Montréal, Rolland & Fils, 1861.

Rameau de Saint-Père, François-Edme. *Une colonie féodale en Amérique (1604-1710)*, Paris, Didier, 1877.

Rameau de Saint-Père, François-Edme. *Une colonie féodale en Amérique (1604-1881)*, Paris, Plon ; Montréal, Granger Frères, 1889.

Raza, Ghyslain. *François-Joseph Cugnet et la formation de la tradition juridique québécoise*, mémoire de maîtrise (droit), Montréal, Université McGill, 2020.

REID, Philippe. «L'émergence du nationalisme canadien-français: l'idéologie du *Canadien* (1806-1842)», *RS*, vol. XXI, n°ˢ 1-2 (1980), p. 11-53.

RITCHOT, Gilles. «La portée critique d'une nouvelle géographie régionale structurale: un retour sur l'Histoire du Québec selon Maurice Séguin (1918-1977)», *CGQ*, vol. 42, n° 117 (1998), p. 449-460.

RIOUX, Marcel. *La question du Québec*, Montréal, Éditions Parti pris, 1972.

ROBERT, Jean-Claude. «Un seigneur entrepreneur, Barthélemy Joliette, et la fondation du village d'industrie (Joliette) 1822-1850», *RHAF*, vol. XXVI, n° 3 (décembre 1972), p. 375-395.

ROMPILLON, Samantha, et Alain ROY. «Le projet *Inventaire des lieux de mémoire de la Nouvelle-France*: présentation», dans Thomas Wien, Cécile Vidal et Yves Frenette (dir.), *De Québec à l'Amérique française: histoire et mémoire*, Québec, PUL, 2006, p. 371-374.

ROMPILLON, Samantha, *et al.* «De la banque de données à l'exploitation: les lieux de mémoire de la Nouvelle-France au Québec», dans Thomas Wien, Cécile Vidal et Yves Frenette (dir.), *De Québec à l'Amérique française: histoire et mémoire*, Québec, PUL, 2006, p. 387-399.

ROY, Camille. «Philippe Aubert de Gaspé», dans *Nouveaux essais sur la littérature canadienne*, Québec, L'Action sociale, 1914, p. 1-63.

ROY, Jean, et Daniel ROBERT. *Le diocèse de Nicolet: populations et territoires 1851-1991*, Trois-Rivières, Centre interuniversitaire d'études québécoises, 1993.

ROY, Joseph-Edmond. *Histoire de la seigneurie de Lauzon*, 7 vol., Lévis, Société d'histoire régionale de Lévis et Éditions Etchemin, [1897-1904] 1984.

ROY, Léon. «Les terres de la Sainte-Famille», *RAPQ*, 1949, p. 147-260.

ROY, Léon. «Les terres de Saint-Jean», *RAPQ*, 1951, p. 301-368.

ROY, Léon. *Les terres de la Grande-Anse, des Aulnaies et du Port-Joly*, Sainte-Anne-de-la-Pocatière, aux ateliers Fortin et Fils, 1951.

ROY, Léon. «Les terres de Saint-Pierre», *RAPQ*, 1953, p. 1-69.

ROY, Pierre-Georges. *Inventaire des concessions en fief et seigneurie, fois et hommages et aveux et dénombrements conservés aux Archives de la province de Québec*, vol. I et II, Beauceville, L'Éclaireur, 1927-1929.

ROY, Pierre-Georges. «Le fief et seigneurie de l'abbé de La Madeleine», *BRH*, vol. XXXIV, n°ˢ 7 et 8 (1928), p. 385-394 et 449-457.

ROY, Pierre-Georges. *À travers* Les anciens Canadiens *de Philippe Aubert de Gaspé*, Montréal, G. Ducharme, 1943.

ROY, Régis. «La noblesse au Canada avant 1760», *BRH*, vol. L, n° 1 (1944), p. 16-19.

RÜCK, Daniel. «"Où tout le monde est propriétaire et où personne ne l'est": droits d'usage et gestion foncière à Kahnawake, 1815-1880», *RHAF*, vol. 70, n°ˢ 1-2 (été-automne 2016), p. 31-52.

Ruggiu, François-Joseph. « Le destin de la noblesse du Canada, de l'Empire français à l'Empire britannique », *RHAF*, vol. 66, n° 1 (été 2012), p. 37-63.

Ryerson, Stanley B. *Le capitalisme et la Confédération*, Montréal, Éditions Parti pris, 1972.

Salone, Émile. *La colonisation de la Nouvelle-France : étude sur les origines de la nation canadienne-française*, Paris, E. Guilmoto Éditeur, 1909.

Samson, Roch, *et al. Histoire de Lévis-Lotbinière*, Québec, PUL et IQRC, 1996.

Samson, Roch. *Les Forges du Saint-Maurice : les débuts de l'industrie sidérurgique au Canada, 1730-1883*, Sainte-Foy, PUL, 1998.

Sanfilippo, Matteo. « Le régime seigneurial au Bas-Canada dans l'historiographie anglophone », *The Register*, vol. 6, n° 1 (printemps 1985), p. 80-89.

Sanfilippo, Matteo. « Du féodalisme au capitalisme ? Essai d'interprétation des analyses marxistes de la Nouvelle-France », *HS = SH*, vol. XVIII, n° 35 (mai 1985), p. 85-98.

Sauvageau, Florian (dir.). *Variations sur l'influence culturelle américaine*, Sainte-Foy, PUL, 1999.

Savard, Julie-Rachel. « L'intégration des Autochtones au régime seigneurial canadien : une approche renouvelée en histoire des Amérindiens », dans Alain Beaulieu et Maxime Gohier (dir.), *La recherche relative aux Autochtones : perspectives historiques et contemporaines : actes du colloque étudiant 2005*, Montréal, Chaire de recherche du Canada sur la question territoriale autochtone, 2007, p. 169-184.

Savard, Pierre. « Un quart de siècle d'historiographie québécoise (1947-1972) », *RS*, vol. XV, n° 1 (1974), p. 77-96.

Savard, Pierre. « Les rééditions de l'*Histoire du Canada* de François-Xavier Garneau devant la critique, 1913-1946 », *RHAF*, vol. XXVIII, n° 4 (mars 1975), p. 539-554.

Savard, Pierre (dir.). *Guy Frégault (1918-1977)*, Montréal, Bellarmin, 1981.

Savaria, Jules. « Le Québec est-il une société périphérique ? », *Sociologie et sociétés*, vol. VII, n° 2 (novembre 1975), p. 115-128.

Séguin, Maurice. « Le régime seigneurial au pays de Québec, 1760-1854 », *RHAF*, vol. I, nᵒˢ 3 et 4 (décembre 1947-mars 1948), p. 382-402 et 519-532.

Séguin, Normand, et René Hardy. *Histoire de la Mauricie*, Québec, PUL et IQRC, 2004.

Sicotte, Anne-Marie. *Papineau : par amour avant tout*, Montebello, Société historique Louis-Joseph-Papineau ; Montréal, Éditions Carte blanche, 2021.

Société d'histoire de la seigneurie de Chambly. *Dictionnaire encyclopédique de la seigneurie de Chambly, 1609-1950*, Chambly, Société d'histoire de la seigneurie de Chambly, 2001.

St-Pierre, Lysandre. *Formation d'une culture élitaire dans une ville en essor : Joliette, 1860-1910*, Québec, Éditions du Septentrion, 2018.

Sulte, Benjamin. *Histoire des Canadiens-français, 1608-1880*, vol. II, Montréal, Wilson et Cie éditeurs, 1882.

Sulte, Benjamin. «L'ancienne noblesse du Canada», *Revue canadienne*, nouvelle série, vol. 5 (5-6-7 juillet 1885), p. 298-306, 341-348, 396-405.

Sulte, Benjamin. «La noblesse au Canada avant 1760», *MSRC*, troisième série, vol. VIII (1914), p. 103-135.

Sulte, Benjamin. «Le système seigneurial (1899)», dans Benjamin Sulte, *Mélanges historiques I*, Montréal, G. Ducharme, 1918, p. 79-84.

Sulte, Benjamin. «Le moulin banal», dans Benjamin Sulte, *Mélanges historiques I*, Montréal, G. Ducharme, p. 39-47.

Sweeny, Robert C. H. «Paysan et ouvrier: du féodalisme laurentien au capitalisme québécois», *Sociologie et sociétés*, vol. XXII, n° 1 (1990), p. 143-161.

Sweeny, Robert C. H. «Recenser la modernité: compte rendu de Courville, Serge, Robert, Jean-Claude et Séguin, Normand. *Atlas historique du Québec: le paysage laurentien au XIXe siècle: les morphologies de base*», *CGQ*, vol. XLI, n° 114 (1997), p. 423-429.

Tanguay, Isabelle. *Destin social d'une famille noble canadienne: les Boucher et leurs alliés (1667-1863)*, mémoire de maîtrise (histoire), Montréal, Université de Montréal, 2000.

Teasdale, Guillaume. «Statut social et prestige aux marges de l'Empire: Lamothe Cadillac et le Détroit du lac Érié», *FCH*, vol. 19 (2020), p. 1-38.

Tessier, Marc. «Pierre-Georges Roy, pionnier des archives et de l'histoire du Canada», *Archives*, vol. 20, n° 2 (1988), p. 13-20.

Tétreault, Alexis. «Le cas de Rouville: pouvoir, statut social et persistance de la figure du seigneur», dans Benoît Grenier *et al.* (dir.), *Le régime seigneurial au Québec: fragments d'histoire et de mémoire*, Sherbrooke, ÉUS, 2020, p. 55-81.

Têtu de Labsade, Françoise. *Le Québec: un pays, une culture*, Montréal, Éditions du Boréal; Paris, Seuil, 1990.

Thériault, Joseph Yvon. *Critique de l'américanité: mémoire et démocratie au Québec*, Montréal, Québec Amérique, 2002.

Théroux, Nicholas. «La famille seigneuriale à Trois-Pistoles: un enracinement porteur d'une mémoire persistante», dans Benoît Grenier *et al.* (dir.), *Le régime seigneurial au Québec: fragments d'histoire et de mémoire*, Sherbrooke, ÉUS, 2020, p. 25-53.

Thuot, Jean-René. «L'évolution du paysage bâti de Lachenaie, XVIIIe-XXe siècles: statuts élitaires et architecture domestique dans les campagnes laurentiennes», *JSÉAC*, vol. 39, n° 1 (2014), p. 71-86.

Thuot, Jean-René. «L'imaginaire seigneurial: les points de convergence entre recherche fondamentale, initiatives touristiques et mémoires communautaires», dans Benoît Grenier et Michel Morissette (dir.), *Nouveaux regards en histoire seigneuriale au Québec*, Québec, Éditions du Septentrion, 2016, p. 364-397.

Tousignant, Pierre. *La genèse et l'avènement de la Constitution de 1791*, thèse de doctorat (histoire), Montréal, Université de Montréal, 1971.

Tousignant, Pierre. «Le conservatisme de la petite noblesse seigneuriale», *AHRF*, vol. 45, n° 213 (1973), p. 322-343.

Tousignant, Pierre, et Madeleine Dionne-Tousignant. *Les normes de Maurice Séguin: le théoricien du néo-nationalisme*, Montréal, Guérin, 1999.

Tremblay, Jean-Paul-Médéric. *Être seigneur aux Éboulements*, Charlevoix, Société d'histoire de Charlevoix, 1996.

Tremblay Lamarche, Alex. «La stabilisation et la créolisation de la présence seigneuriale britannique dans la vallée du Saint-Laurent, 1790-1815», dans Benoît Grenier et Michel Morissette (dir.), *Nouveaux regards en histoire seigneuriale au Québec*, Québec, Éditions du Septentrion, 2016, p. 247-311.

Tremblay Lamarche, Alex. «La transformation des capitaux culturel et social en région au XIXe siècle dans un contexte de renouvellement des élites: l'exemple de Saint-Jean-sur-Richelieu», *Mens: revue d'histoire intellectuelle et culturelle*, vol. 17, n°s 1-2 (automne 2016-printemps 2017), p. 41-77.

Trépanier, Paul. «La noblesse seigneuriale», *Continuité*, n° 44 (1989), p. 27-29.

Trépanier, Pierre. «"Du système colonial des peuples modernes": un inédit de Rameau de Saint-Père», *RHAF*, vol. XXXVI, n° 1 (juin 1982), p. 55-74.

Trépanier, Pierre. «Le renard ayant la queue coupée ou la luxuriance des études groulxiennes (1999-2003)», *Mens: revue d'histoire intellectuelle de l'Amérique française*, vol. IV, n° 2 (2004), p. 273-307.

Trépanier, Pierre. «Rameau de Saint-Père, la France et la vie intellectuelle en Amérique française», dans Yvan Lamonde et Didier Poton, *La Capricieuse (1855): poupe et proue: les relations France-Québec (1760-1914)*, Québec, PUL, 2006, p. 285-305.

Trépanier, Pierre. «1950: Lionel Groulx, *Histoire du Canada français depuis la découverte*», dans Claude Corbo (dir.), *Monuments intellectuels québécois du XXe siècle*, Sillery, Éditions du Septentrion, 2006, p. 85-94.

Trépanier, Pierre, et Lise Trépanier. «Rameau de Saint-Père et le métier d'historien», *RHAF*, vol. XXXIII, n° 3 (décembre 1979), p. 331-355.

Trépanier, Pierre, et Lise Trépanier. «Rameau de Saint-Père et l'histoire de la colonisation française en Amérique», *Acadiensis*, vol. IX, n° 2 (1980), p. 40-55.

Trudeau, Pierre Elliott. «De quelques obstacles à la démocratie au Québec», dans *Le fédéralisme et la société canadienne-française*, Montréal, Hurtubise HMH, 1967, p. 105-228.

Trudel, Marcel. *Le Régime militaire dans le Gouvernement des Trois-Rivières 1760-1764*, Trois-Rivières, Éditions du Bien public, 1952.

Trudel, Marcel. *Le régime seigneurial*, Ottawa, Société historique du Canada, 1956.

TRUDEL, Marcel. *Initiation à la Nouvelle-France*, Montréal, Holt, Rinehart et Winston, 1968.

TRUDEL, Marcel. *Le terrier du Saint-Laurent en 1663*, Ottawa, ÉUO, 1973.

TRUDEL, Marcel. *Les débuts du régime seigneurial au Canada*, Montréal, Éditions Fides, 1974.

TRUDEL, Marcel. *La seigneurie des Cent-Associés, 1627-1663*, Montréal, Éditions Fides, 1979.

TRUDEL, Marcel. *La seigneurie de la Compagnie des Indes occidentales, 1663-1674*, Saint-Laurent, Éditions Fides, 1997.

TRUDEL, Marcel. *Le terrier du Saint-Laurent en 1674*, Montréal, Éditions du Méridien, 1998.

TURCOTTE, Louis-Philippe. *Le Canada sous l'Union (1841-1867)*, Québec, Presses mécaniques du Canadien, 1871.

TURCOTTE, Louis-Philippe. *Le Canada sous l'Union (1841-1867)*, Québec, L. J. Demers, 1882.

TURGEON, Mélanie. *Les Couillard et la seigneurie de Beaumont à l'époque de la Nouvelle-France*, mémoire de maîtrise (études et interventions régionales), Chicoutimi, Université du Québec à Chicoutimi, 2003.

VANDERLINDEN, Jacques. *Se marier en Acadie française, XVIIe et XVIIIe siècles*, Moncton, Chaire d'études acadiennes et Éditions d'Acadie, 1998.

VAUGEOIS, Denis. «Préface», dans Maurice Séguin, *Une histoire du Québec: vision d'un prophète*, Montréal, Guérin, 1995.

VAUGEOIS, Denis. «1955: Guy Frégault, la Guerre de la Conquête», dans Claude Corbo (dir.), *Monuments intellectuels québécois du XXe siècle*, Sillery, Éditions du Septentrion, 2006, p. 117-126.

VIAU, Robert. «Philippe Aubert de Gaspé: juge et partie du régime seigneurial», ÉLC = SCL, vol. 37, n° 2 (2012), p. 7395.

VOISINE, Nive. «Une colonie féodale en Amérique», dans Maurice Lemire (dir.), *Dictionnaire des œuvres littéraires du Québec I*, Montréal, Éditions Fides, 1978, p. 719-720.

WALLOT, Jean Pierre. «Le régime seigneurial et son abolition au Canada», CHR, vol. L, n° 4 (1969), p. 367-393.

WALLOT, Jean-Pierre. «Le régime seigneurial et son abolition au Canada (1968)», dans *Un Québec qui bougeait*, Montréal, Éditions Fides, 1973, p. 225-252.

WALLOT, Jean-Pierre. «L'impact du marché sur les campagnes canadiennes au début du XIXe siècle», dans Joseph GOY et Jean-Pierre WALLOT (dir.), *Étude comparative de la société rurale de la France de l'Ouest et du Québec (XVIIe-XXe siècles)*, Paris, EHESS; Montréal, PUM, 1981, p. 226-250.

WALLOT, Jean-Pierre. «À la recherche de la nation: Maurice Séguin (1918-1984)», *RHAF*, vol. XXXVIII, n° 4 (printemps 1985), p. 569-590.

WALLOT, Jean-Pierre, et Gilles PAQUET. «Les habitants de Montréal et de Québec (1790-1835): contextes géo-économiques différents, même stratégie foncière», dans François Lebrun et Normand Séguin (dir.), *Sociétés villageoises et rapports villes-campagnes au Québec et dans la France de l'Ouest XVIIe-XXe siècles*, Trois-Rivières, Université du Québec à Trois-Rivières, 1987, p. 101-112.

WARREN, Jean-Philippe. «Compte rendu de Bouchard, Gérard. *La pensée impuissante: échecs et mythes nationaux canadiens-français, 1850-1960*, Montréal, Éditions du Boréal, 2003», *Mens: revue d'histoire intellectuelle de l'Amérique française*, vol. VI, n° 1 (2005), p. 95-103.

WARREN, Jean-Philippe. «L'invention du Canada français: le rôle de l'Église catholique», dans Martin Pâquet et Stéphane Savard (dir.), *Balises et références: Acadies, francophonies*, Québec, PUL, 2007, p. 21-56.

WEILBRENNER, Bernard. «Pierre-Georges Roy et le Bureau des archives de la Province 1920-1925», *Archives*, vol. 21, n° 1 (1989), p. 3-29.

WIEN, Thomas. «Les conflits sociaux dans une seigneurie canadienne au XVIIe siècle: les moulins de Couillard», dans Gérard Bouchard et Joseph Goy (dir.), *Famille, économie et société rurale en contexte d'urbanisation (XVIIe-XXe siècle)*, Montréal, PUM; Paris, EHESS, 1990, p. 225-236.

WIEN, Thomas. «"Les travaux pressants": calendrier agricole, assolement et productivité au Canada au XVIIIe siècle», *RHAF*, vol. 43, n° 4 (printemps 1990), p. 535-558.

WIEN, Thomas. «Introduction: habitants, marchands, historiens», dans Sylvie Dépatie *et al.* (dir.), *Vingt ans après* Habitants et marchands, Montréal, MGQUP, 1998, p. 3-27.

WIEN, Thomas. «1974: Louise Dechêne, *Habitants et marchands de Montréal au XVIIe siècle*», dans Claude Corbo (dir.), *Monuments intellectuels québécois du XXe siècle*, Sillery, Éditions du Septentrion, 2006, p. 249-259.

WRONG, George M. *Un manoir canadien et ses seigneurs, 1761-1861. Cent ans d'histoire*, traduit par Claude Frappier, présentation de Philippe Dubé, Québec, PUL, 2005.

YOUNG, Brian. «Les anglophones et l'historiographie Québec/Canada», dans Marie-Andrée Beaudet (dir.), *Échanges culturels entre les* Deux solitudes, Sainte-Foy, PUL, 1999, p. 3-17.

YOUNG, Brian, et John A. DICKINSON. *Brève histoire socio-économique du Québec*, Montréal, BQ, 2014.

ZYTNICKI, Colette. «"La maison, les écuries": l'émergence de l'histoire coloniale en France (des années 1880 aux années 1930)», dans Sophie Dulucq et Colette Zytnicki (dir.), *Décoloniser l'histoire? De «l'histoire coloniale» aux histoires nationales en Amérique latine et en Afrique (XIXᵉ-XXᵉ siècles)*, Paris, Société française d'histoire d'outre-mer, 2003, p. 9-23.

III. Historiographie et littérature de langue anglaise

ABBOTT, Johnston. *The Seigneurs of La Saulaye: Gentlemen Adventurers of New France Two Centuries Ago*, Toronto, MacMillan, 1928.

ADAIR, E. R. «The French-Canadian Seigneury», *CHR*, vol. XXXV, n° 3 (1954), p. 187-207.

ARCHER, Andrew. *A History of Canada*, Londres, Nelson, 1875.

ARSENAULT MORIN Alex, Vincent GELOSO et Vadim KUFENKO, «Infant Mortality and the Role of Seigneurial Tenure in Canada East, 1851», *Schriftenreihe des Promotionsschwerpunkts Globalisierung und Beschäftigung, Evangelisches Studienwerk e. V.*, n° 47 (2015), [En ligne], [http://opus.uni-hohenheim.de/volltexte/2015/1166/pdf/47_2015.pdf] (8 octobre 2021).

AUBERT DE GASPÉ, Philippe. *Canadians of Old*, traduit par Georgiana M. Pennée, Québec, Desbarats, 1864.

AUBERT DE GASPÉ, Philippe. *Canadians of Old*, traduit par Charles G. D. Roberts, New York, Appleton & Co., 1890.

BANOUB, David. «Making Patrician Authority in Quebec», *HS = SH*, vol. 48, n° 97 (2015), p. 549-555.

BEAULIEU, Alain. «"An Equitable Right to Be Compensated": The Dispossession of the Aboriginal Peoples in Quebec and the Emergence of a New Legal Rationale (1760-1860)», *CHR*, vol. 94, n° 1 (2013), p. 1-27.

BERGER, Carl. *The Writing of Canadian History: Aspects of English-Canadian Historical Writing: 1900-1970*, Toronto, UTP, 1986.

BERNIER, Gérald. «Landownership and Access to Political Power in Lower Canada, 1791-1838», *Québec Studies*, vol. 7, n° 1 (1988), p. 87-97.

BERNIER, Gérald, et Daniel SALÉE. *The Shaping of Québec Politics and Society: Colonialism, Power, and the Transition to Capitalism in the 19ᵗʰ Century*, Washington, Crane Russak, 1992.

BÉRUBÉ, Harold. «Compte rendu de Young, Brian. *Patrician Families and the Making of Quebec: The Taschereaus and McCords*. Montréal, MGQUP, 2014», *CHR*, vol. 96, n° 3 (2015), p. 445-447.

BORDEN, Robert. *Canada in the Commonwealth*, Oxford, The Clarendon Press, 1929.

BOUCHARD, Gérard. «Mobile Populations, Stable Communities: Social and Demographic Processes in the Rural Parishes of the Saguenay, 1840-1911», *Continuity and Change*, vol. VI, n° 1 (1991), p. 59-86.

BOUCHARD, Gérard. «Family Reproduction in New Rural Areas: Outline of a North American Model», *CHR*, vol. LXXV, n° 4 (1994), p. 475-510.

BOURINOT, John G. *The Story of Canada*, Toronto, Copp, Clark and Company, 1896.

BOURINOT, John G. *Canada under British Rule, 1760-1905*, édition revue avec un appendice de George M. Wrong, Cambridge, CAUP, 1909.

BOYD, John. *Sir George Etienne Cartier: His Life and Times*, Toronto, MacMillan, 1914.

BREBNER, J. Bartlet. *Canada: A Modern History*, Ann Arbor, University of Michigan Press, 1960.

BRYCE, George. « Canada from 1763 to 1867 », dans Justin Winsor (dir.), *Narrative and Critical History of America VIII*, Boston, Houghton, Mifflin and Co., 1889, p. 131-187.

BRYCE, George. *A Short History of the Canadian People*, Londres, Low, Marsten and Co., 1914.

BURT, Alfred L. *The Old Province of Québec I*, Toronto, Ryerson Press, 1933.

BURT, Alfred L. « The Frontier in the History of New France », *Report of the Annual Meeting of the Canadian Historical Association = Rapports annuels de la Société historique du Canada*, vol. 19, n° 1 (1940), p. 93-99.

BURT, Alfred L. *A Short History of Canada for Americans*, Minneapolis, University of Minnesota Press, 1942.

CARELESS, J. M. S. *Canada: A Story of Challenge*, Toronto, MacMillan, [1942] 1972.

CARELESS, J. M. S. *The Union of the Canada: The Growth of Canadian Institutions, 1841-1857*, Toronto, McClelland and Stewart, 1967.

CHAFE, J. W., et Arthur R. M. LOWER. *Canada: A Nation*, New York, Green and Co., 1954.

CLARK, Samuel D. *Movements of Political Protest in Canada 1640-1840*, Toronto, UTP, 1959.

CLARK, Samuel D. « The Farming-Fur Trade Society of New France », *The Developing Canadian Community*, Toronto, UTP, 1968, p. 20-40.

CLEMENT, William H. P. *The History of the Dominion of Canada*, Toronto, Briggs, 1897.

COATES, Colin M. « Authority and Illegitimacy in New France: The Burial of Bishop Saint-Vallier and Madeleine de Verchères vs. the Priest of Batiscan », *HS = SH*, vol. 22, n° 43 (1989), p. 65-90.

COATES, Colin M. « Like "The Thames towards Putney": The Appropriation of Landscape in Lower Canada », *CHR*, vol. 74, n° 3 (1993), p. 317-343.

COATES, Colin M. « The Rebellions of 1837-1838, and Other Bourgeois Revolutions in Quebec Historiography », *International Journal of Canadian Studies*, vol. 20 (1999), p. 19-34.

COATES, Colin M. *The Metamorphoses of Landscape and Community in Early Quebec*, Montréal, MGQUP, 2000.

COATES, Colin M., et Cecilia MORGAN. *Heroines and History: Representations of Madeleine de Verchères and Laura Secord*, Toronto, UTP, 2002.

CODIGNOLA, Luca. «The Policy of Rome towards the English-Speaking Catholics in British North America (1750-1830)», dans Terrence Murphy et Gerald John Stortz (dir.), *Creed and Culture: The Place of English-Speaking Catholics in Canadian Society* (1750-1930), Montréal, MGQUP, 1993, p. 100-125.

CODIGNOLA, Luca, et John A. DICKINSON (dir.). «A Forum on W. J. Eccles», *BJCS*, vol. XI, n° 1 (1996), p. 66-89.

CODIGNOLA, Luca. «Francis Parkman's Roman Experience (1844)», *Quaderni d'italianistica*, vol. XXVI, n° 1 (2005), p. 77-100.

COLBY, Charles W. *Canadian Types of the Old Regime, 1608-1698*, New York, Henry Holt and Company, 1908.

COOK, Ramsay, John RICHER et John SAYWELL. *Canada: A Modern Study*, Toronto, Clarke, Irwin and Co., 1971.

COSTAIN, Thomas B. *The White and the Gold: The French Regime in Canada*, Toronto, Doubleday, 1954.

COURVILLE, Serge. «Villages and Agriculture in the Seigneuries of Lower Canada: Conditions of a Comprehensive Study of Rural Quebec in the First Half of the Nineteenth Century», *Canadian Papers in Rural History*, vol. V (1986), p. 121-149.

COURVILLE, Serge. «Tradition or Modernity? The Canadian Seigneury in the Durham Era: Another Perspective», dans Patricia Galloway (dir.), *Proceedings of the Seventeenth Meeting of the French Colonial Historical Society*, Lanham, University Press of America, 1993, p. 44-66.

COWAN, Mairi. «A Deliverance from Demons: Possession and Healing at the Seigneurie of Beauport», dans Robert Englebert et Andrew N. Wegmann (dir.), *French Connections: Cultural Mobility in North American and the Atlantic World, 1600-1875*, Bâton-Rouge, Louisiana State University Press, 2020, p. 11-34.

CREIGHTON, Donald G. *The Commercial Empire of the St. Lawrence, 1760-1850*, Toronto, Ryerson University Press, 1937.

CREIGHTON, Donald G. *Dominion of the North: A History of Canada*, Toronto, MacMillan 1957.

CREIGHTON, Donald G. *The Story of Canada*, Toronto, MacMillan, 1959.

CROSS, Michael S. *The Frontier Thesis and the Canadas*, Toronto, Copp Clark, 1970.

CURRIE, Archibald W. *Canadian Economic Development*, Toronto, Hunter Rose, 1963.

DECELLES, Alfred. *The Habitant: His Origin and History*, Toronto, Brook and Company, 1914.

DESBARATS, Catherine. «Agriculture within the Seigneurial Regime of Eighteenth Century Canada: Some Thoughts on the Recent Literature», *CHR*, vol. LXXIII, n° 1 (mars 1992), p. 1-29.

DESBARATS, Catherine, et Allan GREER. «North America from the Top Down: Visions from New France», *JEAH*, vol. 5, n° 2 (2015), p. 109-136.

DESSUREAULT, Christian, et John A. DICKINSON. «Farm Implements and Husbandry in Colonial Quebec, 1740-1840», dans Peter Benes (dir.), *New England/New France, 1600-1850*, Boston, Boston University Press, 1992, p. 110-121.

DESSUREAULT, Christian, John A. DICKINSON et Thomas WIEN, «Living Standard of Norman and Canadian Peasants 1690-1835», dans Anton J. Schuurman et Lorena S. Walsh (dir.), *Material Culture: Consumption, Life Style, Standard of Living (1500-1900)*, Milan, Eleventh International Economic Congress, Università Bocconi, 1994, p. 95-112.

DIAMOND, Sigmund. «An Experiment in "Feudalism": French-Canada in the Seventeenth Century», *William and Mary Quarterly*, vol. 18, n° 1 (1961), p. 3-34.

DIAMOND, Sigmund. «Values as an Obstacle to Economic Growth: The American Colonies», *The Journal of Economic History*, vol. XXVII, n° 4 (1967), p. 561-575.

DICKINSON, John A., et Brian YOUNG. «Periodization in Quebec History: A Reevaluation», *Québec Studies*, vol. 12, n° 1 (1991), p. 1-10.

EASTERBROOK, William T., et Hugh G. J. AITKEN. *Canadian Economic History*, Toronto, MacMillan, [1956] 1975.

ECCLES, William J. «The History of New France According to Francis Parkman», *William and Mary Quarterly*, vol. 18, n° 2 (1961), p. 163-175.

ECCLES, William J. *Canada Under Louis XIV*, Toronto, McClelland and Stewart, 1964.

ECCLES, William J. *Frontenac: The Courtier Governor*, Toronto, McClelland and Stewart, [1959] 1965.

ECCLES, William J. *The Canadian Frontier 1534-1760*, Toronto, Holt, Rinehart and Winston, 1969.

ECCLES, William J. *France in America*, New York, Harper and Row, 1972.

ECCLES, William J. *The Ordeal of New France*, Toronto, CBC, 1966.

ECCLES, William J. *Frontenac: The Courtier Governor*, introduction de Peter Moogk, Lincoln (Nébr.), University of Nebraska Press, 2003.

EDGAR, J. D. «Titles of Honour in Canada», *University [of Toronto] Quarterly Review* (février 1890), p. 88-104.

EGERTON, Hugh E. *A Historical Geography of the British Colonies*, t. V: *Canada – Part I: Historical*, Oxford, The Clarendon Press, 1908.

ENGLEBERT, Robert, et Andrew N. WEGMANN (dir.). *French Connections: Cultural Mobility in North American and the Atlantic World, 1600-1875*, Bâton-Rouge, Louisiana State University Press, 2020.

FOWKE, Vernon. *Canadian Agricultural Policy: The Historical Pattern*, Toronto, UTP, [1946]1978.

GAGNON, Serge. «The Historiography of New France, 1960-1974: Jean Hamelin to Louise Dechêne», *JCS*, vol. XIII, n° 1 (1978), p. 80-99.

GAMMEL, Isaac H. *An Elementary History of Canada*, Montréal, Grafton and Sons, 1907.

GELOSO, Vincent. «Measuring Away the Importance of Institutions: The Case of Seigneurial Tenure and Agriculture Output in Canada East, 1851», *SSQ*, vol. 100, n° 3 (mai 2019), p. 897-910

GELOSO, Vincent. «Predation, Seigneurial Tenure, and Development in French Colonial America», *SSH*, vol. 44, n° 4 (2020), p. 747-770.

GELOSO, Vincent, et Gonzalo MACERA. «How Poor Were Quebec and Canada During the 1840s?», *SSQ*, vol. 101, n° 2 (mars 2020), p. 792-810.

GLAZEBROOK, George p. de T. *A History of Canadian Political Thought*, Toronto, McClelland and Stewart, 1966.

GOUGH, Barry. *Canada*, Englewood Cliffs (N.J.), Prentice-Hall, 1975.

GRAHAM, Gerald S. *A Concise History of Canada*, Londres, Hudson and Thames, 1968.

GRANT, William L. *History of Canada*, Londres, Heinemann-Renouf, 1923.

GREER, Allan. «Fur Trade Labours and Lower Canadian Agrarian Structures», *HP = CH*, vol. 16, n° 1 (1981), p. 197-214.

GREER, Allan. *Peasant, Lord and Merchant: Rural Society in Three Quebec Parishes 1740-1840*, Toronto, UTP, 1985.

GREER, Allan. *The Patriots and the People: The Rebellion of 1837 in Rural Lower Canada*, Toronto, UTP, 1993.

GREER, Allan. *The People of New France*, Toronto, UTP, 1997.

GREER, Allan. «National, Transnational, and Hypernational Historiographies: New France Meets Early American History», *CHR*, vol. 91, n° 4 (2010), p. 695-724.

GREER, Allan. «Commons and Enclosure in the Colonization of North America», *AHR*, vol. 117, n° 2 (2017), p. 365-386.

GREER, Allan. *Property and Dispossession: Natives, Empires and Land in Early Modern North America*, New York, CAUP, 2018.

GREER, Allan. « There was no Seigneurial System », *Borealia*, 24 septembre 2018, [En ligne], [https://earlycanadianhistory.ca/2018/09/24/there-was-no-seigneurial-system/] (1ᵉʳ octobre 2020).

GREER, Allan. « Reply to Benoît Grenier and Alain Laberge », *Borealia*, 16 octobre 2018, [En ligne], [https://earlycanadianhistory.ca/2018/10/16/reply-to-benoit-grenier-and-alain-laberge/] (1ᵉʳ octobre 2020).

GREER, Allan. « Settler Colonialism and Beyond », *JCHA = RSHC*, vol. 30, n° 1 (2019), p. 6186.

GRENIER, Benoît, et Alain LABERGE. « Beyond the "System": The Enduring Legacy of Seigneurial Property », *Borealia*, 9 octobre 2018, [En ligne], [https://earlycanadianhistory.ca/2018/10/09/beyond-the-system-the-enduring-legacy-of-seigneurial-property/] (1ᵉʳ octobre 2020).

GUERIN, Thomas. *Feudal Canada: The Story of the Seigneurs of New France*, Montréal, Chez l'auteur, 1926.

GUIMOND, Olivier. « Louis-Joseph Papineau's Seigneurialism, Republicanism, and Jeffersonian Inclinations », *JCHA = RSHC*, vol. 31, n° 1 (2021), p. 5-37.

HALLOWELL, Gerald (dir.). *The Oxford Companion to Canadian History*, Toronto, Oxford University Press, 2004.

HAMILTON, Roberta. « Feudal Society and Colonization: A Critique and Reinterpretation of the Historiography of New France », *Canadian Papers in Rural History*, vol. VI (1988), p. 17-135.

HARRIS, Richard Colebrook. *The Seigneurial System in Early Canada*, Madison, University of Wisconsin Press, 1966.

HARRIS, Richard Cole. « Of Poverty and Helplessness in Petite-Nation », *CHR*, vol. LII, n° 1 (1971), p. 23-50.

HARRIS, Richard Cole. *The Seigneurial System in Early Canada*, Montréal, MGQUP, 1984.

HARRIS, Richard Cole. « Presidential Address: The Pattern of Early Canada », *The Canadian Geographer = Le Géographe canadien*, vol. XXXI, n° 4 (1987), p. 290-298.

HARRIS, Richard Cole, et John WARKENTIN. *Canada Before Confederation: A Study in Historical Geography*, Oxford, Oxford University Press, 1974.

HATVANY, Matthew. « Form, Function, and Intent: A Geo-Historical Approach to the Seigniorial and Proprietary Systems of Colonial Canada », dans Alain Laberge et Benoît Grenier (dir.), *Le régime seigneurial au Québec 150 ans après : bilans et perspectives de recherches à l'occasion de la commémoration du 150ᵉ anniversaire de l'abolition du régime seigneurial*, Québec, CIEQ, 2009, p. 79-90, coll. « Cheminements ».

HAVARD, Gilles. « Making New France New Again », *Commonplace: The Journal of Early American Life*, vol. 7, n° 4, 2007, [En ligne], [http://commonplace.online/article/making-new-france-new-again/] (17 février 2020).

Heneker, Dorothy A. *The Seigniorial Regime in Canada*, Québec, L.-A. Proulx, 1927.

Hodgins, John George. *The Geography and History of British America*, Toronto, McClear, 1857.

Hodgins, John George. *A History of Canada and of the Other British Provinces in North America*, Montréal, Lowell, 1866.

Innis, Mary Q. *An Economic History of Canada*, Toronto, Ryerson University Press, [1935] 1945.

Jeffers, J. Frith. *History of Canada*, Toronto, Canadian Publishing, 1894.

Jennings, Francis. «Francis Parkman: A Brahmin among Untouchables», *William and Mary Quarterly*, vol. 42, n° 3 (1985), p. 305-328.

Jones, Peter M. «Parish, Seigneurie and the Community of Inhabitants in Southern Central France during the Eighteenth and Early Nineteenth Centuries», *Past and Present*, vol. 91 (1981), p. 74-108.

Kennedy, Gregory M. W. *Something of a Peasant Paradise? Comparing Rural Societies in Acadia and the Loudunais, 1604-1755*, Montréal, MGQUP, 2014.

Kennedy, William P. *The Constitution of Canada, 1534-1937*, New York, Russel and Russel, 1938.

Kingsford, William. *History of Canada VII*, New York, AMJ, [1884] 1962.

Labelle, Kathryn Magee. «Compte rendu de Lozier, Jean-François. *Flesh Reborn: The Saint Lawrence Valley Mission Settlements through the Seventeenth Century*. Montréal, MGQUP, 2018», *The William and Mary Quarterly*, vol. 77, n° 1 (2020), p. 153-157.

Lart, Charles E. «The Noblesse of Canada», *CHR*, vol. III, n° 3 (1922), p. 222-232.

Le Goff, T. J. A. «The Agricultural Crisis in Lower Canada, 1802-1812: A Review of a Controversy», *CHR*, vol. LV, n° 1 (1974), p. 1-31.

Leacock, Stephen. *Canada: The Foundations of its Future*, Montréal, Chez l'auteur, 1941.

Lewis, Frank, et Marvin McInnis. «The Efficiency of the French-Canadian Farmer in the Nineteenth Century», *Journal of Economic History*, vol. XL, n° 3 (septembre 1980), p. 497-514.

Little, Jack I. *Patrician Liberal: The Public and Private Life of Sir Henri-Gustave Joly de Lotbinière, 1829-1908*, Toronto, UTP, 2013.

Locke, George H. *When Canada Was New France*, Toronto, J. M. Dent, 1923.

Lower, J. Arthur. *Canada: An Outline History*, Toronto, McGraw-Hill et Ryerson, 1973.

Lower, Arthur R. M. *Colony to Nation: A History of Canada*, Londres, Longmans, Green and Company, 1947.

LOWER, Arthur R. M. *Canadians in the Making: A Social History of Canada*, Toronto, Longmans, Green and Company, 1958.

LOZIER, Jean-François. *Flesh Reborn: The Saint Lawrence Valley Mission Settlements through the Seventeenth Century*, Montréal, MGQUP, 2018.

LUNN, Alice J. E. *Economic Development of French Canada 1740-1760*, thèse de maîtrise (histoire), Montréal, Université McGill, 1934.

MACARTHUR, Duncan. *History of Canada*, Toronto, Gage, 1931.

MACDONALD, Bertrum H. « Book-History Studies Come of Age: The Digital Legacy of the History of the Book in Canada/Histoire du livre et de l'imprimé au Canada Project », *Papers of the Bibliographical Society of Canada = Cahiers de la Société bibliographique du Canada*, vol. 46, n° 1 (2008), p. 55-78.

MACDONALD, L. R. « France and New France: The Internal Contradictions », *CHR*, vol. LII, n° 2 (1971), p. 121-143.

MANN, Susan. *The Dream of a Nation: A Social and Intellectual History of Quebec*, Toronto, MacMillan, 1982.

MARKOFF, John. *The Abolition of Feudalism: Peasants, Lords, and Legislators in the French Revolution*, University Park (Penn.), Penn State University Press, 1996.

MARQUIS, Thomas G. *Seigneur d'Haberville (The Canadians of Old): A Romance of the Fall of New France*, Toronto, Musson Book Co., 1929.

MARTIN, Chester. *Empire and Commonwealth: Studies in Governance and Self-Government in Canada*, Oxford, The Clarendon Press, 1929.

MARTIN, Chester. *Foundations of Canadian Nationhood*, Toronto, UTP, 1955.

MARTIN, Lawrence. *Antagonist: A Biography of Lucien Bouchard*, Toronto, Viking Canada, 1997.

MASTERS, Donald C. *A Short History of Canada*, New York, Van Nostrand, 1958.

MATHIEU, Jacques. « Seigneurial System », *The Canadian Encyclopedia*, 25 août 2013 (dernière modification le 4 mars 2015), [En ligne], [https://www.thecanadianencyclopedia.ca/en/article/seigneurial-system] (28 septembre 2021).

MCCALLUM, John. *Unequal Beginnings: Agriculture and Economic Development in Quebec and Ontario until 1870*, Toronto, UTP, 1980.

MCINNIS, Edgar. *Canada: A Political and Social History*, New York, Holt, Rinehart and Winston, [1947] 1963.

MCKAY, Ian. « The Liberal Order Framework: A Prospectus for a Reconnaissance of Canadian History », *CHR*, vol. LXXXI, n° 4 (2000), p. 617-645.

MCKNAUGHT, Kenneth. *The History of Canada*, Londres, Penguin, 1976.

MCMULLEN, John. *The History of Canada from its First Discovery to the Present Time*, Brockville, McMullen and Co., 1868.

McQuillan, D. Aidan. «Returns on Investment: Seigneurial Land Development in Nineteenth Century Quebec», dans Serge Courville et Brian Osborne (dir.), *Histoire mythique et paysage symbolique*, Québec, CIEQ, 1997, p. 46-51.

McRae, Kenneth D. «The Structure of Canadian History», dans Louis Hartz (dir.). *The Founding of New Societies*, New York, Harcourt, Brace and World Inc., 1964, p. 219-274.

Miquelon, Dale (dir.). *Society and Conquest: The Debate on the Bourgeoisie and Social Change in French Canada*, Toronto, Copp Clark, 1977.

Moir, John S., et Robert E. Saunders. *Northern Destiny: A History of Canada*, Toronto, J. M. Dent, 1970.

Montreuil, Arnaud. «Was New France a society of the "long Middle Ages"?», *Borealia*, 15 mars 2021, [En ligne], [https://earlycanadianhistory.ca/2021/03/15/was-new-france-a-society-of-the-long-middle-ages/] (15 mars 2021).

Montreuil, Arnaud. «Was New France a society of the "long Middle Ages"? Part 2», *Borealia*, 29 mars 2021, [En ligne], [https://earlycanadianhistory.ca/2021/03/29/was-new-france-a-society-of-the-long-middle-ages-part-2/] (29 mars 2021).

Moogk, Peter N. *La Nouvelle France: The Making of French Canada: A Cultural History*, East Lansing, Michigan State University Press, 2000.

Moore, Christopher. «Colonization and Conflict: New France and Its Rivals 1600-1760», dans Robert Craig Brown (dir.), *The Illustrated History of Canada*, Toronto, Lester and Orpen Denys, 1987, p. 105-188.

Morrison, Neil F., Herbert Heaton et James C. Bonar. *The Dominion of Canada*, Toronto, Ryerson Press, 1937.

Morton, Desmond. *A Short History of Canada*, Edmonton, Hurtig Publishers, 1937.

Morton, William L. *The Kingdom of Canada*, New York, Bobs-Merrill, 1963.

Munro, William B. *The Seigniorial System in Canada: A Study in French Colonial Policy*, New York, Longmans, Green and Company, 1907.

Munro, William B. «The Seigneurial System and the Colony», dans Adam Shortt et Arthur G. Doughty (dir.), *Canada and Its Provinces: A History of the Canadian People and Their Institutions by One Hundred Associates II*, Glasgow, Brook and Company, 1914.

Munro, William B. *The Seigneurs of Old Canada*, Glasgow, Brook and Company, 1915.

Murphy, Terrence, et Roberto Perin (dir.). *A Concise History of Christianity in Canada*, Toronto, Oxford University Press, 1996.

Naylor, Robert Thomas. «The Rise and Fall of the Third Commercial Empire of the St. Lawrence», dans Gary Teeple (dir.), *Capitalism and the National Question in Canada*, Toronto, UTP, 1972, p. 1-42.

NEATBY, Hilda. *Quebec. The Revolutionary Age 1760-1791*, Toronto, McClelland and Stewart, 1966.

NEILL, Robin F. *Feudalism and Capitalism in America*, s. d., [En ligne], [http://people.upei.ca/rneill/canechist/topic_3.html]. Cette page n'existe plus. Le texte est tout de même accessible via le site *Archive.org*, [En ligne], [https://web.archive.org/web/20210413043309/http://people.upei.ca/rneill/canechist/topic_3.html] (18 octobre 2021).

NEILL, Robin F. *The Legacy of Feudalism in America*, s. d., [En ligne], [http://people.upei.ca/rneill/canechist/topic_4.html]. Cette page n'existe plus. Le texte est tout de même accessible via le site *Archive.org*, [En ligne], [https://web.archive.org/web/20190811125452/http://people.upei.ca/rneill/canechist/topic_4.html] (18 octobre 2021).

NEILL, Robin F. *A New Theory of Value: The Canadian Economics of H. A. Innis*, Toronto, UTP, 1972.

NEILL, Robin F. « Rationality and the Informational Environment: A Reassessment of the Work of Harold Adams Innis », *JCS*, vol. 22, n° 4 (hiver 1987-1988), p. 78-92.

NEILL, Robin F. *History of Economic Thought in Canada*, Londres, Routledge, 1991.

NEILL, Robin F. « Innis, Postmodernism, and Communications: Reflections on Paul Heyer's Harold Innis », *Research in the History of Economic Thought and Methodology*, vol. 24 (2006), p. 153-166.

NEWBIGIN, Marion I. *Canada: The Great River, the Lands and the Men*, Londres, Christophers, 1926.

NOËL, Françoise. *Gabriel Christie Seigneuries: Settlement and Seigneurial Administration in the Upper Richelieu Valley, 1764-1854*, thèse de doctorat (histoire), Montréal, Université McGill, 1985.

NOËL, Françoise. « Chambly Mills, 1784-1815 », *HP = CH*, vol. 20, n° 1 (1985), p. 102-116.

NOËL, Françoise. « Seigneurial Survey and Land Granting Policies », *Canadian Papers in Rural History*, vol. V (1986), p. 150-180.

NOËL, Françoise. *The Christie Seigneuries: Estate Management and Settlement in the Upper Richelieu Valley, 1760-1854*, Montréal, MGQUP, 1992.

OUELLET, Fernand. *Economy, Class & Nation in Quebec: Interpretative Essays*, Toronto, Copp Clark Pitman, 1991.

PAQUET, Gilles, et Jean-Pierre WALLOT. « The Agricultural Crisis in Lower Canada, 1802-1812: mise au point. A Response to T.J.A. Le Goff », *CHR*, vol. LVI, n° 2 (1975), p. 133-161.

PARKMAN, Francis. *The Old Regime in Canada*, Toronto, G. N. Morang, 1901.

PEACE, Thomas. *Two Conquests: Aboriginal Experiences of the Fall of New France and Acadia*, thèse de doctorat (histoire), Toronto, York University, 2011.

PEASE, Otis A. *Parkman's History: The Historian as Literary Artist*, New Haven, Yale University Press, 1953.

PERCY, Michael B., et Rick SZOSTAK. «The Political Economy of the Abolition of Seigneurial Tenure in Canada East», *Explorations in Economic History*, vol. 29, n° 1 (1992), p. 51-68.

PERIN, Roberto. «Answering the Quebec Question: Two Centuries of Equivocation», dans Daniel Drache et Roberto Perin (dir.), *Negotiating with a Sovereign Quebec*, Toronto, Lorimer, 1992, p. 30-46.

PETERSON, Mark. «How (and Why) to Read Francis Parkman», *Common-Place*, vol. 3, n° 1 (2002), [En ligne], [http://commonplace.online/article/read-francis-parkman/] (29 septembre 2021).

POCOCK, J. G. A. *The Ancient Constitution and the Feudal Law: A Study of English Historical Thought in the Seventeenth Century*, New York, The Norton Library, [1957] 1967.

REID, W. Stanford. «The Habitant's Standard of Living on the Seigneurie des Mille Isles, 1820-1850», *CHR*, vol. XXVIII, n° 3 (1947), p. 266-278.

REYNOLDS, Susan. *Fiefs and Vassals: The Medieval Evidence Reinterpreted*, Oxford, Oxford University Press, 1994.

ROBERTS, Charles G. D. *A History of Canada*, Londres, Lanson, Wolffe and Company, 1897.

ROBERTSON, W. J. *Public School History of England and Canada*, Toronto, Copp Clark and Co., [1892] 1902.

RUDIN, Ronald. «Revisionnism and the Search for a Normal Society: A Critique of Recent Quebec Historical Writing», *CHR*, vol. LXXIII, n° 1 (1992), p. 30-61.

RUDIN, Ronald. *Making History in Twentieth Century Quebec*, Toronto, UTP, 1997.

RUECK, Daniel. *Enclosing the Mohawk Commons: A History of Use-Rights, Landownership, and Boundary-Making in Kahnawá:ke Mohawk Territory*, thèse de doctorat (histoire), Montréal, Université McGill, 2013.

RUECK, Daniel. «Commons, Enclosure, and Resistance in Kahnawá:ke Mohawk Territory, 1850-1900», *CHR*, vol. 95, n° 3 (2014), p. 352-381.

RYERSON, Stanley B. *French Canada: A Study in Canadian Democracy*, Toronto, Progress Books, 1943.

RYERSON, Stanley B. *The Founding of Canada: Beginnings to 1815*, Toronto, Progress Books, 1960.

RYERSON, Stanley B. *Unequal Union*, Toronto, Progress Books, 1968.

SALÉE, Daniel. «Seigneurial Landownership and the Transition to Capitalism in Nineteenth-Century Quebec», *QS*, vol. 12 (1991), p. 21-32.

SANFILIPPO, Matteo. «Images of Canadian Cities in Italy: Then and Now», *Quaderni d'italianistica*, vol. XXVIII, n° 1 (2007), p. 33-64.

Schama, Simon. *Dead Certainties: Unwarranted Speculations*, New York, Vintage, 1991.

Schulze, David. « Rural Manufacture in Lower Canada: Understanding Seigneurial Privilege and the Transition in the Countryside », *Alternate Routes: A Critical Review*, vol. 7 (1984), p. 134-167.

Sellar, David. « Farewell to Feudalism », dans Peter Beauclerk Dewar (dir.), *Burke's Landed Gentry of Great Britain: The Kingdom in Scotland*, Londres, Fitzroy Dearborn, 2001, p. xix-xxi.

Taft Manning, Helen. *The Revolt of French Canada 1800-1835*, Toronto, MacMillan, 1962.

Tait, G. E. *Fair Domain: The Story of Canada from Earliest Times to 1800*, Toronto, Ryerson Press, 1969.

Tassie, James S. « Philippe Aubert de Gaspé », dans Robert L. McDougall, *Our Living Tradition*, Toronto, UTP, 1959, p. 55-72.

Taylor, Graham D., et Peter A. Baskerville. *A Concise History of Business in Canada*, Toronto, Oxford University Press, 1994.

Taylor, William R. « A Journey into Human Mind: Motivation in Francis Parkman's La Salle », *William and Mary Quarterly*, vol 19, n° 2 (1962), p. 220-237.

Teasdale, Guillaume. *Fruits of Perseverance: The French Presence in the Detroit River Region, 1701-1815*, Montréal, MGQUP, 2018.

Teasdale, Guillaume, et Karen L. Marrero. « From Voyageurs to Emigrants: Leaving the St. Lawrence Valley for the Detroit River Borderland, 1796-1846 », dans Robert Englebert et Andrew N. Wegmann (dir.), *French Connections: Cultural Mobility in North American and the Atlantic World, 1600-1875*, Bâton-Rouge, Louisiana State University Press, 2020, p. 170-192.

Tomczak, Richard H. « Corvée Labour and the Habitant "Spirit of Mutiny" in New France, 1688-1731 », *Labour = Le Travail*, n° 87 (printemps 2021), p. 19-47.

Usner, Daniel F. « Rescuing Early America from Nationalist Narratives: An Intra-Imperial Approach to Colonial Canada and Louisiana », *Historical Reflections*, vol. 49, n° 3 (2014), p. 1-19.

Wade, Mason. *Francis Parkman Heroic Historian*, New York, Archon Books, [1942] 1972.

Wade, Mason. *The French-Canadian Outlook*, New York, Viking Press, 1946.

Wade, Mason. *The French-Canadians 1760-1945*, Toronto, MacMillan, 1956.

Wallace, W. Stewart. *A History of the Canadian People*, Toronto, Copp, Clark and Company, 1928.

Wallace, W. Stewart. « Pierre-Georges Roy and the "Bulletin des recherches historiques" », *CHR*, vol. XXV, n° 1 (mars 1944), p. 29-32.

Weaver, Emily P. *A Canadian History for Boys and Girls*, Toronto, Briggs, 1903.

WIEN, Thomas. *Peasant Accumulation in a Context of Colonization: Rivière-du-Sud, Canada, 1720-1775*, thèse de doctorat (histoire), Montréal, Université McGill, 1988.

WILLIS, John. «Landscape and Hinterland: A Recipe for Pre-Industrial Space on the Montréal Plain in the Early 19th Century», dans Yves Frenette, Martin Pâquet et Jean Lamarre (dir.), *Les parcours de l'histoire: hommage à Yves Roby*, Sainte-Foy, PUL, 2002, p. 133-173.

WITHROW, William H. *A History of Canada*, Toronto, Copp, Clark and Company, 1876.

WITHROW, William H. *A Popular History of the Dominion of Canada*, Toronto, Briggs, 1886.

WOOD, William. «The Story of the Province of Quebec», *The Storied Province of Quebec: Past and Present, vol. I*, Toronto, Dominion Publishing Company, 1931.

WRIGHT, Donald A. «Donald Creighton and the French Fact, 1920s-1970s», *JCHA = RSHC*, vol. 6 (1995), p. 243-272.

WRONG, George M. *A Canadian Manor and Its Seigneurs*, Toronto, MacMillan, [1908] 1926.

WRONG, George M. «Francis Parkman», *CHR*, vol. IV, n° 4 (1923), p. 289-303.

WRONG, George M. *The Rise and Fall of New France II*, Toronto, MacMillan, 1928.

WRONG, George M. *The Canadians: The Story of a People*, Toronto, MacMillan 1938.

YOUNG, Brian. *In Its Corporate Capacity: The Seminary of Montreal as a Business Institution, 1816-1876*, Montréal, MGQUP, 1986.

YOUNG, Brian. «Recension de Greer, Allan. *Peasant, Lord and Merchant: Rural society in Three Quebec Parishes, 1740-1840*. Toronto, UTP, 1985», *Labour = Le Travail*, vol. 20 (1987), p. 250-251.

YOUNG, Brian. *The Politics of Codification: The Lower Canadian Civil Code of 1866*, Montréal, MGQUP, 1994.

YOUNG, Brian. «Revisiting Feudal Vestiges in Urban Quebec», dans Nancy Christie (dir.), *Transatlantic Subjects: Ideas, Institutions, and Social Experience in Post-Revolutionary British North America*, Montréal, MGQUP, 2008, p. 133-156.

YOUNG, Brian. *Patrician Families and the Making of Quebec: The Taschereaus and McCords*, Montréal, MGQUP, 2014.

YOUNG, Brian, et John A. DICKINSON. *A Short History of Quebec: A Socio-Economic Perspective*, Toronto, Copp Clark Pitman, 1988.

ZOLTVANY, Yves F. *The French Tradition in America*, Columbia (Car. du S.), University of South Carolina Press, 1965.

IV. Historiographie de langue italienne

AGO, Renata. *La feudalità in età moderna*, Rome, Laterza, 1997.

Albertoni, Giuseppe, et Luigi Provero. *Il feudalesimo in Italia*, Rome, Carocci, 2003.

Braudel, Fernand. *I giochi dello scambio*, Turin, Einaudi, 1981.

Carocci, Sandro. «I signori: il dibattito concettuale», dans *Señores, siervos, vasallos en la Alta Edad Media (XXVIII Semana de Estudios Medievales, Estella, 16-20 julio 2001)*, Pampelune, Gouvernement de Navarre, 2002, p. 147-181.

Codignola, Luca, et Luigi Bruti Liberati. *Storia del Canada: dalle origini ai giorni nostri*, Milan, Bompiani, 1999.

Musi, Aurelio. *Il feudalesimo nell'Europa moderna*, Bologne, Il Mulino, 2007.

Palmisano, Alessandro. «Le traduzioni inglesi di Philippe Aubert de Gaspé», dans Giovanni Dotoli (dir.), *Il Canada tra modernità e tradizione*, Fasano, Schena Editore, 2001, p. 17-34.

Platania, Gaetano (dir.). *L'Europa di Giovanni Sobieski: cultura, politica, mercatura e società*, Viterbe, Sette Città, 2005.

Sanfilippo, Matteo. «Il marxismo e la storiografia canadese: il dibattito sulle strutture economiche della Nuova Francia», dans Luca Codignola et Raimondo Luraghi (dir.), *Canada ieri e oggi*, t. III: *Sezione storica*, Fasano, Schena Editore, 1986, p. 151-160.

Sanfilippo, Matteo. «Storiografia e nazionalismo: corsi universitari e azione politica dell'abate Groulx, 1915-1921», *Rivista di studi canadesi*, vol. I (1988), p. 131-137.

Sanfilippo, Matteo. *Europa e America: la colonizzazione anglo-francese*, Florence, Giunti, 1990.

Sanfilippo, Matteo. «Tra storia e storiografia: la frontiera in Canada», dans Vanni Blengino (dir.), *Nascita di una identità: la formazione delle nazionalità americane*, Rome, Edizioni Associate, 1990, p. 108-120.

Sanfilippo, Matteo. «La "Loi des fiefs" nella Nuova Francia», *Annali Accademici Canadesi*, vol. 7 (1991), p. 81-91.

Sanfilippo, Matteo. «Innis e la storiografia canadese», *Annali Accademici Canadesi*, vol. 8 (1992), p. 57-75.

Sanfilippo, Matteo. «"The Child of Nations": la difficile costruzione di un'identità nazionale nella poesia di C.G.D. Roberts», dans Alessandro Gebbia (di.), *Il Minotauro ultramarino: saggi sull'origine della poesia anglo-canadese*, Rome, Bulzoni, 1995, p. 149-166.

Sanfilippo, Matteo, et Giovanni Pizzorusso. *Viaggiatori ed emigranti: gli italiani in Nord America*, Viterbe, Sette Città, 2004.

Sanfilippo, Matteo. *Dalla Francia al Nuovo Mondo: feudi e signorie nella valle del San Lorenzo*, Viterbe, Sette Città, 2008.

Sergi, Giuseppe. «Feudalesimo senza "sistema"», *Prometeo*, vol. 43 (1993), p. 52-61.

V. Sites Web, colloques et conférences

Allôprof. « Le régime seigneurial », sur le site *Youtube.com*, 13 décembre 2018, [En ligne], [https://www.youtube.com/watch?v=7GqFI79C8LQ&ab_channel=Alloprof] (15 octobre 2020).

Aubin, Paul. *Les manuels scolaires québécois*, Centre interuniversitaire d'études québécoises, Université Laval et Université du Québec à Trois-Rivières, [En ligne], [https://www.bibl.ulaval.ca/ress/manscol/] (28 septembre 2021).

Bélanger, Claude. *Bibliographie sur Lionel Groulx*, août 2004, [En ligne], [http://faculty.marianopolis.edu/c.belanger/quebechistory/biblio/BibliographieGroulx.htm] (28 septembre 2021).

Centre interuniversitaire d'études québécoises (CIEQ), 2021, [En ligne], [https://www.cieq.ca/] (28 septembre 2021).

Fondation Lionel-Groulx. « Études sur Lionel Groulx », 2021, [En ligne], [https://www.fondationlionelgroulx.org/Etudes-sur-Lionel-Groulx.html] (28 septembre 2021).

« Histoire et patrimoine seigneurial », colloque, Seigneurie des Aulnaies (14 et 15 septembre 2019), [En ligne], [https://www.laseigneuriedesaulnaies.qc.ca/decouvrez-votre-heritage-seigneurial] (28 septembre 2021).

Laberge, Alain, et Benoît Grenier (dir.) (avec la collaboration de François Cantara), *Répertoire des seigneuries du Québec*, Québec, CIEQ, 2020, [En ligne], [https://espace.cieq.ca/] (28 septembre 2021).

Laberge, Alain. « "… Et sur lequel fief ledit comparant déclare posséder un domaine…" : exploitations agricoles et pouvoir seigneurial au XVIIIe siècle dans la vallée du Saint-Laurent », 63e congrès de l'IHAF, Ottawa, 23 octobre 2010.

Laberge, Alain. « Quand le seigneur n'est pas là : fermiers et procureurs seigneuriaux sur la Côte-du-Sud, 1670-1750 », 65e congrès de l'IHAF, Sherbrooke, 19 octobre 2012.

Laberge, Alain. « "Seigneuries à vendre" : la publicité du marché foncier dans la *Gazette de Québec*, 1764-1774 », 66e congrès de l'IHAF, Rimouski, 12 octobre 2013.

Laberge, Alain. « L'Acte de Québec et le régime seigneurial laurentien : la mise en perspective d'une reconnaissance », colloque international « The Quebec Act of 1774: Transnational Contexts, Meanings, and Legacies / 1774 : l'Acte de Québec : contextes transnationaux, interprétations et héritages », Omohundro Institute of Early American History and Culture, Montréal, 4-5 octobre 2013.

Laberge, Alain. « Vassaux et suzerain de la vallée du Saint-Laurent après la Conquête : les actes de foi et hommage et d'aveux et dénombrements durant la guerre d'indépendance américaine, 1777-1782 », French Colonial Historical Society = Société d'histoire coloniale française, Louisbourg (Nouvelle-Écosse), 14 juin 2013.

LABERGE, Alain. « Les seigneuries concédées aux officiers de Carignan-Salières : officiers-seigneurs et/ou seigneurs-officiers ? », Fédération Histoire-Québec (Fédération des Sociétés d'histoire du Québec), colloque « Le régiment de Carignan-Salières : les premières troupes françaises de la Nouvelle-France 1665-1668 », Montréal, 7 novembre 2015.

LABERGE, Alain. « Pouvoir royal et privilège foncier : une lecture "absolutiste" du régime seigneurial au Canada (XVIIe-XVIIIe s.) », colloque international « L'"absolutisme" dans les territoires français d'Amérique à l'époque moderne », Nantes (France), 26 octobre 2017.

LABERGE, Alain. « Vie et mort des seigneuries de la vallée du Saint-Laurent, 1620-1940 », 72e congrès de l'IHAF, Ottawa, 18 octobre 2019.

LABERGE, Alain. « Les seigneuries de la Côte-du-Sud », colloque « Histoire et patrimoine seigneurial », Saint-Roch-des-Aulnaies, 14 septembre 2019.

LABERGE, Alain, et Benoît GRENIER. « Vers un Répertoire des seigneuries du Québec des origines à 1940 », 71e congrès de l'IHAF, Drummondville, 19 octobre 2018.

LANTHIER, Stéphanie. « L'attachement seigneurial de l'écrivaine Anne Hébert », recherche par Benoît Grenier, sur le site *YouTube.com*, 23 août 2017, [En ligne], [https://www.youtube.com/watch?v=bsTdwlzmB0A&feature=emb_title&ab_channel=FilmLesFros] (28 septembre 2021).

MUSÉE CANADIEN DE L'HISTOIRE. *Musée virtuel de la Nouvelle-France*, 2011 (1997), [En ligne], [https://www.museedelhistoire.ca/musee-virtuel-de-la-nouvelle-france/introduction/] (28 septembre 2021).

NOËL, Françoise. *The Upper Richelieu Valley Database: By Seigneury*, 1983-2007, [En ligne], [https://faculty.nipissingu.ca/noel/files/2013/01/Christie_Seigneuries_by_Seigneury.pdf] (28 septembre 2021).

NOËL, Françoise. *The Upper Richelieu Valley Database: By Name*, 1983-2007, [En ligne], [https://faculty.nipissingu.ca/noel/files/2013/01/Christie_Seigneuries_by_Name.pdf] (28 septembre 2021).

SEIGNEURIE DES AULNAIES. *La seigneurie des Aulnaies*, 2021, [En ligne], [https://www.laseigneuriedesaulnaies.qc.ca/] (28 septembre 2021).

« Seigneurie et sociétés rurales : vers de nouvelles perspectives croisées (France-Québec) », (19 et 20 juin 2019), colloque, Université de Sherbrooke, annoncé sur le site de la Commission de la mémoire franco-québécoise, [En ligne], [https://www.cfqlmc.org/quoi-de-neuf/2757-colloque-intitule-seigneurie-et-societes-rurales-vers-de-nouvelles-perspectives-croisees-france-quebec] (28 septembre 2021).

WIKIPÉDIA. « Seigneurial System of New France », 2021 (2003), [En ligne], [https://en.wikipedia.org/wiki/Seigneurial_system_of_New_France] (28 septembre 2021).

Index

– A –

Abbott, Johnston, 66
Abénaquis, 116-117, 119
Abraham, Robert, 17-18
Adair, E. R., 70, 87
Ago, Renata, 4
Aitken, Hugh G. J., 72, 76
Albertoni, Giuseppe, 9
Algonquins, 116
Allaire, Bernard, 96
Allard, Michel, 37
Alloprof, 127
Amherst, Jeffrey, 2
Angers, François-Réal, 22, 27
Angers, Philippe, 37
Anticosti (île), 121-122
Antoine, Annie, 4
Archer, Andrew, 67, 77
Arsenault Morin, Alex, 108
Aubert de Gaspé, Philippe, 1, 32-34, 68, 106, 129, 132-133
Aubert-Gallion (seigneurie), 123
Aubin, Paul, 37
Audet, Francis-Joseph, 37
Augeron, Mickaël, 90
Augustines (communauté religieuse), 114

– B –

Baillargeon, Georges-Étienne, 11, 17, 47, 119-120. *Voir aussi* Marcel-Joseph, frère
Balbo, Cesare, 104
Banoub, David, 125
Baribeau, Claude, 50
Barker, 104
Barthe, Jessica, 114
Baskerville, Peter A., 76
Basque, Maurice, 113
Bassett, John Spencer, 66

Bassil, Soraya, 37
Batiscan (seigneurie), 48, 86, 108, 130, 140
Baulant, Micheline, 64
Beauharnois (seigneurie), 50, 110, 122
Beaulieu, Alain, 115, 118
Beauport (arrondissement de la ville de Québec et ancienne seigneurie), 102, 113
Bédard, Éric, 43, 59, 129
Behiels, Michael D., 89
Bélanger, Claude, 39
Bélanger, Damien-Claude, 58-59
Bellemare, Georges, 98
Bellesort, André, 33
Berger, Carl, 88
Bergeron-Gauthier, Raphaël, 85
Bernard, Jean-Paul, 28
Bernier, Gérald, 7, 45, 56
Bernier, Marc-André, 129
Berthet, Thierry, 93
Bertrand, Louis, 123
Bérubé, Harold, 121, 125
Beutler, Corinne, 49, 51
Bilodeau, Rosario, 43
Bisaillon, Joël, 75
Blain, Jean, 35
Blais, Christian, 123
Blais, Patrick, 114
Bloc québécois (parti politique), 58
Bock, Michel, xii, xv, 60
Boily, Frédéric, 60
Boily, Maxime, 116
Boily, Robert, 60
Bois, Emmy, 57
Boivin, Aurélien, 22, 33
Bonar, James C, 83
Bonenfant, Jean-Charles, 48, 120
Bonnain, Rolande, 61, 64

Borden, Robert, 80
Bouchard, Gérard, 31, 39, 51, 58-62, 64, 89, 93-94, 107
Bouchard, Isabelle, 115, 117, 119-120
Bouchard, Lucien, 59
Bouchard, Télesphore-Damien, 121
Boucher de la Bruère, Montarville, 37
Boucher, Jacques, 42
Bouchette, Joseph, 15-16
Boudreau, Claude, xv, 16, 55
Bourassa, Henri, 39
Bourgeois, Philéas-Frédéric, 36
Bourinot, John G., 77, 79
Bourque, Gilles, 45
Boyd, John, 70
Brasseur de Bourbourg, Charles Étienne, 34
Braudel, Fernand, 73
Brebner, J. Bartlet, 74
Brisson, Carl, 115
Brooke, Frances, 13
Bruchési, Jean, 27, 36
Brunet, Manon, 31
Brunet, Michel, 41
Brutti Liberati, Luigi, 1, 10
Bryce, George, 78, 82
Burt, Alfred L., 71-72, 80, 82

– C –

Cadillac, Antoine Laumet de Lamothe, 29
Campeau, Lucien, 40
Cantara, François, 98
Carbonell, Charles-Olivier, 29
Careless, J. M. S., 70, 79, 81, 83
Carleton, Guy, 3, 13-15, 79-80
Carocci, Sandro, 9
Caron, Ivanhoé, 14, 36-37, 81
Carpentier, Aline, 102
Carpin, Gervais, 90-91
Casgrain, Henri-Raymond, 31, 35, 66
Castonguay, Jacques, 33-34
Centre interuniversitaire d'études québécois (CIEQ), 56-57
Chafe, J. W., 71
Chaleur-Launay, Virginie, 124
Chapais, Thomas, 26, 32
Charles, Aline, 109

Chauveau, Pierre-Joseph-Olivier, 19
Chazelas, Jean, 4
Christie (famille de seigneurs), 85
Christie, Robert, 65
Clarke, Patrick D., 27
Clark, Samuel D., 72-73, 76, 83
Clement, William H. P., 77
Coates, Colin M., 86, 89, 95, 107-108, 112, 130
Codignola, Luca, xiv-xv, 1-2, 8, 67, 71
Colby, Charles W., 68
Comeau, Robert, 41, 75, 95
Compagnie des Cent-Associés, 20, 47, 132
Compagnie des Indes occidentales, 47
Conseil de recherches en sciences humaines du Canada, 99
Cook, Ramsay, 45, 58, 82, 89
Cormier, Louis-Philippe, 66
Cornell, Paul G., 46
Cossette, Évelyne, 64
Costain, Thomas B., 66
Coste, Georges, 102
Côté, André-Philippe, 59
Couillard-Després, Azarie, 37-38, 95
Courville, Serge, xiv, 7, 11, 51-57, 60, 62-63, 84, 86, 92, 94, 97, 102
Cousineau, Hubert, 141
Coutume de Paris, 51, 117, 132
Couture, Claude, 10, 45
Cowan, Mairi, 113
Creighton, Donald G., 70-72, 80-82
Cross, Michael S., 72
Cuccioletta, Donald, 61
Cugnet, François-Joseph, xvi, 3, 5, 11, 13, 16
Currie, Archibald W., 76

– D –

D'Amour, Valérie, 64
Daoust, Jean-Michel, 126
David, Laurent-Olivier, 32
David, Michel, 59
De Blois, Solange, 98
Decelles, Alfred D., 32, 74
Dechêne, Louise, 7, 9, 25, 35, 43-46, 50, 83, 87-88, 102, 106-108, 127, 134

Deffontaines, Pierre, 43
Delâge, Denys, 45
Dépatie, Sylvie, 8-10, 43, 49-50, 61-62, 107, 127, 133-134, 142
Desbarats, Catherine, 10, 109, 139
Desbiens, Marie-Frédérique, 95
Deschamps, Nicole, 33
Des Gagniers, Jean, 63
Desjardins, Pauline, 51
Desrochers, Audrey, 141
Dessaulles, Louis-Antoine, 63-64, 123
Dessureault, Christian, 8-9, 49-50, 52-53, 56, 64, 95, 97, 107-108, 141
Diamond, Sigmund, 42, 73
Dickinson, John A., 2-3, 48, 61, 64, 71, 74, 76-77, 110
Dionne (manoir seigneurial), 131
Dionne-Tousignant, Madeleine, 42
Doucet, Édouard, 63
Doughty, Arthur G., 2-3, 14, 69
Douville, Raymond, 36-38
Drolet, Jean, 39
Drolet, Lise, 131
Drolet, Yves, 124
Drummond, Lewis Thomas, 18-19
Dubuc, Alfred, 43
Ducharme, Marcel, 26, 31-32, 113
Dumont, Fernand, 28, 39, 58, 60
Dunkin, Christopher, 20-21
Duplessis, Maurice, 40
Durand, Cédric, xiii
Durand, Gilles, 98

– E –

Easterbrook, William T., 72, 76
Eccles, William J., 66-67, 70-72, 74, 77, 80, 82, 84-85, 87, 89
Edgar, J. D., 95
Egerton, Hugh E., 82
Ellice, Edward, 122
Englebert, Robert, 109, 113, 141
English, John, 45
Éthier-Blais, Jean, 39

– F –

Falardeau, Jean-Charles, 30, 36, 43
Ferland, Jean-Baptiste-Antoine, 34
Fianu, Kouky, xv

Filion, Mario, 97
Filteau, Gérard, 31, 36
Flamand-Hubert, Maude, 123
Fohlen, Claude, 90
Fondation Lionel-Groulx, 39
Fortier (député), 19
Fortin, Jacques, 57
Fortin, Jean-Charles, 97
Fournier, Martin, 63
Fowke, Vernon, 76, 81
Francoeur, Marie-Claude, 140
Fraser, Alexandre, 16
Fraser (famille de seigneurs), 123
Fraserville (village dans la seigneurie de Rivière-du-Loup), 123
Frégault, Guy, 35, 40-42, 95
French Colonial Society, 99
Frenette, Yves, 86, 89-90, 92, 102, 109

– G –

Gadoury, Lorraine, 49, 95-96, 124
Gagné, Joseph, 140
Gagnon, Antoine, 38
Gagnon, Serge, 29, 34, 43, 45
Gailly de Taurines, Charles, 36
Gallet, Jean, 4
Gallichan, Gilles, 25
Gammel, Isaac H., 82
Gardette, Joëlle, 115
Gariépy, Raymond, 38
Garneau, François-Xavier, 25-27, 31-32, 34, 65
Garneau, Hector, 27
Garneau, Jean-Philippe, 5, 115
Geloso, Vincent, 108
Gérin-Lajoie, Antoine, 34
Gérin, Léon, 8, 32, 95
Gettler, Brian, 136
Giffard (manoir seigneurial), 102
Gill, Augustin, 119
Gilles, David, 116, 119
Girard, Camil, 115
Glazebrook, George P. de T., 80
Gohier, Maxime, 115, 117
Gossage, Peter, 2
Gosselin, Frédérick, 123
Gouger, Lina, 98

Gough, Barry, 70
Goujard, Philippe, 4
Goy, Joseph, 48-49, 51, 61, 64, 107
Graham, Gerald S., 74, 76
Grant, William L., 82
Gravel, Denis, 98
Greer, Allan, xvii, 83-86, 89, 107, 109, 120, 132-139, 141-143
Grenier, Benoît, xv, xvii-xviii, 6, 92-93, 96-97, 99, 101, 106, 108-117, 119-131, 133-140, 142-143
Grinberg, Martine, 4
Groulx, Lionel, 26, 35, 38-41, 58, 60, 76
Groulx, Patrice, 39
Guerin, Thomas, 70, 79
Guerreau, Alain, 9
Guerry, Elsa, 102
Guimond, Olivier, xii, xv, xix, 105, 110, 133, 142

– H –

Hallay, Barbe, 113
Hallowell, Gerald, 88
Hamelin, Jean, 9, 28, 43, 46-48, 50, 53
Hamelin, Louis-Edmond, 94
Hamel, Nathalie, 26
Hamilton, Roberta, 9
Hardy, René, 97
Harris, Richard Cole, 2, 42, 44, 73, 83, 102. *Voir aussi* Harris, Richard Colebrook
Harris, Richard Colebrook, 73. *Voir aussi* Harris, Richard Cole
Hatvany, Matthew, 140, 143
Havard, Gilles, 1, 90, 92, 109
Head-König, Anne-Lise, 61
Heaton, Herbert, 83
Hébert, Anne, 126
Heneker, Dorothy A., 70, 79
Heriot, George, 65
Héroux, Denis, 35
Hickey, Daniel, 91
Hodgins, John George, 77
Holland, Samuel, 15
Hubert, Ollivier, 34, 110
Hudon, Christine, 64
Hurons, 115, 117

– I –

Imbeault, Sophie, 2, 96, 124, 138
Innis, Harold A., 72, 75
Innis, Mary Q., 74
Innus, 116
Institut d'histoire de l'Amérique française (IHAF), 40, 111
Institut québécois de recherche sur la culture (IQRC), 88
Institut universitaire d'histoire, 40
Iroquois, 115-118

– J –

Jarnoux, Philippe, 48
Jaumain, Serge, xiv, 8, 37, 88, 127, 133
Jeffers, J. Frith, 67, 77
Jennings, Francis, 67
Jésuites, 38, 117
Joliette (municipalité, auparavant Industrie, dans la seigneurie de Lavaltrie), 51, 123, 126
Jones, Peter M., 4

– K –

Kahnawake (communauté autochtone mohawk), 118-120
Kelly, Stéphane, 45, 60
Kennedy, Gregory M. W., 140
Kennedy, William P., 83
Kingsford, William, 67, 78
Kolish, Evelyn, 14-15
Kufenko, Vadim, 108

– L –

Labelle, Kathryn Magee, 117
Laberge, Alain, xvii, 38, 50-51, 57, 92-93, 97-99, 106, 108-112, 114-115, 129, 134-140
Laberge, Lionel, 38
Labrecque, Serge, 57
La Charité, Claude, 129
Lacombe, Michel, 59
Lacourcière, Luc, 33
Lacoursière, Jacques, 59
La Durantaye, Jean-Paul Morel de, 63, 124
Lahaise, Robert, 35
Lalancette, Katéri, 123

Lalancette, Mario, 8-9, 49-50, 107
Lamarre, Jean, 41, 86
Lamonde, Yvan, 2, 25, 27, 31, 59, 61, 63-64, 104, 123
Lamontagne, Roland, 26
Lanctot, Gustave, 26, 36
Landry, Kenneth, 25, 33
Landry, Yves, 91, 138
Langlois, Georges, 30, 36
Lanthier, Stéphanie, 126, 128
Laperrière, Guy, 114
Lareau, Edmond, 35
Larin, Robert, 124
LaRose, André, 50, 52, 110, 122
Lart, Charles E., 95
Laterrière (député), 19, 62
Laumet dit de Lamothe Cadillac, Antoine. *Voir* Cadillac, Antoine Laumet de Lamothe
Laurin-Frenette, Nicole, 7
Laurin, Joseph, 19
Laurin, Serge, 97
Lauzon, Daniel, 102
Lavallée, Josiane, 41
Lavallée, Louis, 52, 64
Lavertue, Robert, 50
Lavoie, Michel, 115
Leacock, Stephen, 72
Le Blant, Robert, 30
Lebrun, François, 48-49, 52
Lebrun, Monique, 37
Lecomte, Lucie, 140
Lefrançois, Thierry, 96
Legaré, Anne, 45
Legault, Roch, 95-96
Le Goff, T. J. A., 48-50, 76
Lemarchand, Guy, 4
Lemieux, François-Xavier, 19
Lemieux, Olivier, 126
Lemire, Maurice, 29
Le Moine, Roger, 33-34, 129, 131
Lepetit, Bernard, 139-140
Lépine, Pierre, 16
Létourneau, Jocelyn, 40, 59
Letourneau, L.-O., 26
Lévesque-Dupéré, Mathieu, 101, 130-131
Lewis, Frank, 76

Leymarie, A.-Léo, 38
Linteau, Paul-André, 95
L'Isle-Verte (seigneurie), 123
Little, Jack I., 122-123, 125
Little, J. I. *Voir* Little, Jack I.
Locke, George H., 71
Lombard Déaux, Christianne, 4
Lotbinière, de (famille de seigneurs), 125, 128
Lotbinière, Henry-Gustave Joly de, 122
Louis XIII, 22
Louis XIV, 71-72, 104
Lower, Arthur R. M., 69, 71-72, 74, 81
Lower, J. Arthur, 82
Lozier, Jean-François, 116-117
Luneau, Marie-Pier, 60
Lunn, Alice J. E., 70

– M –

Mabane, Adam, 14
MacArthur, Duncan, 70
MacDonald, Bertrum H., 37
MacDonald, L. R., 74
Macera, Gonzalo, 108
Malouin, Reine, 38
Mann, Susan, 83
Marcel-Joseph, frère, 11, 17. *Voir aussi* Baillargeon, Georges-Étienne
Marchand, Jean-Philippe, 140
Marchand, Suzanne, 102
Marien, Laurent, 91
Markoff, John, 4
Marmette, Joseph, 1, 34
Marmier, Xavier, 34
Marquis, Georges-Émile, 36-37
Marquis, Thomas G., 68
Marrero, Karen L., 141
Martel, Marcel, 21, 89
Martin, Chester, 80
Martin, Lawrence, 59
Masères, Francis, 13
Massard, Fabienne, 91, 94
Massé, Jean-Claude, 98
Massicotte, Édouard-Zotique, 37-38
Massignon, Geneviève, 38
Masters, Donald C., 71

Mathieu, Jacques, 9, 43, 57-60, 91-92, 98, 100
McCallum, John, 79
McCord (famille), 124
McInnis, Edgar, 71
McInnis, Marvin, 76
McKay, Ian, 88, 125
McKnaught, Kenneth, 80
McMullen, John, 77
McQuillan, Aidan D., 86
McRae, Kenneth D., 80
Ménard, Jean, 34
Merlin-Chazelas, Anne, 4
Meunier, É.-Martin, 40
Michaud, Colette, 8, 14-15, 46, 50
Michel, Louis, 10, 43, 50
Miquelon, Dale, 95
Moir, John S., 82
Monière, Denis, 43, 141
Monk, James, 21
Montminy, Jean-Paul, 28
Montreuil, Arnaud, xii, xv, xviii-xix, 105, 143
Moogk, Peter N., 71, 85-86
Moore, Christopher, 84
Morgan, Cecilia, 112
Moriceau, Jean-Marc, 4, 110
Morin, Victor, 36, 120
Morissette, Michel, 6, 101, 111, 114, 116-117, 119, 121-126, 130, 138, 140
Morrison, Neil F., 82
Morton, Desmond, 70, 79
Morton, William L., 71, 74, 76, 82
Munro, William Bennett, 13, 36, 65, 68-69, 74, 76, 78-80, 83, 85, 95
Murphy, Terrence, 2
Murray, James, 13
Musée canadien de l'histoire, 102
Musée virtuel de la Nouvelle-France, 102
Musi, Aurelio, 4

– N –

Nadon, Pierre, 97-98
Naylor, Robert Thomas, 82
Neatby, Hilda, 83
Neill, Robin F., 75
Newbigin, Marion I., 71

Nicolas, Valérie, 140
Niort, Jean-François, 90
Nish, Cameron, 6-7, 41, 95
Noël, Françoise, 50-51, 85, 110

– O –

Odanak (communauté autochtone abénaquise), 116
Ouellet, Fernand, xiv, 7, 9-10, 17, 25, 43-53, 56, 62, 76, 83, 87-88, 95, 102, 106-108
Ouellette, Mélanie, 45

– P –

Palmisano, Alessandro, 68
Papineau, Louis-Joseph, 16-17, 25-26, 28, 50, 69, 84, 133, 143
Papineau (manoir seigneurial), 131
Paquet, Gilles, 48-49
Pâquet, Martin, 28, 59, 86, 89
Parkman, Francis, 66-67, 69, 71, 74, 76, 84-85
Peace, Thomas, 117
Pease, Otis A., 67
Pennée, Georgiana M., 68
Pépin, Karine, 124
Pepin, Karol, 115
Percy, Michael B., 86
Perin, Roberto, 2, 89
Peterson, Mark, 67
Peuvret, Marie-Catherine, 93, 96, 101, 113
Pilon-Lê, Lise, 7, 45, 141
Pizzorusso, Giovanni, 104
Platania, Gaetano, xiv
Pocock, J. G. A., 14
Pomerleau, Jeanne, 98
Poulin, Pierre C., 97
Pozer (famille de seigneurs), 37, 123
Provencher, Jean, 43
Provero, Luigi, 9

– R –

Rameau de Saint-Père, François-Edme, 27-31, 35, 65
Raza, Ghyslain, xvi
Regnouard, Marie, 113
Reid, Philippe, 15

Reid, W. Stanford, 80
Reynolds, Susan, 9
Richelieu (cardinal-duc de), 22, 66
Richer, John, 82
Rioux, Éloi, 123
Rioux, Marcel, 30, 43
Ritchot, Gilles, 42
Rivière-du-Loup (seigneurie), 121
Robert, Daniel, 57
Robert, Jean-Claude, 11, 54
Roberts, Charles G. D., 68, 77
Robertson, William John, 78
Robichaud, Léon, 84
Rodrigue, Barry, 97
Roger, Charles, 67
Rompillon, Samantha, 102
Rouville-Campbell (manoir seigneurial), 131
Roy, Alain, 102
Roy, Camille, 33
Roy, Gabrielle, 128
Roy, Jean, 57
Roy, Joseph-Edmond, 38
Roy, Léon, 37
Roy, Pierre-Georges, 32, 36-38
Roy, Régis, 95
Rück, Daniel, 118-120. *Voir aussi* Rueck, Daniel
Rudin, Ronald, 61
Rueck, Daniel, 118-120. *Voir aussi* Rück, Daniel
Ruggiu, François-Joseph, 124
Ryerson, Stanley B., 71, 74-75, 80-83, 88

– S –

Sainte-Anne-de-la-Pérade (seigneurie), 86, 108, 130
Saint-Étienne de La Tour, Agathe de, 113
Saint-François (terres concédées pour l'usufruit des Abénaquis d'Odanak), 117
Saint-Hilaire, Marc, 101
Saint-Hyacinthe (seigneurie), 53, 97
Saint-Jacques, Denis, 25
Saint-Ours (famille de seigneurs), 128
Saint-Ours, Pierre de, 128
Salée, Daniel, 45, 56, 125

Salone, Émile, 30-31, 35
Samson, Roch, 97
Sanfilippo, Matteo, xi, xiii-xviii, 1-2, 6, 8, 10-11, 17, 37, 39, 68, 72, 79, 88, 104-107, 110-113, 120, 127, 129, 132-133, 135, 140-143
Sault-Saint-Louis (terres concédées pour l'usufruit des Iroquois de Kahnawake), 118
Saunders, Robert E., 82
Sauvageau, Florian, 61
Savard, Julie-Rachel, 115
Savard, Pierre, 27, 40-41
Savaria, Jules, 43
Saywell, John, 82
Schulze, David, 85
Séguin, Maurice, 41-42, 81
Séguin, Normand, 11, 48-49, 51-52, 54-55, 97
seigneurie des Aulnaies, 100-101
Sellar, David, 2
Séminaire de Montréal, 125. *Voir aussi* Séminaire de Saint-Sulpice *et* Sulpiciens
Séminaire de Saint-Sulpice, 15. *Voir aussi* Séminaire de Montréal *et* Sulpiciens
Sergi, Giuseppe, 9
Shortt, Adam, 2-3, 14, 69
Sicotte, Anne-Marie, 133
Sicotte (député), 19
Smith, William, 14, 65
Société de généalogie de Québec, 98
Société d'histoire de la seigneurie de Chambly, 63
St-Pierre, Lysandre, 126
Sulpiciens, 34, 110. *Voir aussi* Séminaire de Montréal *et* Séminaire de Saint-Sulpice
Sulte, Benjamin, 26, 30-32, 65, 69, 95
Sweeny, Robert C. H., 9, 55, 141
Szostak, Rick, 86

– T –

Taché, Joseph-Charles, 21-22
Taft Manning, Helen, 83
Tait, G. E., 71

Talon, Jean, 26, 32, 94, 103
Tanguay, Isabelle, 124
Tarieu de Lanaudière, Charles-Gaspard, 123
Tarieu de Lanaudière, Charles[-Louis], 14
Taschereau (famille), 124
Taschereau, Louis-Alexandre, 126
Tassie, James S., 33
Taylor, Graham D., 76
Taylor, William R., 67
Teasdale, Guillaume, 140-141
Tessier, Marc, 36
Tessier, Ulric-Joseph, 20
Tétreault, Alexis, 131
Têtu de Labsade, Françoise, 64
Thériault, Joseph Yvon, 61
Théroux, Nicholas, 123
Thuot, Jean-René, 101, 122, 129-131
Tocqueville, Alexis de, 104
Tomczak, Richard H., 98
Tousignant, Pierre, 42, 123
Tremblay, Jean-Paul-Médéric, 63
Tremblay Lamarche, Alex, 124, 126
Tremblay, Robert, 75
Trépanier, Lise, 27, 29
Trépanier, Paul, 128
Trépanier, Pierre, 27-29, 39, 60
Trois-Pistoles (seigneurie), 140
Trudeau, Pierre Elliott, 44
Trudel, Marcel, xviii, 3, 8, 44, 46-48, 102, 111, 120, 126
Turcotte, Louis-Philippe, 18, 30, 35
Turgeon, Mélanie, 140
Turner, Frederick Jackson, 7, 35, 94

– U –

Ursulines (communauté religieuse), 114
Usner, Daniel F., 139

– V –

Vallerand, Noël, 35

Vanderlinden, Jacques, 96
Vaugeois, Denis, 2, 41-42, 138
Veyssière, Laurent, 2, 138
Viau, Robert, 129
Vidal, Cécile, 1, 90, 92, 102, 109
Viger, Denis-Benjamin, 16, 20, 25-26
Voisine, Nive, 9, 29, 50

– W –

Wabanakis, 116
Wade, Mason, 67, 72, 80
Wallace, William Stewart, 13, 32, 74
Wallot, Jean-Pierre, 6-7, 42, 46-53, 102
Warkentin, John, 73, 83
Warren, Jean-Philippe, 28, 40, 58, 60
Weaver, Emily P. A., 78
Wegmann, Andrew N., 109, 113, 141
Weilbrenner, Bernard, 36
Wendake (communauté autochtone huronne), 117
Wendats, 116
Wien, Thomas, 43, 50-51, 64, 90, 92, 102, 107, 109, 127, 134, 137, 139
Wikipédia, 100
Williams, John, 14
Willis, John, 86
Withrow, William H., 67, 77
Wood, William, 76
Wright, Donald A., 72
Wrong, George M., 66, 68, 70, 74, 76, 79, 83

– Y –

Young, Brian, 2, 72, 76-77, 84-85, 124-125

– Z –

Zoltvany, Yves F., 70-71, 74, 80
Zytnicki, Colette, 29

TABLE DES MATIÈRES

LISTE DES SIGLES ET DES ABRÉVIATIONS ix

PRÉFACE xi

AVANT-PROPOS xiii

INTRODUCTION 1

CHAPITRE 1

    Le débat pour l'abolition (1763-1854) 13

CHAPITRE 2

    Le débat historiographique dans le Canada français 25

CHAPITRE 3

    Le débat historiographique dans le Canada anglais 65

CHAPITRE 4

    Nouvelles perspectives ? 87

POSTFACE

    L'historiographie seigneuriale, 2000-2020 105
        Un regain d'intérêt 106

L'administration seigneuriale au féminin 112
Les Autochtones dans le régime seigneurial 115
L'après 1854 : persistances et mémoire(s) du régime seigneurial 120
L'histoire seigneuriale en débat 131
En guise de conclusion : où est passé le féodalisme ? 140

BIBLIOGRAPHIE 145

INDEX 201